GEORGIAN
VOCABULARY

FOR ENGLISH SPEAKERS

ENGLISH-GEORGIAN

The most useful words
To expand your lexicon and sharpen
your language skills

9000 words

Georgian vocabulary for English speakers - 9000 words
By Andrey Taranov

T&P Books vocabularies are intended for helping you learn, memorize and review foreign words. The dictionary is divided into themes, covering all major spheres of everyday activities, business, science, culture, etc.

The process of learning words using T&P Books' theme-based dictionaries gives you the following advantages:

- Correctly grouped source information predetermines success at subsequent stages of word memorization
- Availability of words derived from the same root allowing memorization of word units (rather than separate words)
- Small units of words facilitate the process of establishing associative links needed for consolidation of vocabulary
- Level of language knowledge can be estimated by the number of learned words

Copyright © 2013 T&P Books Publishing

All rights reserved No part of this book may be reproduced or utilized in any form or by any means, electronic or mechanical, including photocopying, recording or by information storage and retrieval system, without permission in writing from the publishers.

T&P Books Publishing
www.tpbooks.com

ISBN: 978-1-78071-680-0

This book is also available in E-book formats.
Please visit www.tpbooks.com or the major online bookstores.

GEORGIAN VOCABULARY
for English speakers

T&P Books vocabularies are intended to help you learn, memorize, and review foreign words. The vocabulary contains over 9000 commonly used words arranged thematically.

- Vocabulary contains the most commonly used words
- Recommended as an addition to any language course
- Meets the needs of beginners and advanced learners of foreign languages
- Convenient for daily use, revision sessions, and self-testing activities
- Allows you to assess your vocabulary

Special features of the vocabulary

- Words are organized according to their meaning, not alphabetically
- Words are presented in three columns to facilitate the reviewing and self-testing processes
- Words in groups are divided into small blocks to facilitate the learning process
- The vocabulary offers a convenient and simple transcription of each foreign word

The vocabulary has 256 topics including:

Basic Concepts, Numbers, Colors, Months, Seasons, Units of Measurement, Clothing & Accessories, Food & Nutrition, Restaurant, Family Members, Relatives, Character, Feelings, Emotions, Diseases, City, Town, Sightseeing, Shopping, Money, House, Home, Office, Working in the Office, Import & Export, Marketing, Job Search, Sports, Education, Computer, Internet, Tools, Nature, Countries, Nationalities and more ...

T&P BOOKS' THEME-BASED DICTIONARIES

The Correct System for Memorizing Foreign Words

Acquiring vocabulary is one of the most important elements of learning a foreign language, because words allow us to express our thoughts, ask questions, and provide answers. An inadequate vocabulary can impede communication with a foreigner and make it difficult to understand a book or movie well.

The pace of activity in all spheres of modern life, including the learning of modern languages, has increased. Today, we need to memorize large amounts of information (grammar rules, foreign words, etc.) within a short period. However, this does not need to be difficult. All you need to do is to choose the right training materials, learn a few special techniques, and develop your individual training system.

Having a system is critical to the process of language learning. Many people fail to succeed in this regard; they cannot master a foreign language because they fail to follow a system comprised of selecting materials, organizing lessons, arranging new words to be learned, and so on. The lack of a system causes confusion and eventually, lowers self-confidence.

T&P Books' theme-based dictionaries can be included in the list of elements needed for creating an effective system for learning foreign words. These dictionaries were specially developed for learning purposes and are meant to help students effectively memorize words and expand their vocabulary.

Generally speaking, the process of learning words consists of three main elements:

- Reception (creation or acquisition) of a training material, such as a word list
- Work aimed at memorizing new words
- Work aimed at reviewing the learned words, such as self-testing

All three elements are equally important since they determine the quality of work and the final result. All three processes require certain skills and a well-thought-out approach.

New words are often encountered quite randomly when learning a foreign language and it may be difficult to include them all in a unified list. As a result, these words remain written on scraps of paper, in book margins, textbooks, and so on. In order to systematize such words, we have to create and continually update a "book of new words." A paper notebook, a netbook, or a tablet PC can be used for these purposes.

This "book of new words" will be your personal, unique list of words. However, it will only contain the words that you came across during the learning process. For example, you might have written down the words "Sunday," "Tuesday," and "Friday." However, there are additional words for days of the week, for example, "Saturday," that are missing, and your list of words would be incomplete. Using a theme dictionary, in addition to the "book of new words," is a reasonable solution to this problem.

The theme-based dictionary may serve as the basis for expanding your vocabulary.

It will be your big "book of new words" containing the most frequently used words of a foreign language already included. There are quite a few theme-based dictionaries available, and you should ensure that you make the right choice in order to get the maximum benefit from your purchase.

Therefore, we suggest using theme-based dictionaries from T&P Books Publishing as an aid to learning foreign words. Our books are specially developed for effective use in the sphere of vocabulary systematization, expansion and review.

Theme-based dictionaries are not a magical solution to learning new words. However, they can serve as your main database to aid foreign-language acquisition. Apart from theme dictionaries, you can have copybooks for writing down new words, flash cards, glossaries for various texts, as well as other resources; however, a good theme dictionary will always remain your primary collection of words.

T&P Books' theme-based dictionaries are specialty books that contain the most frequently used words in a language.

The main characteristic of such dictionaries is the division of words into themes. For example, the *City* theme contains the words "street," "crossroads," "square," "fountain," and so on. The *Talking* theme might contain words like "to talk," "to ask," "question," and "answer".

All the words in a theme are divided into smaller units, each comprising 3–5 words. Such an arrangement improves the perception of words and makes the learning process less tiresome. Each unit contains a selection of words with similar meanings or identical roots. This allows you to learn words in small groups and establish other associative links that have a positive effect on memorization.

The words on each page are placed in three columns: a word in your native language, its translation, and its transcription. Such positioning allows for the use of techniques for effective memorization. After closing the translation column, you can flip through and review foreign words, and vice versa. "This is an easy and convenient method of review – one that we recommend you do often."

Our theme-based dictionaries contain transcriptions for all the foreign words. Unfortunately, none of the existing transcriptions are able to convey the exact nuances of foreign pronunciation. That is why we recommend using the transcriptions only as a supplementary learning aid. Correct pronunciation can only be acquired with the help of sound. Therefore our collection includes audio theme-based dictionaries.

The process of learning words using T&P Books' theme-based dictionaries gives you the following advantages:

- You have correctly grouped source information, which predetermines your success at subsequent stages of word memorization
- Availability of words derived from the same root (lazy, lazily, lazybones), allowing you to memorize word units instead of separate words
- Small units of words facilitate the process of establishing associative links needed for consolidation of vocabulary
- You can estimate the number of learned words and hence your level of language knowledge
- The dictionary allows for the creation of an effective and high-quality revision process
- You can revise certain themes several times, modifying the revision methods and techniques
- Audio versions of the dictionaries help you to work out the pronunciation of words and develop your skills of auditory word perception

The T&P Books' theme-based dictionaries are offered in several variants differing in the number of words: 1.500, 3.000, 5.000, 7.000, and 9.000 words. There are also dictionaries containing 15,000 words for some language combinations. Your choice of dictionary will depend on your knowledge level and goals.

We sincerely believe that our dictionaries will become your trusty assistant in learning foreign languages and will allow you to easily acquire the necessary vocabulary.

TABLE OF CONTENTS

T&P Books' Theme-Based Dictionaries	4
Pronunciation guide	15
Abbreviations	16

BASIC CONCEPTS
Basic concepts. Part 1

1.	Pronouns	17
2.	Greetings. Salutations. Farewells	17
3.	How to address	18
4.	Cardinal numbers. Part 1	18
5.	Cardinal numbers. Part 2	19
6.	Ordinal numbers	20
7.	Numbers. Fractions	20
8.	Numbers. Basic operations	20
9.	Numbers. Miscellaneous	21
10.	The most important verbs. Part 1	21
11.	The most important verbs. Part 2	22
12.	The most important verbs. Part 3	23
13.	The most important verbs. Part 4	24
14.	Colors	25
15.	Questions	26
16.	Prepositions	26
17.	Function words. Adverbs. Part 1	27
18.	Function words. Adverbs. Part 2	29

Basic concepts. Part 2

30

19.	Weekdays	30
20.	Hours. Day and night	30
21.	Months. Seasons	31
22.	Time. Miscellaneous	33
23.	Opposites	34
24.	Lines and shapes	36
25.	Units of measurement	37
26.	Containers	38
27.	Materials	39
28.	Metals	40

HUMAN BEING
Human being. The body

29. Humans. Basic concepts — 41
30. Human anatomy — 41
31. Head — 42
32. Human body — 43

Clothing & Accessories

33. Outerwear. Coats — 44
34. Men's & women's clothing — 44
35. Clothing. Underwear — 45
36. Headwear — 45
37. Footwear — 45
38. Textile. Fabrics — 46
39. Personal accessories — 46
40. Clothing. Miscellaneous — 47
41. Personal care. Cosmetics — 48
42. Jewelry — 49
43. Watches. Clocks — 49

Food. Nutricion

44. Food — 50
45. Drinks — 52
46. Vegetables — 53
47. Fruits. Nuts — 53
48. Bread. Candy — 54
49. Cooked dishes — 55
50. Spices — 56
51. Meals — 56
52. Table setting — 57
53. Restaurant — 58

Family, relatives and friends

54. Personal information. Forms — 59
55. Family members. Relatives — 59
56. Friends. Coworkers — 60
57. Man. Woman — 61
58. Age — 61
59. Children — 62
60. Married couples. Family life — 63

Character. Feelings. Emotions

61. Feelings. Emotions — 65

62.	Character. Personality	66
63.	Sleep. Dreams	67
64.	Humour. Laughter. Gladness	68
65.	Discussion, conversation. Part 1	69
66.	Discussion, conversation. Part 2	70
67.	Discussion, conversation. Part 3	71
68.	Agreement. Refusal	72
69.	Success. Good luck. Failure	73
70.	Quarrels. Negative emotions	73

Medicine 76

71.	Diseases	76
72.	Symptoms. Treatments. Part 1	77
73.	Symptoms. Treatments. Part 2	78
74.	Symptoms. Treatments. Part 3	79
75.	Doctors	80
76.	Medicine. Drugs. Accessories	80
77.	Smoking. Tobacco products	81

HUMAN HABITAT 82
City 82

78.	City. Life in the city	82
79.	Urban institutions	83
80.	Signs	85
81.	Urban transportation	86
82.	Sightseeing	87
83.	Shopping	87
84.	Money	88
85.	Post. Postal service	89

Dwelling. House. Home 91

86.	House. Dwelling	91
87.	House. Entrance. Lift	92
88.	House. Electricity	92
89.	House. Doors. Locks	92
90.	Country house	93
91.	Villa. Mansion	93
92.	Castle. Palace	94
93.	Apartment	94
94.	Apartment. Cleaning	95
95.	Furniture. Interior	95
96.	Bedding	96
97.	Kitchen	96
98.	Bathroom	98
99.	Household appliances	98
100.	Repairs. Renovation	99

| 101. | Plumbing | 99 |
| 102. | Fire. Conflagration | 100 |

HUMAN ACTIVITIES
Job. Business. Part 1

102
102

103.	Office. Working in the office	102
104.	Business processes. Part 1	103
105.	Business processes. Part 2	104
106.	Production. Works	105
107.	Contract. Agreement	107
108.	Import & Export	107
109.	Finances	108
110.	Marketing	108
111.	Advertising	109
112.	Banking	110
113.	Telephone. Phone conversation	111
114.	Mobile telephone	111
115.	Stationery	112
116.	Various kinds of documents	112
117.	Kinds of business	113

Job. Business. Part 2

116

118.	Show. Exhibition	116
119.	Mass Media	117
120.	Agriculture	118
121.	Building. Building process	119
122.	Science. Research. Scientists	120

Professions and occupations

122

123.	Job search. Dismissal	122
124.	Business people	122
125.	Service professions	124
126.	Military professions and ranks	124
127.	Officials. Priests	125
128.	Agricultural professions	126
129.	Art professions	126
130.	Various professions	127
131.	Occupations. Social status	128

Sports

130

132.	Kinds of sports. Sportspersons	130
133.	Kinds of sports. Miscellaneous	131
134.	Gym	132

135.	Hockey	132
136.	Football	132
137.	Alpine skiing	134
138.	Tennis. Golf	135
139.	Chess	135
140.	Boxing	136
141.	Sports. Miscellaneous	136

Education 138

142.	School	138
143.	College. University	139
144.	Sciences. Disciplines	140
145.	Writing system. Orthography	140
146.	Foreign languages	142
147.	Fairy tale characters	143
148.	Zodiac Signs	143

Arts 144

149.	Theater	144
150.	Cinema	145
151.	Painting	146
152.	Literature & Poetry	147
153.	Circus	148
154.	Music. Pop music	148

Rest. Entertainment. Travel 150

155.	Trip. Travel	150
156.	Hotel	151
157.	Books. Reading	151
158.	Hunting. Fishing	153
159.	Games. Billiards	154
160.	Games. Playing cards	154
161.	Casino. Roulette	155
162.	Rest. Games. Miscellaneous	155
163.	Photography	156
164.	Beach. Swimming	157

TECHNICAL EQUIPMENT. TRANSPORTATION 159
Technical equipment 159

165.	Computer	159
166.	Internet. E-mail	160
167.	Electricity	161
168.	Tools	162

Transportation 165

169.	Airplane	165
170.	Train	166
171.	Ship	167
172.	Airport	168
173.	Bicycle. Motorcycle	169

Cars 171

174.	Types of cars	171
175.	Cars. Bodywork	171
176.	Cars. Passenger compartment	173
177.	Cars. Engine	173
178.	Cars. Crash. Repair	174
179.	Cars. Road	175
180.	Traffic signs	176

PEOPLE. LIFE EVENTS 178
Life events 178

181.	Holidays. Event	178
182.	Funerals. Burial	179
183.	War. Soldiers	180
184.	War. Military actions. Part 1	181
185.	War. Military actions. Part 2	182
186.	Weapons	184
187.	Ancient people	185
188.	Middle Ages	186
189.	Leader. Chief. Authorities	187
190.	Road. Way. Directions	188
191.	Breaking the law. Criminals. Part 1	189
192.	Breaking the law. Criminals. Part 2	191
193.	Police. Law. Part 1	192
194.	Police. Law. Part 2	193

NATURE 195
The Earth. Part 1 195

195.	Outer space	195
196.	The Earth	196
197.	Cardinal directions	197
198.	Sea. Ocean	197
199.	Seas' and Oceans' names	198
200.	Mountains	199
201.	Mountains names	200
202.	Rivers	200
203.	Rivers' names	201

| 204. | Forest | 202 |
| 205. | Natural resources | 203 |

The Earth. Part 2

205

206.	Weather	205
207.	Severe weather. Natural disasters	206
208.	Noises. Sounds	206
209.	Winter	207

Fauna

209

210.	Mammals. Predators	209
211.	Wild animals	209
212.	Domestic animals	211
213.	Dogs. Dog breeds	212
214.	Sounds made by animals	212
215.	Young animals	213
216.	Birds	213
217.	Birds. Singing and sounds	214
218.	Fish. Marine animals	215
219.	Amphibians. Reptiles	216
220.	Insects	216
221.	Animals. Body parts	217
222.	Actions of animals	218
223.	Animals. Habitats	218
224.	Animal care	219
225.	Animals. Miscellaneous	219
226.	Horses	220

Flora

222

227.	Trees	222
228.	Shrubs	223
229.	Mushrooms	223
230.	Fruits. Berries	223
231.	Flowers. Plants	224
232.	Cereals, grains	225
233.	Vegetables. Greens	226

REGIONAL GEOGRAPHY
Countries. Nationalities

227
227

234.	Western Europe	227
235.	Central and Eastern Europe	229
236.	Former USSR countries	230
237.	Asia	231

238.	North America	233
239.	Central and South America	234
240.	Africa	235
241.	Australia. Oceania	235
242.	Cities	236
243.	Politics. Government. Part 1	237
244.	Politics. Government. Part 2	239
245.	Countries. Miscellaneous	240
246.	Major religious groups. Confessions	241
247.	Religions. Priests	242
248.	Faith. Christianity. Islam	242

MISCELLANEOUS 245

249.	Various useful words	245
250.	Modifiers. Adjectives. Part 1	246
251.	Modifiers. Adjectives. Part 2	249

MAIN 500 VERBS 252

252.	Verbs A-C	252
253.	Verbs D-G	254
254.	Verbs H-M	257
255.	Verbs N-S	259
256.	Verbs T-W	262

PRONUNCIATION GUIDE

Letter	Georgian example	T&P phonetics alphabet	English example
ა	აკადემია	[ɑ]	shorter than in park, card
ბ	ბიოლოგია	[b]	baby, book
გ	გრამატიკა	[g]	game, gold
დ	შუალედი	[d]	day, doctor
ე	ბედნიერი	[ɛ]	man, bad
ვ	ვერცხლი	[v]	very, river
ზ	ზარი	[z]	zebra, please
თ	თანაკლასელი	[th]	don't have
ი	ივლისი	[i]	shorter than in feet
კ	კამა	[k]	clock, kiss
ლ	ლანგარი	[l]	lace, people
მ	მარჯვენა	[m]	magic, milk
ნ	ნაყინი	[n]	name, normal
ო	ოსტატობა	[ɔ]	bottle, doctor
პ	პასპორტი	[p]	pencil, private
ჟ	ჟიური	[ʒ]	forge, pleasure
რ	რეჟისორი	[r]	rice, radio
ს	სასმელი	[s]	city, boss
ტ	ტურისტი	[t]	tourist, trip
უ	ურდული	[u]	book
ფ	ფაიფური	[ph]	top hat
ქ	ქალაქი	[kh]	work hard
ღ	ღილაკი	[ɣ]	between [g] and [h]
ყ	ყინული	[q]	king, club
შ	შედეგი	[ʃ]	machine, shark
ჩ	ჩამჩა	[ʧh]	hitchhiker
ც	ცურვა	[tsh]	let's handle it
ძ	ძიძა	[ʣ]	beads, kids
წ	წამწამი	[ʦ]	cats, tsetse fly
ჭ	ჭანჭიკი	[ʧ]	church, French
ხ	ხარისხი	[ɦ]	huge, humor
ჯ	ჯიბე	[ʤ]	joke, general
ჰ	ჰოკიჯოხა	[h]	home, have

ABBREVIATIONS
used in the vocabulary

ab.	-	about
adj	-	adjective
adv	-	adverb
anim.	-	animate
as adj	-	attributive noun used as adjective
e.g.	-	for example
etc.	-	et cetera
fam.	-	familiar
fem.	-	feminine
form.	-	formal
inanim.	-	inanimate
masc.	-	masculine
math	-	mathematics
mil.	-	military
n	-	noun
pl	-	plural
pron.	-	pronoun
sb	-	somebody
sing.	-	singular
sth	-	something
v aux	-	auxiliary verb
vi	-	intransitive verb
vi, vt	-	intransitive, transitive verb
vt		transitive verb

BASIC CONCEPTS

Basic concepts. Part 1

1. Pronouns

I, me	მე	me
you	შენ	shen
he, she, it	ის	is
we	ჩვენ	chven
you (to a group)	თქვენ	t'k'ven
they	ისინი	isini

2. Greetings. Salutations. Farewells

Hello! (fam.)	გამარჯობა!	gamarjoba
Hello! (form.)	გამარჯობათ!	gamarjobat'
Good morning!	დილა მშვიდობისა!	dila mshvidobisa
Good afternoon!	დღე მშვიდობისა!	dghe mshvidobisa
Good evening!	საღამო მშვიდობისა!	saghamo mshvidobisa
to say hello	მისალმება	misalmeba
Hi! (hello)	სალამი!	salami
greeting (n)	სალამი	salami
to greet (vt)	მისალმება	misalmeba
How are you?	როგორ ხარ?	rogor khar
What's new?	რა არის ახალი?	ra aris akhali
Bye-Bye! Goodbye!	ნახვამდის!	nakhvamdis
See you soon!	მომავალ შეხვედრამდე!	momaval shekhvedramde
Farewell!	მშვიდობით!	mshvidobit'
to say goodbye	გამომშვიდობება	gamomshvidobeba
So long!	კარგად!	kargad
Thank you!	გმადლობთ!	gmadlobt'
Thank you very much!	დიდი მადლობა!	didi madloba
You're welcome	არაფრის	arap'ris
Don't mention it!	მადლობად არ ღირს	madlobad ar ghirs
It was nothing	არაფრის	arap'ris
Excuse me!	ბოდიში!	bodishi
to excuse (forgive)	პატიება	patieba

to apologize (vi)	ბოდიშის მოხდა	bodishis mokhda
My apologies	ბოდიში	bodishi
I'm sorry!	მაპატიეთ!	mapatiet'
to forgive (vt)	პატიება	patieba
It's okay!	არა უშავს.	ara ushavs
please (adv)	გეთაყვა	get'aq'va
Don't forget!	არ დაგავიწყდეთ!	ar dagavits'q'det'
Certainly!	რა თქმა უნდა!	ra t'k'ma unda
Of course not!	რა თქმა უნდა, არა!	ra t'k'ma unda ara
Okay! (I agree)	თანახმა ვარ!	t'anakhma var
That's enough!	საკმარისია!	sakmarisia

3. How to address

mister, sir	ბატონო	batono
ma'am	ქალბატონო	k'albatono
miss	ქალიშვილო	k'alishvilo
young man	ახალგაზრდავ	akhalgazrdav
young man (little boy)	ბიჭი	bich'i
miss (little girl)	გოგო	gogo

4. Cardinal numbers. Part 1

0 zero	ნული	nuli
1 one	ერთი	ert'i
2 two	ორი	ori
3 three	სამი	sami
4 four	ოთხი	ot'khi
5 five	ხუთი	khut'i
6 six	ექვსი	ek'vsi
7 seven	შვიდი	shvidi
8 eight	რვა	rva
9 nine	ცხრა	ckhra
10 ten	ათი	at'i
11 eleven	თერთმეტი	t'ert'meti
12 twelve	თორმეტი	t'ormeti
13 thirteen	ცამეტი	cameti
14 fourteen	თოთხმეტი	t'ot'khmeti
15 fifteen	თხუთმეტი	t'khut'meti
16 sixteen	თექვსმეტი	t'ek'vsmeti
17 seventeen	ჩვიდმეტი	chvidmeti
18 eighteen	თვრამეტი	t'vrameti
19 nineteen	ცხრამეტი	ckhrameti
20 twenty	ოცი	oci

21 twenty-one	ოცდაერთი	ocdaert'i
22 twenty-two	ოცდაორი	ocdaori
23 twenty-three	ოცდასამი	ocdasami
30 thirty	ოცდაათი	ocdaat'i
31 thirty-one	ოცდათერთმეტი	ocdat'ert'meti
32 thirty-two	ოცდათორმეტი	ocdat'ormeti
33 thirty-three	ოცდაცამეტი	ocdacameti
40 forty	ორმოცი	ormoci
41 forty-one	ორმოცდაერთი	ormocdaert'i
42 forty-two	ორმოცდაორი	ormocdaori
43 forty-three	ორმოცდასამი	ormocdasami
50 fifty	ორმოცდაათი	ormocdaat'i
51 fifty-one	ორმოცდათერთმეტი	ormocdat'ert'meti
52 fifty-two	ორმოცდათორმეტი	ormocdat'ormeti
53 fifty-three	ორმოცდაცამეტი	ormocdacameti
60 sixty	სამოცი	samoci
61 sixty-one	სამოცდაერთი	samocdaert'i
62 sixty-two	სამოცდაორი	samocdaori
63 sixty-three	სამოცდასამი	samocdasami
70 seventy	სამოცდაათი	samocdaat'i
71 seventy-one	სამოცდათერთმეტი	samocdat'ert'meti
72 seventy-two	სამოცდათორმეტი	samocdat'ormeti
73 seventy-three	სამოცდაცამეტი	samocdacameti
80 eighty	ოთხმოცი	ot'khmoci
81 eighty-one	ოთხმოცდაერთი	ot'khmocdaert'i
82 eighty-two	ოთხმოცდაორი	ot'khmocdaori
83 eighty-three	ოთხმოცდასამი	ot'khmocdasami
90 ninety	ოთხმოცდაათი	ot'khmocdaat'i
91 ninety-one	ოთხმოცდათერთმეტი	ot'khmocdat'ert'meti
92 ninety-two	ოთხმოცდათორმეტი	ot'khmocdat'ormeti
93 ninety-three	ოთხმოცდაცამეტი	ot'khmocdacameti

5. Cardinal numbers. Part 2

100 one hundred	ასი	asi
200 two hundred	ორასი	orasi
300 three hundred	სამასი	samasi
400 four hundred	ოთხასი	ot'khasi
500 five hundred	ხუთასი	khut'asi
600 six hundred	ექვსასი	ek'vsasi
700 seven hundred	შვიდასი	shvidasi
800 eight hundred	რვაასი	rvaasi

900 nine hundred	ცხრაასი	ckhraasi
1000 one thousand	ათასი	at'asi
2000 two thousand	ორი ათასი	ori at'asi
3000 three thousand	სამი ათასი	sami at'asi
10000 ten thousand	ათი ათასი	at'i at'asi
one hundred thousand	ასი ათასი	asi at'asi
million	მილიონი	milioni
billion	მილიარდი	miliardi

6. Ordinal numbers

first (adj)	პირველი	pirveli
second (adj)	მეორე	meore
third (adj)	მესამე	mesame
fourth (adj)	მეოთხე	meot'khe
fifth (adj)	მეხუთე	mekhut'e
sixth (adj)	მეექვსე	meek'vse
seventh (adj)	მეშვიდე	meshvide
eighth (adj)	მერვე	merve
ninth (adj)	მეცხრე	meckhre
tenth (adj)	მეათე	meat'e

7. Numbers. Fractions

fraction	წილადი	ts'iladi
one half	ერთი მეორედი	ert'i meoredi
one third	ერთი მესამედი	ert'i mesamedi
one quarter	ერთი მეოთხედი	ert'i meot'khedi
one eighth	ერთი მერვედი	ert'i mervedi
one tenth	ერთი მეათედი	ert'i meat'edi
two thirds	ორი მესამედი	ori mesamedi
three quarters	სამი მეოთხედი	sami meot'khedi

8. Numbers. Basic operations

subtraction	გამოკლება	gamokleba
to subtract (vi, vt)	გამოკლება	gamokleba
division	გაყოფა	gaq'op'a
to divide (vt)	გაყოფა	gaq'op'a
addition	შეკრება	shekreba
to add up (vt)	შეკრება	shekreba
to add (vi, vt)	მიმატება	mimateba
multiplication	გამრავლება	gamravleba
to multiply (vt)	გამრავლება	gamravleba

9. Numbers. Miscellaneous

digit, figure	ციფრი	cip'ri
number	რიცხვი	rickhvi
numeral	რიცხვითი სახელი	rickhvit'i sakheli
minus	მინუსი	minusi
plus	პლიუსი	pliusi
formula	ფორმულა	p'ormula
calculation	გამოანგარიშება	gamoangarisheba
to count (vt)	დათვლა	dat'vla
to count up	დათვლა	dat'vla
to compare (vt)	შედარება	shedareba
How much? How many?	რამდენი?	ramdeni
sum, total	ჯამი	jami
result	შედეგი	shedegi
remainder	ნაშთი	nasht'i
a few ...	რამდენიმე	ramdenime
few, little (adv)	ცოტაოდენი...	cotaodeni
the rest	დანარჩენი	danarcheni
one and a half	ერთ-ნახევარი	ert'nakhevari
dozen	დუჟინი	duzhini
in half (adv)	შუაზე	shuaze
equally (evenly)	თანაბრად	t'anabrad
half	ნახევარი	nakhevari
time (instance)	ჯერ	jer

10. The most important verbs. Part 1

to advise (vt)	რჩევა	rcheva
to agree (say yes)	დათანხმება	dat'ankhmeba
to answer (vi, vt)	პასუხის გაცემა	pasukhis gacema
to apologize (vi)	ბოდიშის მოხდა	bodishis mokhda
to arrive (vi)	ჩამოსვლა	chamosvla
to ask (~ oneself)	კითხვა	kit'khva
to ask (~ sb to do sth)	თხოვნა	t'khovna
to be (vi)	ყოფნა	q'op'na
to be afraid	შიში	shishi
to be interested in ...	დაინტერესება	dainteresebа
to be needed	საჭიროება	satch'iroeba
to be surprised	გაკვირვება	gakvirveba
to begin (vt)	დაწყება	dats'q'eba
to belong to ...	კუთვნება	kut'vneba
to boast (vi)	თავის ქება	t'avis k'eba

to break (split into pieces)	ტეხა	tekha
to call (for help)	დაძახება	dadzakheba
can (v aux)	შეძლება	shedzleba
to catch (vt)	ჭერა	ch'era
to change (vt)	შეცვლა	shecvla
to choose (select)	არჩევა	archeva
to come down	ჩამოსვლა	chamosvla
to come in (enter)	შემოსვლა	shemosvla
to compare (vt)	შედარება	shedareba
to complain (vi, vt)	ჩივილი	chivili
to confuse (mix up)	არევა	areva
to continue (vt)	გაგრძელება	gagrdzeleba
to control (vt)	კონტროლის გაწევა	kontrolis gats'eva
to cook (dinner)	მზადება	mzadeba
to cost (vt)	ღირება	ghireba
to count (add up)	დათვლა	dat'vla
to count on ...	იმედის ქონა	imedis k'ona
to create (vt)	შექმნა	shek'mna
to cry (weep)	ტირილი	tirili

11. The most important verbs. Part 2

to deceive (vi, vt)	მოტყუება	motq'ueba
to decorate (tree, street)	მორთვა	mort'va
to defend (a country, etc.)	დაცვა	dacva
to demand (request firmly)	მოთხოვნა	mot'khovna
to dig (vt)	თხრა	t'khra
to discuss (vt)	განხილვა	gankhilva
to do (vt)	კეთება	ket'eba
to doubt (have doubts)	დაეჭვება	daech'veba
to drop (let fall)	ხელიდან გავარდნა	khelidan gavardna
to exist (vi)	არსებობა	arseboba
to expect (foresee)	გათვალისწინება	gat'valists'ineba
to explain (vt)	ახსნა	akhsna
to fall (vi)	ვარდნა	vardna
to find (vt)	პოვნა	povna
to finish (vt)	დამთავრება	damt'avreba
to fly (vi)	ფრენა	p'rena
to follow ... (come after)	მიდევნა	midevna
to forget (vi, vt)	დავიწყება	davits'q'eba
to forgive (vt)	პატიება	patieba
to give (vt)	მიცემა	micema
to give a hint	სიტყვის გადაკვრა	sitq'vis gadakvra

to go (on foot)	სვლა	svla
to go for a swim	ბანაობა	banaoba
to go out (from ...)	გამოსვლა	gamosvla
to guess right	გამოცნობა	gamocnoba
to have (anim.)	ყოლა	q'ola
to have (inanim.)	ქონა	k'ona
to have breakfast	საუზმობა	sauzmoba
to have dinner	ვახშმობა	vakhshmoba
to have lunch	სადილობა	sadiloba
to hear (vt)	სმენა	smena
to help (vt)	დახმარება	dakhmareba
to hide (vt)	დამალვა	damalva
to hope (vi, vt)	იმედის ქონა	imedis k'ona
to hunt (vi, vt)	ნადირობა	nadiroba
to hurry (vi)	აჩქარება	achk'areba

12. The most important verbs. Part 3

to inform (vt)	ინფორმირება	inp'ormireba
to insist (vi, vt)	ჯიუტობა	jiutoba
to insult (vt)	შეურაცხყოფა	sheuracq'op'a
to invite (vt)	მოწვევა	mots'veva
to joke (vi)	ხუმრობა	khumroba
to keep (vt)	შენახვა	shenakhva
to keep silent	დუმილი	dumili
to kill (vt)	მოკვლა	mokvla
to know (sb)	ცნობა	cnoba
to know (sth)	ცოდნა	codna
to laugh (vi)	სიცილი	sicili
to liberate (city, etc.)	გათავისუფლება	gat'avisup'leba
to like (I like ...)	მოწონება	mots'oneba
to look for ... (search)	ძებნა	dzebna
to love (sb)	სიყვარული	siq'varuli
to make a mistake	შეცდომა	shecdoma
to manage, to run	ხელმძღვანელობა	khelmdzghvaneloba
to mean (signify)	აღნიშვნა	aghnishvna
to mention (talk about)	ხსენება	khseneba
to miss (school, etc.)	გაცდენა	gacdena
to notice (see)	შემჩნევა	shemchneva
to object (vi, vt)	შეპასუხება	shepasukheba
to observe (see)	თვალყურის დევნება	t'valq'uris devneba
to open (vt)	გაღება	gagheba
to order (meal, etc.)	შეკვეთა	shekvet'a
to order (mil.)	ბრძანება	brdzaneba

to own (possess)	ფლობა	p'loba
to participate (vi)	მონაწილეობა	monats'ileoba
to pay (vi, vt)	გადახდა	gadakhda
to permit (vt)	ნების დართვა	nebis dart'va
to plan (vt)	დაგეგმვა	dagegmva
to play (children)	თამაში	t'amashi
to pray (vi, vt)	ლოცვა	locva
to prefer (vt)	უპირატესობის მინიჭება	upiratesobis minich'eba
to promise (vt)	დაპირება	dapireba
to pronounce (vt)	წარმოთქმა	ts'armot'k'ma
to propose (vt)	შეთავაზება	shet'avazeba
to punish (vt)	დასჯა	dasdja
to read (vi, vt)	კითხვა	kit'khva
to recommend (vt)	რეკომენდაციის მიცემა	rekomendaciis micema
to refuse (vi, vt)	უარის თქმა	uaris t'k'ma
to regret (be sorry)	სინანული	sinanuli
to rent (sth from sb)	დაქირავება	dak'iraveba
to repeat (say again)	გამეორება	gameoreba
to reserve, to book	რეზერვირება	rezervireba
to run (vi)	გაქცევა	gak'ceva

13. The most important verbs. Part 4

to save (rescue)	გადარჩენა	gadarchena
to say (~ thank you)	თქმა	t'k'ma
to scold (vt)	ლანძღვა	landzghva
to see (vt)	ხედვა	khedva
to sell (vt)	გაყიდვა	gaq'idva
to send (vt)	გაგზავნა	gagzavna
to shoot (vi)	სროლა	srola
to shout (vi)	ყვირილი	q'virili
to show (vt)	ჩვენება	chveneba
to sign (document)	ხელის მოწერა	khelis mots'era
to sit down (vi)	დაჯდომა	dadjdoma
to smile (vi)	გაღიმება	gaghimeba
to speak (vi, vt)	ლაპარაკი	laparaki
to steal (money, etc.)	პარვა	parva
to stop (cease)	შეწყვეტა	shets'q'veta
to stop (for pause, etc.)	გაჩერება	gachereba
to study (vt)	შესწავლა	shests'avla
to swim (vi)	ცურვა	curva
to take (vt)	აღება	agheba
to think (vi, vt)	ფიქრი	p'ik'ri
to threaten (vt)	დამუქრება	damuk'reba

to touch (by hands)	ხელის ხლება	khelis khleba
to translate (vt)	თარგმნა	t'argmna
to trust (vt)	ნდობა	ndoba
to try (attempt)	ცდა	cda
to turn (~ to the left)	მობრუნება	mobruneba
to underestimate (vt)	არშეფასება	arshep'aseba
to understand (vt)	გაგება	gageba
to unite (vt)	გაერთიანება	gaert'ianeba
to wait (vt)	ლოდინი	lodini
to want (wish, desire)	ნდომა	ndoma
to warn (vt)	გაფრთხილება	gap'rt'khileba
to work (vi)	მუშაობა	mushaoba
to write (vt)	წერა	ts'era
to write down	ჩაწერა	ts'hats'era

14. Colors

color	ფერი	p'eri
shade (tint)	ელფერი	elp'eri
hue	ტონი	toni
rainbow	ცისარტყელა	cisartq'ela
white (adj)	თეთრი	t'et'ri
black (adj)	შავი	shavi
gray (adj)	რუხი	rukhi
green (adj)	მწვანე	mts'vane
yellow (adj)	ყვითელი	q'vit'eli
red (adj)	წითელი	ts'it'eli
blue (adj)	ლურჯი	lurji
light blue (adj)	ცისფერი	cisp'eri
pink (adj)	ვარდისფერი	vardisp'eri
orange (adj)	ნარინჯისფერი	narinjisp'eri
violet (adj)	იისფერი	iisp'eri
brown (adj)	ყავისფერი	q'avisp'eri
golden (adj)	ოქროსფერი	ok'rosp'eri
silvery (adj)	ვერცხლისფერი	verckhlisp'eri
beige (adj)	ჩალისფერი	chalisp'eri
cream (adj)	კრემისფერი	kremisp'eri
turquoise (adj)	ფირუზისფერი	p'iruzisp'eri
cherry red (adj)	ალუბლისფერი	alublisp'eri
lilac (adj)	ლილისფერი	lilisp'eri
crimson (adj)	ჟოლოსფერი	zholosp'eri
light (adj)	ღია ფერისა	ghia p'erisa
dark (adj)	მუქი	muk'i

bright (adj)	კაშკაშა	kashkasha
colored (pencils)	ფერადი	p'eradi
color (e.g., ~ film)	ფერადი	p'eradi
black-and-white (adj)	შავ-თეთრი	shavt'et'ri
plain (one color)	ერთფეროვანი	ert'p'erovani
multicolored (adj)	მრავალფეროვანი	mravalp'erovani

15. Questions

Who?	ვინ?	vin
What?	რა?	ra
Where? (at, in)	სად?	sad?
Where (to)?	სად?	sad?
Where ... from?	საიდან?	saidan?
When?	როდის?	rodis
Why? (aim)	რისთვის?	rist'vis
Why? (reason)	რატომ?	ratom
What for?	რისთვის?	rist'vis
How? (in what way)	როგორ?	rogor
What? (which?)	როგორი?	rogori
Which?	რომელი?	romeli
To whom?	ვის?	vis
About whom?	ვიზე?	vize
About what?	რაზე?	raze
With whom?	ვისთან ერთად?	vist'an ert'ad
How many? How much?	რამდენი?	ramdeni
Whose?	ვისი?	visi

16. Prepositions

with (accompanied by)	ერთად	ert'ad
without	გარეშე	gareshe
to (indicating direction)	-ში	shi
about (talking ~ ...)	შესახებ	shesakheb
before (in time)	წინ	ts'in
in front of ...	წინ	ts'in
under (beneath, below)	ქვეშ	k'vesh
above (over)	ზემოთ	zemot'
on (atop)	-ზე	ze
from (off, out of)	-დან	dan
of (made from)	-გან	gan
in (e.g., ~ ten minutes)	-ში	shi
over (across the top of)	-ზე	ze

17. Function words. Adverbs. Part 1

Where? (at, in)	სად?	sad?
here (adv)	აქ	ak'
there (adv)	იქ	ik'

somewhere (to be)	სადღაც	sadghac
nowhere (not anywhere)	არსად	arsad

by (near, beside)	–თან	t'an
by the window	ფანჯარასთან	p'anjarast'an

Where (to)?	სად?	sad?
here (e.g., come ~!)	აქ	ak'
there (e.g., to go ~)	იქ	ik'
from here (adv)	აქედან	ak'edan
from there (adv)	იქიდან	ik'idan

close (adv)	ახლოს	akhlos
far (adv)	შორს	shors

near (e.g., ~ Paris)	გვერდით	gverdit'
nearby (adv)	გვერდით	gverdit'
not far (adv)	ახლო	akhlo

left (adj)	მარცხენა	marckhena
on the left	მარცხნივ	marckhniv
to the left	მარცხნივ	marckhniv

right (adj)	მარჯვენა	marjvena
on the right	მარჯვნივ	mardjvniv
to the right	მარჯვნივ	mardjvniv

in front (adv)	წინ	ts'in
front (as adj)	წინა	ts'ina
ahead (in space)	წინ	ts'in

behind (adv)	უკან	ukan
from behind	უკნიდან	uknidan
back (towards the rear)	უკან	ukan

middle	შუა	shua
in the middle	შუაში	shuashi

at the side	გვერდიდან	gverdidan
everywhere (adv)	ყველგან	q'velgan
around (in all directions)	გარშემო	garshemo

from inside	შიგნიდან	shignidan
somewhere (to go)	სადღაც	sadghac
straight (directly)	პირდაპირ	pirdapir

back (e.g., come ~)	უკან	ukan
from anywhere	საიდანმე	saidanme
from somewhere	საიდანღაც	saidanghac
firstly (adv)	პირველ რიგში	pirvel rigshi
secondly (adv)	მეორედ	meored
thirdly (adv)	მესამედ	mesamed
suddenly (adv)	უცებ	uceb
at first (adv)	თავდაპირველად	t'avdapirvelad
for the first time	პირველად	pirvelad
long before ...	დიდი ხნით ადრე	didi khnit' adre
anew (over again)	ხელახლა	khelakhla
for good (adv)	სამუდამოდ	samudamod
never (adv)	არასდროს	arasdros
again (adv)	ისევ	isev
now (adv)	ახლა	akhla
often (adv)	ხშირად	khshirad
then (adv)	მაშინ	mashin
urgently (quickly)	სასწრაფოდ	sasts'rap'od
usually (adv)	ჩვეულებრივად	chveulebrivad
by the way, ...	სხვათა შორის	skhvat'a shoris
possible (that is ~)	შესაძლოა	shesadzloa
probably (adv)	ალბათ	albat'
maybe (adv)	შეიძლება	sheidzleba
besides ...	ამას გარდა,...	amas garda
that's why ...	ამიტომ	amitom
in spite of ...	მიუხედავად	miukhedavad
thanks to ...	წყალობით	ts'q'alobit'
what (pron.)	რა	ra
that	რომ	rom
something	რაღაც	raghac
anything (something)	რაიმე	raime
nothing	არაფერი	arap'eri
who (pron.)	ვინ	vin
someone	ვიღაც	vighac
somebody	ვინმე	vinme
nobody	არავინ	aravin
nowhere (a voyage to ~)	არსად	arsad
nobody's	არავისი	aravisi
somebody's	ვინმესი	vinmesi
so (I'm ~ glad)	ასე	ase
also (as well)	აგრეთვე	agret've
too (as well)	-ც	c

18. Function words. Adverbs. Part 2

Why?	რატომ?	ratom
for some reason	რატომღაც	ratomghac
because ...	იმიტომ, რომ...	imitom rom
for some purpose	რატომღაც	ratomghac

and	და	da
or	ან	an
but	მაგრამ	magram
for (e.g., ~ me)	–თვის	t'vis

too (~ many people)	მეტისმეტად	metismetad
only (exclusively)	მხოლოდ	mkholod
exactly (adv)	ზუსტად	zustad
about (more or less)	თითქმის	t'it'k'mis

approximately (adv)	დაახლოებით	daakhloebit'
approximate (adj)	დაახლოებითი	daakhloebit'i
almost (adv)	თითქმის	t'it'k'mis
the rest	დანარჩენი	danarcheni

each (adj)	ყოველი	yoveli
any (no matter which)	ნებისმიერი	nebismieri
many, much (a lot of)	ბევრი	bevri
many people	ბევრნი	bevrni
all (everyone)	ყველა	q'vela

in exchange for ...	ნაცვლად	nacvlad
in exchange (adv)	ნაცვლად	nacvlad
by hand (made)	ხელით	khelit'
hardly (negative opinion)	საეჭვოა	saech'voa

probably (adv)	ალბათ	albat'
on purpose (adv)	განზრახ	ganzrakh
by accident (adv)	შემთხვევით	shemt'khvevit'

very (adv)	ძალიან	dzalian
for example (adv)	მაგალითად	magalit'ad
between	შორის	shoris
among	შორის	shoris
so much (such a lot)	ამდენი	amdeni
especially (adv)	განსაკუთრებით	gansakut'rebit'

Basic concepts. Part 2

19. Weekdays

Monday	ორშაბათი	orshabat'i
Tuesday	სამშაბათი	samshabat'i
Wednesday	ოთხშაბათი	ot'khshabat'i
Thursday	ხუთშაბათი	khut'shabat'i
Friday	პარასკევი	paraskevi
Saturday	შაბათი	shabat'i
Sunday	კვირა	kvira
today (adv)	დღეს	dghes
tomorrow (adv)	ხვალ	khval
the day after tomorrow	ზეგ	zeg
yesterday (adv)	გუშინ	gushin
the day before yesterday	გუშინწინ	gushints'in
day	დღე	dghe
workday	სამუშაო დღე	samushao dghe
public holiday	დღესასწაული	dghesasts'auli
day off	დასვენების დღე	dasvenebis dghe
weekend	დასვენების დღეები	dasvenebis dgheebi
all day long	მთელი დღე	mt'eli dghe
next day (adv)	მომდევნო დღეს	momdevno dghes
two days ago	ორი დღის წინ	ori dghis ts'in
the day before	წინადღეს	ts'inadghes
daily (adj)	ყოველდღიური	q'oveldghiuri
every day (adv)	ყოველდღიურად	q'oveldghiurad
week	კვირა	kvira
last week (adv)	გასულ კვირას	gasul kviras
next week (adv)	მომდევნო კვირას	momdevno kviras
weekly (adj)	ყოველკვირეული	q'ovelkvireuli
every week (adv)	ყოველკვირეულად	q'ovelkvireulad
twice a week	კვირაში ორჯერ	kvirashi orjer
every Tuesday	ყოველ სამშაბათს	q'ovel samshabat's

20. Hours. Day and night

morning	დილა	dila
in the morning	დილით	dilit'
noon, midday	შუადღე	shuadghe

in the afternoon	სადილის შემდეგ	sadilis shemdeg
evening	საღამო	saghamo
in the evening	საღამოს	saghamos
night	ღამე	ghame
at night	ღამით	ghamit'
midnight	შუაღამე	shuaghame

second	წამი	ts'ami
minute	წუთი	ts'ut'i
hour	საათი	saat'i
half an hour	ნახევარი საათი	nakhevari saat'i
quarter of an hour	თხუთმეტი წუთი	t'khut'meti ts'ut'i
fifteen minutes	თხუთმეტი წუთი	t'khut'meti ts'ut'i
24 hours	დღე-ღამე	dgheghame

sunrise	მზის ამოსვლა	mzis amosvla
dawn	განთიადი	gant'iadi
early morning	ადრიანი დილა	adriani dila
sunset	მზის ჩასვლა	mzis chasvla

early in the morning	დილით ადრე	dilit' adre
this morning	დღეს დილით	dghes dilit'
tomorrow morning	ხვალ დილით	khval dilit'

this afternoon	დღეს	dghes
in the afternoon	სადილის შემდეგ	sadilis shemdeg
tomorrow afternoon	ხვალ სადილის შემდეგ	khval sadilis shemdeg

| tonight (this evening) | დღეს საღამოს | dghes saghamos |
| tomorrow night | ხვალ საღამოს | khval saghamos |

at 3 o'clock sharp	ზუსტად სამ საათზე	zustad sam saat'ze
about 4 o'clock	დაახლოებით ოთხი საათი	daakhloebit' ot'khi saat'i
by 12 o'clock	თორმეტი საათისთვის	t'ormeti saat'ist'vis

in 20 minutes	ოც წუთში	oc ts'ut'shi
in an hour	ერთ საათში	ert' saat'shi
on time (adv)	დროულად	droulad

a quarter of ...	თხუთმეტი წუთი აკლია	t'khut'meti ts'ut'i aklia
within an hour	საათის განმავლობაში	saat'is ganmavlobashi
every 15 minutes	ყოველ თხუთმეტ წუთში	q'ovel t'khut'met ts'ut'shi
round the clock	დღე-ღამის განმავლობაში	dgheghamis ganmavlobashi

21. Months. Seasons

| January | იანვარი | ianvari |
| February | თებერვალი | t'ebervali |

March	მარტი	marti
April	აპრილი	aprili
May	მაისი	maisi
June	ივნისი	ivnisi
July	ივლისი	ivlisi
August	აგვისტო	agvisto
September	სექტემბერი	sek'temberi
October	ოქტომბერი	ok'tomberi
November	ნოემბერი	noemberi
December	დეკემბერი	dekemberi
spring	გაზაფხული	gazap'khuli
in spring	გაზაფხულზე	gazap'khulze
spring (as adj)	გაზაფხულისა	gazap'khulisa
summer	ზაფხული	zap'khuli
in summer	ზაფხულში	zap'khulshi
summer (as adj)	ზაფხულისა	zap'khulisa
fall	შემოდგომა	shemodgoma
in fall	შემოდგომაზე	shemodgomaze
fall (as adj)	შემოდგომისა	shemodgomisa
winter	ზამთარი	zamt'ari
in winter	ზამთარში	zamt'arshi
winter (as adj)	ზამთრის	zamt'ris
month	თვე	t've
this month	ამ თვეში	am t'veshi
next month	მომდევნო თვეს	momdevno t'ves
last month	გასულ თვეს	gasul t'ves
a month ago	ერთი თვის წინ	ert'i t'vis ts'in
in a month	ერთი თვის შემდეგ	ert'i t'vis shemdeg
in two months	ორი თვის შემდეგ	ori t'vis shemdeg
a whole month	მთელი თვე	mt'eli t've
all month long	მთელი თვე	mt'eli t've
monthly (~ magazine)	ყოველთვიური	q'ovelt'viuri
monthly (adv)	ყოველთვიურად	q'ovelt'viurad
every month	ყოველ თვე	q'ovel t've
twice a month	თვეში ორჯერ	t'veshi orjer
year	წელი	ts'eli
this year	წელს	ts'els
next year	მომავალ წელს	momaval ts'els
last year	შარშან	sharshan
a year ago	ერთი წლის წინ	ert'i ts'lis ts'in
in a year	ერთი წლის შემდეგ	ert'i ts'lis shemdeg
in two years	ორი წლის შემდეგ	ori ts'lis shemdeg

a whole year	მთელი წელი	mt'eli ts'eli
all year long	მთელი წელი	mt'eli ts'eli
every year	ყოველ წელს	q'ovel ts'els
annual (adj)	ყოველწლიური	q'ovelts'liuri
annually (adv)	ყოველწლიურად	q'ovelts'liurad
4 times a year	წელიწადში ოთხჯერ	ts'elits'adshi ot'khjer
date (e.g., today's ~)	რიცხვი	rickhvi
date (e.g., ~ of birth)	თარიღი	t'arighi
calendar	კალენდარი	kalendari
half a year	ნახევარი წელი	nakhevari ts'eli
six months	ნახევარწელი	nakhevarts'eli
season (summer, etc.)	სეზონი	sezoni
century	საუკუნე	saukune

22. Time. Miscellaneous

time	დრო	dro
instant (n)	წამი	ts'ami
moment	წამი	ts'ami
instant (adj)	წამიერი	ts'amieri
period (length of time)	მონაკვეთი	monakvet'i
life	სიცოცხლე	sicockhle
eternity	მარადისობა	maradisoba
epoch	ეპოქა	epok'a
era	ერა	era
cycle	ციკლი	cikli
period	პერიოდი	periodi
term (short-~)	ვადა	vada
the future	მომავალი	momavali
future (as adj)	მომავალი	momavali
next time	შემდგომში	shemdgomshi
the past	წარსული	ts'arsuli
past (recent)	წარსული	ts'arsuli
last time	ამას წინათ	amas ts'inat'
later (adv)	მოგვიანებით	mogvianebit'
after	შემდეგ	shemdeg
nowadays (adv)	ამჟამად	amzhamad
now (adv)	ახლა	akhla
immediately (adv)	დაუყოვნებლივ	dauq'ovnebliv
soon (adv)	მალე	male
in advance (beforehand)	წინასწარ	ts'inasts'ar
a long time ago	დიდი ხნის წინ	didi khnis ts'in
recently (adv)	ახლახან	akhlakhan

destiny	ბედი	bedi
memories (childhood ~)	მეხსიერება	mekhsiereba
archives	არქივი	ark'ivi

during ...	... დროს	dros
long, a long time (adv)	დიდხანს	didkhans
not long (adv)	ცოტა ხანს	cota khans
early (in the morning)	ადრე	adre
late (not early)	გვიან	gvian

forever (for good)	სამუდამოდ	samudamod
to start (begin)	დაწყება	dats'q'eba
to postpone (vt)	გადატანა	gadatana

at the same time	ერთდროულად	ert'droulad
permanently (adv)	მუდმივად	mudmivad
constant (noise, pain)	მუდმივი	mudmivi
temporary (adj)	დროებითი	droebit'i

sometimes (adv)	ზოგჯერ	zogjer
rarely (adv)	იშვიათად	ishviat'ad
often (adv)	ხშირად	khshirad

23. Opposites

rich (adj)	მდიდარი	mdidari
poor (adj)	ღარიბი	gharibi

ill, sick (adj)	ავადმყოფი	avadmq'op'i
healthy (adj)	ჯანმრთელი	janmrt'eli

big (adj)	დიდი	didi
small (adj)	პატარა	patara

quickly (adv)	სწრაფად	sts'rap'ad
slowly (adv)	ნელა	nela

fast (adj)	სწრაფი	sts'rap'i
slow (adj)	ნელი	neli

cheerful (adj)	მხიარული	mkhiaruli
sad (adj)	სევდიანი	sevdiani

together (adv)	ერთად	ert'ad
separately (adv)	ცალ-ცალკე	calcalke

aloud (to read)	ხმამაღლა	khmamaghla
silently (to oneself)	თავისთვის	t'avist'vis

tall (adj)	მაღალი	maghali

low (adj)	დაბალი	dabali
deep (adj)	ღრმა	ghrma
shallow (adj)	წყალმცირე	ts'q'almcire
yes	დიახ	diakh
no	არა	ara
distant (in space)	შორეული	shoreuli
nearby (adj)	ახლო	akhlo
far (adv)	შორს	shors
nearby (adv)	ახლოს	akhlos
long (adj)	გრძელი	grdzeli
short (adj)	მოკლე	mokle
good (kindhearted)	კეთილი	ket'ili
evil (adj)	ბოროტი	boroti
married (adj)	ცოლიანი	coliani
single (adj)	უცოლო	ucolo
to forbid (vt)	აკრძალვა	akrdzalva
to permit (vt)	ნების დართვა	nebis dart'va
end	ბოლო	bolo
beginning	დასაწყისი	dasats'q'isi
left (adj)	მარცხენა	marckhena
right (adj)	მარჯვენა	marjvena
first (adj)	პირველი	pirveli
last (adj)	ბოლო	bolo
crime	დანაშაული	danashauli
punishment	სასჯელი	sasdjeli
to order (vt)	ბრძანება	brdzaneba
to obey (vi, vt)	დამორჩილება	damorchileba
straight (adj)	სწორი	sts'ori
curved (adj)	მრუდი	mrudi
heaven	სამოთხე	samot'khe
hell	ჯოჯოხეთი	jojokhet'i
to be born	დაბადება	dabadeba
to die (vi)	მოკვდომა	mokvdoma
strong (adj)	ძლიერი	dzlieri
weak (adj)	სუსტი	susti

| old (adj) | მოხუცი | mokhuci |
| young (adj) | ახალგაზრდა | akhalgazrda |

| old (adj) | ძველი | dzveli |
| new (adj) | ახალი | akhali |

| hard (adj) | მაგარი | magari |
| soft (adj) | რბილი | rbili |

| warm (adj) | თბილი | t'bili |
| cold (adj) | ცივი | civi |

| fat (adj) | მსუქანი | msuk'ani |
| slim (adj) | გამხდარი | gamkhdari |

| narrow (adj) | ვიწრო | vits'ro |
| wide (adj) | განიერი | ganieri |

| good (adj) | კარგი | kargi |
| bad (adj) | ცუდი | cudi |

| brave (adj) | მამაცი | mamaci |
| cowardly (adj) | მშიშარა | mshishara |

24. Lines and shapes

square	კვადრატი	kvadrati
square (as adj)	კვადრატული	kvadratuli
circle	წრე	ts're
round (adj)	მრგვალი	mrgvali
triangle	სამკუთხედი	samkut'khedi
triangular (adj)	სამკუთხა	samkut'kha

oval	ოვალი	ovali
oval (as adj)	ოვალური	ovaluri
rectangle	მართკუთხედი	mart'kut'khedi
rectangular (adj)	მართკუთხა	mart'kut'kha
pyramid	პირამიდა	piramida
rhombus	რომბი	rombi
trapezoid	ტრაპეცია	trapecia
cube	კუბი	kubi
prism	პრიზმა	prizma

circumference	წრეხაზი	ts'rekhazi
sphere	სფერო	sp'ero
globe (sphere)	სფერო	sp'ero
diameter	დიამეტრი	diametri
radius	რადიუსი	radiusi
perimeter	პერიმეტრი	perimetri
center	ცენტრი	centri

horizontal (adj)	ჰორიზონტალური	h'orizontaluri
vertical (adj)	ვერტიკალური	vertikaluri
parallel (n)	პარარელი	paraleli
parallel (as adj)	პარალელური	paraleluri
line	ხაზი	khazi
stroke	ხაზი	khazi
straight line	წრფე	ts'rp'e
curve (curved line)	მრუდი	mrudi
thin (line, etc.)	თხელი	t'kheli
contour (outline)	კონტური	konturi
intersection	გადაკვეთა	gadakvet'a
right angle	მართი კუთხე	mart'i kut'khe
segment	სეგმენტი	segmenti
sector	სექტორი	sek'tori
side (of triangle)	გვერდი	gverdi
angle	კუთხე	kut'khe

25. Units of measurement

weight	წონა	ts'ona
length	სიგრძე	sigrdze
width	სიგანე	sigane
height	სიმაღლე	simaghle
depth	სიღრმე	sighrme
volume	მოცულობა	moculoba
area	ფართობი	p'art'obi
gram	გრამი	grami
milligram	მილიგრამი	miligrami
kilogram	კილოგრამი	kilogrami
ton	ტონა	tona
pound	გირვანქა	girvank'a
ounce	უნცია	uncia
meter	მეტრი	metri
millimeter	მილიმეტრი	milimetri
centimeter	სანტიმეტრი	santimetri
kilometer	კილომეტრი	kilometri
mile	მილი	mili
inch	დუიმი	duimi
foot	ფუტი	p'uti
yard	იარდი	iardi
square meter	კვადრატული მეტრი	kvadratuli metri
hectare	ჰექტარი	h'ektari

liter	ლიტრი	litri
degree	გრადუსი	gradusi
volt	ვოლტი	volti
ampere	ამპერი	amperi
horsepower	ცხენის ძალა	ckhenis dzala
quantity	რაოდენობა	raodenoba
a little bit of ...	ცოტაოდენი...	cotaodeni
half	ნახევარი	nakhevari
dozen	დუჟინი	duzhini
piece (item)	ცალი	cali
size	ზომა	zoma
scale (map ~)	მასშტაბი	masshtabi
minimum (adj)	მინიმალური	minimaluri
the smallest (adj)	უმცირესი	umciresi
medium (adj)	საშუალო	sashualo
maximum (adj)	მაქსიმალური	mak'simaluri
the largest (adj)	უდიდესი	udidesi

26. Containers

jar (glass)	ქილა	k'ila
can	ქილა	k'ila
bucket	ვედრო	vedro
barrel	კასრი	kasri
basin (for washing)	ტაშტი	tashti
tank (for liquid, gas)	ბაკი	baki
hip flask	მათარა	mat'ara
jerrycan	კანისტრა	kanistra
cistern (tank)	ცისტერნა	cisterna
mug	კათხა	kat'kha
cup (of coffee, etc.)	ფინჯანი	p'injani
saucer	ლამბაქი	lambak'i
glass (tumbler)	ჭიქა	ch'ik'a
glass (~ of vine)	ბოკალი	bokali
stew pot	ქვაბი	k'vabi
bottle (~ of wine)	ბოთლი	bot'li
neck (of the bottle)	ყელი	q'eli
carafe	გრაფინი	grap'ini
pitcher (earthenware)	დოქი	dok'i
vessel (container)	ჭურჭელი	ch'urch'eli
pot (crock)	ქოთანი	k'ot'ani
vase	ლარნაკი	larnaki

bottle (~ of perfume)	ფლაკონი	p'lakoni
vial, small bottle	შუშა	shusha
tube (of toothpaste)	ტუბი	tubi
sack (bag)	ტომარა	tomara
bag (paper ~, plastic ~)	პაკეტი	paketi
pack (of cigarettes, etc.)	შეკვრა	shekvra
box (e.g., shoebox)	კოლოფი	kolop'i
crate	ყუთი	q'ut'i
basket	კალათი	kalat'i

27. Materials

material	მასალა	masala
wood	ხე	khe
wooden (adj)	ხისა	khisa
glass (n)	მინა	mina
glass (as adj)	მინისა	minisa
stone (n)	ქვა	k'va
stone (as adj)	ქვისა	k'visa
plastic (n)	პლასტიკი	plastiki
plastic (as adj)	პლასტმასისა	plastmasisa
rubber (n)	რეზინი	rezini
rubber (as adj)	რეზინისა	rezinisa
material, fabric (n)	ქსოვილი	k'sovili
fabric (as adj)	ქსოვილისგან	k'sovilisgan
paper (n)	ქაღალდი	k'aghaldi
paper (as adj)	ქაღალდისა	k'aghaldisa
cardboard (n)	მუყაო	muq'ao
cardboard (as adj)	მუყაოსი	muq'aosi
polythene	პოლიეთილენი	poliet'ileni
cellophane	ცელოფანი	celop'ani
linoleum	ლინოლეუმი	linoleumi
plywood	ფანერა	p'anera
porcelain (n)	ფაიფური	p'aip'uri
porcelain (as adj)	ფაიფურისა	p'aip'urisa
clay (n)	თიხა	t'ikha
clay (as adj)	თიხისა	t'ikhisa
ceramics (n)	კერამიკა	keramika
ceramic (as adj)	კერამიკისა	keramikisa

28. Metals

metal (n)	ლითონი	lit'oni
metal (as adj)	ლითონისა	lit'onisa
alloy (n)	შენადნობი	shenadnobi
gold (n)	ოქრო	ok'ro
gold, golden (adj)	ოქროს	ok'ros
silver (n)	ვერცხლი	verckhli
silver (as adj)	ვერცხლისა	verckhlisa
iron (n)	რკინა	rkina
iron (adj), made of iron	რკინისა	rkinisa
steel (n)	ფოლადი	p'oladi
steel (as adj)	ფოლადისა	p'oladisa
copper (n)	სპილენძი	spilendzi
copper (as adj)	სპილენძისა	spilendzisa
aluminum (n)	ალუმინი	alumini
aluminum (as adj)	ალუმინისა	aluminisa
bronze (n)	ბრინჯაო	brinjao
bronze (as adj)	ბრინჯაოსი	brinjaosi
brass	თითბერი	t'it'beri
nickel	ნიკელი	nikeli
platinum	პლატინა	platina
mercury	ვერცხლისწყალი	verckhlists'kkhalı
tin	კალა	kala
lead	ტყვია	tq'via
zinc	თუთია	t'ut'ia

HUMAN BEING

Human being. The body

29. Humans. Basic concepts

human being	ადამიანი	adamiani
man (adult male)	კაცი	kaci
woman	ქალი	k'ali
child	ბავშვი	bavshvi
girl	გოგო	gogo
boy	ბიჭი	bich'i
teenager	მოზარდი	mozardi
old man	მოხუცი	mokhuci
old woman	დედაბერი	dedaberi

30. Human anatomy

organism	ორგანიზმი	organizmi
heart	გული	guli
blood	სისხლი	siskhli
artery	არტერია	arteria
vein	ვენა	vena
brain	ტვინი	tvini
nerve	ნერვი	nervi
nerves	ნერვები	nervebi
vertebra	მალა	mala
spine	ხერხემალი	kherkhemali
stomach (organ)	კუჭი	kuch'i
intestines, bowel	კუჭ-ნაწლავი	kuch'nats'lavi
intestine (e.g., large ~)	ნაწლავი	nats'lavi
liver	ღვიძლი	ghvidzli
kidney	თირკმელი	t'irkmeli
bone	ძვალი	dzvali
skeleton	ჩონჩხი	chonchkhi
rib	ნეკნი	nekni
skull	თავის ქალა	t'avis k'ala
muscle	კუნთი	kunt'i
biceps	ორთავა კუნთი	ort'ava kunt'i

triceps	სამთავა კუნთი	samt'ava kunt'i
tendon	მყესი	mq'esi
joint	სახსარი	sakhsari
lungs	ფილტვები	p'iltvebi
genitals	სასქესო ორგანოები	sask'eso organoebi
skin	კანი	kani

31. Head

head	თავი	t'avi
face	სახე	sakhe
nose	ცხვირი	ckhviri
mouth	პირი	piri
eye	თვალი	t'vali
eyes	თვალები	t'valebi
pupil	გუგა	guga
eyebrow	წარბი	ts'arbi
eyelash	წამწამი	ts'amts'ami
eyelid	ქუთუთო	k'ut'ut'o
tongue	ენა	ena
tooth	კბილი	kbili
lips	ტუჩები	tuchebi
cheekbones	ყვრიმალები	q'vrimalebi
gum	ღრძილი	ghrdzili
palate	სასა	sasa
nostrils	ნესტოები	nestoebi
chin	ნიკაპი	nikapi
jaw	ყბა	q'ba
cheek	ლოყა	loq'a
forehead	შუბლი	shubli
temple	საფეთქელი	sap'et'k'eli
ear	ყური	q'uri
back of the head	კეფა	kep'a
neck	კისერი	kiseri
throat	ყელი	q'eli
hair	თმები	t'mebi
hairstyle	ვარცხნილობა	varckhniloba
haircut	შეკრეჭილი თმა	shekrech'ili t'ma
wig	პარიკი	pariki
mustache	ულვაშები	ulvashebi
beard	წვერი	ts'veri
to have (a beard, etc.)	ტარება	tareba
braid	ნაწნავი	nats'navi
sideburns	ბაკენბარდები	bakenbardebi

red-haired (adj)	წითური	ts'it'uri
gray (hair)	ჭაღარა	ch'aghara
bald (adj)	მელოტი	meloti
bald patch	მელოტი	meloti

| ponytail | კუდი | kudi |
| bangs | შუბლზე შეჭრილი თმა | shublze shech'rili t'ma |

32. Human body

| hand | მტევანი | mtevani |
| arm | მკლავი | mklavi |

finger	თითი	t'it'i
thumb	ცერა თითი	cera t'it'i
little finger	ნეკი	neki
nail	ფრჩხილი	p'rchkhili

fist	მუშტი	mushti
palm	ხელისგული	khelisguli
wrist	მაჯა	maja
forearm	წინამხარი	ts'inamkhari
elbow	იდაყვი	idaq'vi
shoulder	მხარი	mkhari

leg	ფეხი	p'ekhi
foot	ტერფი	terp'i
knee	მუხლი	mukhli
calf (part of leg)	წვივი	ts'vlvi
hip	თეძო	t'edzo
heel	ქუსლი	k'usli

body	ტანი	tani
stomach	მუცელი	muceli
chest	მკერდი	mkerdi
breast	მკერდი	mkerdi
flank	გვერდი	gverdi
back	ზურგი	zurgi
lower back	წელი	ts'eli
waist	წელი	ts'eli

navel	ჭიპი	ch'ipi
buttocks	დუნდულები	dundulebi
bottom	საჯდომი	sadjdomi

beauty mark	ხალი	khali
tattoo	ტატუირება	tatuireba
scar	ნაიარევი	naiarevi

Clothing & Accessories

33. Outerwear. Coats

clothes	ტანსაცმელი	tansacmeli
outer clothing	ზედა ტანსაცმელი	zeda tansacmeli
winter clothing	ზამთრის ტანსაცმელი	zamt'ris tansacmeli
overcoat	პალტო	palto
fur coat	ქურქი	k'urk'i
fur jacket	ჯუბაჩა	jubacha
down coat	ყურთუკი	q'urt'uki
jacket (e.g., leather ~)	ქურთუკი	k'urt'uki
raincoat	ლაბადა	labada
waterproof (adj)	ულტობი	ultobi

34. Men's & women's clothing

shirt	პერანგი	perangi
pants	შარვალი	sharvali
jeans	ჯინსი	jinsi
jacket (of man's suit)	პიჯაკი	pijaki
suit	კოსტიუმი	kostiumi
dress (frock)	კაბა	kaba
skirt	ბოლოკაბა	bolokaba
blouse	ბლუზა	bluza
knitted jacket	კოფთა	kop't'a
jacket (of woman's suit)	ჟაკეტი	zhaketi
T-shirt	მაისური	maisuri
shorts (short trousers)	შორტი	shorti
tracksuit	სპორტული კოსტიუმი	sportuli kostiumi
bathrobe	ხალათი	khalat'i
pajamas	პიჟამო	pizhamo
sweater	სვიტრი	svitri
pullover	პულოვერი	puloveri
vest	ჟილეტი	zhileti
tailcoat	ფრაკი	p'raki
tuxedo	სმოკინგი	smokingi
uniform	ფორმა	p'orma

workwear	სამუშაო ტანსაცმელი	samushao tansacmeli
overalls	კომბინეზონი	kombinezoni
coat (e.g., doctor's ~)	ხალათი	khalat'i

35. Clothing. Underwear

underwear	საცვალი	sacvali
undershirt (A-shirt)	მაისური	maisuri
socks	წინდები	ts'indebi
nightgown	ღამის პერანგი	ghamis perangi
bra	ბიუსტჰალტერი	biusth'alteri
knee highs	გოლფი-წინდები	golp'its'indebi
pantyhose	კოლგოტი	kolgoti
stockings	ყელიანი წინდები	q'eliani ts'indebi
bathing suit	საბანაო კოსტიუმი	sabanao kostiumi

36. Headwear

hat	ქუდი	k'udi
fedora	ქუდი	k'udi
baseball cap	ბეისბოლის კეპი	beisbilos kepi
flatcap	კეპი	kepi
beret	ბერეტი	bereti
hood	კაპიუშონი	kapiushoni
panama	პანამა	panama
knitted hat	ნაქსოვი ქუდი	nak'sovi k'udi
headscarf	თავსაფარი	t'avsap'ari
women's hat	ქუდი	k'udi
hard hat	კასკა	kaska
garrison cap	პილოტურა	pilotura
helmet	ჩაფხუტი	chap'khuti
derby	ქვაბ-ქუდა	k'vabk'uda
top hat	ცილინდრი	cilindri

37. Footwear

footwear	ფეხსაცმელი	p'ekhsacmeli
ankle boots	ყელიანი ფეხსაცმელი	q'eliani p'ekhsatsmeli
shoes (low-heeled ~)	ტუფლი	tup'li
boots (cowboy ~)	ჩექმები	chek'mebi
slippers	ჩუსტები	chustebi

tennis shoes	ფეხსაცმელი	p'ekhsacmeli
sneakers	კედი	kedi
sandals	სანდლები	sandlebi

cobbler	მეჩექმე	mechek'me
heel	ქუსლი	k'usli
pair (of shoes)	წყვილი	ts'q'vili

shoestring	ზონარი	zonari
to lace (vt)	ზონრით შეკვრა	zonrit' shekvra
shoehorn	საშველი	sashveli
shoe polish	ფეხსაცმლის კრემი	p'ekhsacmlis kremi

38. Textile. Fabrics

cotton (n)	ბამბა	bamba
cotton (as adj)	ბამბისგან	bambisgan
flax (n)	სელი	seli
flax (as adj)	სელისგან	selisgan

silk (n)	აბრეშუმი	abreshumi
silk (as adj)	აბრეშუმისა	abreshumisa
wool (n)	შალი	shali
woolen (adj)	შალისა	shalisa

velvet	ხავერდი	khaverdi
suede	ზამში	zamshi
corduroy	ველვეტი	velveti

nylon (n)	ნეილონი	neiloni
nylon (as adj)	ნეილონისა	neilonisa
polyester (n)	პოლიესტერი	poliesteri
polyester (as adj)	პოლიესტერისა	poliesterisa

leather (n)	ტყავი	tq'avi
leather (as adj)	ტყავისა	tq'avisa
fur (n)	ბეწვი	bets'vi
fur (e.g., ~ coat)	ბეწვისა	bets'visa

39. Personal accessories

gloves	ხელთათმანები	khelt'at'manebi
mittens	ხელთათმანი	khelt'at'mani
scarf (long)	კაშნი	kashni

glasses	სათვალე	sat'vale
frame (eyeglass ~)	ჩარჩო	charcho
umbrella	ქოლგა	k'olga

walking stick	ხელჯოხი	kheljokhi
hairbrush	თმის ჯაგრისი	t'mis jagrisi
fan	მარაო	marao
necktie	ჰალსტუხი	h'alstuhi
bow tie	პეპელა-ჰალსტუხი	pepela h'alstuhi
suspenders	აჭიმი	ach'imi
handkerchief	ცხვირსახოცი	ckhvirsakhoci
comb	სავარცხელი	savarckheli
barrette	თმის სამაგრი	t'mis samagri
hairpin	თმის სარჭი	t'mis sarch'i
buckle	ბალთა	balt'a
belt	ქამარი	k'amari
shoulder strap	თასმა	t'asma
bag (handbag)	ჩანთა	chant'a
purse	ჩანთა	chant'a
backpack	რუკზაკი	rukzaki

40. Clothing. Miscellaneous

fashion	მოდა	moda
in vogue (adj)	მოდური	moduri
fashion designer	მოდელიერი	modelieri
collar	საყელო	saq'elo
pocket	ჯიბე	jibe
pocket (as adj)	ჯიბისა	jibisa
sleeve	სახელო	sakhelo
hanging loop	საკიდარი	sakidari
fly (on trousers)	ბარტყი	bartq'i
zipper (fastener)	ელვა–შესაკრავი	elvashesakravi
fastener	შესაკრავი	shesakravi
button	ღილი	ghili
buttonhole	ჩასაღილავი	chasaghilavi
to come off (ab. button)	მოწყვეტა	mots'q'veta
to sew (vi, vt)	კერვა	kerva
to embroider (vi, vt)	ქარგვა	k'argva
embroidery	ნაქარგი	nak'argi
sewing needle	ნემსი	nemsi
thread	ძაფი	dzap'i
seam	ნაკერი	nakeri
to get dirty (vi)	გასვრა	gasvra
stain (mark, spot)	ლაქა	lak'a
to crease, crumple (vi)	დაჭმუჭნა	dach'muchna

to tear (vi)	გახევა	gakheva
clothes moth	ჩრჩილი	chrchili

41. Personal care. Cosmetics

toothpaste	კბილის პასტა	kbilis pasta
toothbrush	კბილის ჯაგრისი	kbilis jagrisi
to brush one's teeth	კბილების გახეხვა	kbilebis gakhekhva
razor	სამართებელი	samart'ebeli
shaving cream	საპარსი კრემი	saparsi kremi
to shave (vi)	პარსვა	parsva
soap	საპონი	saponi
shampoo	შამპუნი	shampuni
scissors	მაკრატელი	makrateli
nail file	ფრჩხილის ქლიბი	p'rchkhilis k'libi
nail clippers	ფრჩხილის საკვნეტი	p'rchkhilis sakvneti
tweezers	პინცეტი	pinceti
cosmetics	კოსმეტიკა	kosmetika
face pack	ნიღაბი	nighabi
manicure	მანიკიური	manikiuri
to have a manicure	მანიკიურის კეთება	manikiuris ket'eba
pedicure	პედიკიური	pedikiuri
make-up bag	კოსმეტიკის ჩანთა	kosmetikis chant'a
face powder	პუდრი	pudri
powder compact	საპუდრე	sapudre
blusher	ფერი	p'eri
perfume (bottled)	სუნამო	sunamo
toilet water	ტუალეტის წყალი	tualetis ts'q'ali
lotion	ლოსიონი	losioni
cologne	ოდეკოლონი	odekoloni
eyeshadow	ქუთუთოს ჩრდილი	k'ut'ut'os chrdili
eyeliner	თვალის ფანქარი	t'valis p'ank'ari
mascara	ტუში	tushi
lipstick	ტუჩის პომადა	tuchis pomada
nail polish, enamel	ფრჩხილის ლაქი	p'rchkhilis lak'i
hair spray	თმის ლაქი	t'mis lak'i
deodorant	დეზოდორანტი	dezodoranti
cream	კრემი	kremi
face cream	სახის კრემი	sakhis kremi
hand cream	ხელის კრემი	khelis kremi
anti-wrinkle cream	ნაოჭების საწინააღმდეგო კრემი	naoch'ebis sats'inaaghmdego kremi

day (as adj)	დღისა	dghisa
night (as adj)	ღამისა	ghamisa

tampon	ტამპონი	tamponi
toilet paper	ტუალეტის ქაღალდი	tualetis k'aghaldi
hair dryer	ფენი	p'eni

42. Jewelry

jewelry	ძვირფასეულობა	dzvirp'aseuloba
precious (e.g., ~ stone)	ძვირფასი	dzvirp'asi
hallmark	სინჯი	sinji

ring	ბეჭედი	bech'edi
wedding ring	ნიშნობის ბეჭედი	nishnobis bech'edi
bracelet	სამაჯური	samajuri

earrings	საყურეები	saq'ureebi
necklace (~ of pearls)	ყელსაბამი	q'elsabami
crown	გვირგვინი	gvirgvini
bead necklace	მძივები	mdzivebi

diamond	ბრილიანტი	brilianti
emerald	ზურმუხტი	zurmukhti
ruby	ლალი	lali
sapphire	საფირონი	sap'ironi
pearl	მარგალიტი	margaliti
amber	ქარვა	k'arva

43. Watches. Clocks

watch (wristwatch)	საათი	saat'i
dial	ციფერბლატი	cip'erblati
hand (of clock, watch)	ისარი	isari

metal watch band	სამაჯური	samajuri
watch strap	თასმა	t'asma

battery	ბატარეა	batarea
to be dead (battery)	დაჯდომა	dadjdoma
to change a battery	ბატარეის გამოცვლა	batareis gamocvla

wall clock	კედლის საათი	kedlis saat'i
hourglass	ქვიშის საათი	k'vishis saat'i
sundial	მზის საათი	mzis saat'i
alarm clock	მაღვიძარა	maghvidzara
watchmaker	მესაათე	mesaat'e
to repair (vt)	შეკეთება	sheket'eba

Food. Nutricion

44. Food

meat	ხორცი	khorci
chicken	ქათამი	k'at'ami
young chicken	წიწილა	ts'its'ila
duck	იხვი	ikhvi
goose	ბატი	bati
game	ნანადირევი ფრინველის ხორცი	nanadirevi p'rinvelis khorci
turkey	ინდაური	indauri
pork	ღორის ხორცი	ghoris khorci
veal	ხბოს ხორცი	khbos khorci
lamb	ცხვრის ხორცი	ckhvris khorci
beef	საქონლის ხორცი	sak'onlis khorci
rabbit	ბოცვერი	bocveri
sausage (salami, etc.)	ძეხვი	dzekhvi
vienna sausage	სოსისი	sosisi
bacon	ბეკონი	bekoni
ham	ლორი	lori
gammon (ham)	ბარკალი	barkali
pâté	პაშტეტი	pashteti
liver	ღვიძლი	ghvidzli
lard	ქონი	k'oni
ground beef	ფარში	p'arshi
tongue	ენა	ena
egg	კვერცხი	kverckhi
eggs	კვერცხები	kverckhebi
egg white	ცილა	cila
egg yolk	კვერცხის გული	kverckhis guli
fish	თევზი	t'evzi
seafood	ზღვის პროდუქტები	zghvis produk'tebi
crustaceans	კიბოსნაირნი	kibosnairni
caviar	ხიზილალა	khizilala
crab	კიბორჩხალა	kiborchkhala
shrimp	კრევეტი	kreveti
oyster	ხამანწკა	khamants'ka
spiny lobster	ლანგუსტი	langusti
octopus	რვაფეხა	rvap'ekha

squid	კალმარი	kalmari
sturgeon	თართი	t'art'i
salmon	ორაგული	oraguli
halibut	პალტუსი	paltusi
cod	ვირთევზა	virt'evza
mackerel	სკუმბრია	skumbria
tuna	თინუსი	t'inusi
eel	გველთევზა	gvelt'evza
trout	კალმახი	kalmakhi
sardine	სარდინი	sardini
pike	ქარიყლაპია	k'ariq'lapia
herring	ქაშაყი	k'ashaq'i
bread	პური	puri
cheese	ყველი	q'veli
sugar	შაქარი	shak'ari
salt	მარილი	marili
rice	ბრინჯი	brindji
pasta	მაკარონი	makaroni
noodles	ატრია	atria
butter	კარაქი	karak'i
vegetable oil	მცენარეული ზეთი	mcenareuli zet'i
sunflower oil	მზესუმზირის ზეთი	mzesumziris zet'i
margarine	მარგარინი	margarini
olives	ზეითუნი	zeit'uni
olive oil	ზეითუნის ზეთი	zeit'unis zet'i
milk	რძე	rdze
condensed milk	შესქელებული რძე	shesk'elebuli rdze
yogurt	იოგურტი	iogurti
sour cream	არაჟანი	arazhani
cream (of milk)	ნაღები	naghebi
mayonnaise	მაიონეზი	maionezi
buttercream	კრემი	kremi
groats	ბურღული	burghuli
flour	ფქვილი	p'k'vili
canned food	კონსერვები	konservebi
cornflakes	სიმინდის ბურბუშელა	simindis burbushela
honey	თაფლი	t'ap'li
jam	ჯემი	jemi
chewing gum	საღეჭი რეზინი	saghech'i rezini

45. Drinks

water	წყალი	ts'q'ali
drinking water	სასმელი წყალი	sasmeli ts'q'ali
mineral water	მინერალური წყალი	mineraluri ts'q'ali
still (adj)	უგაზო	ugazo
carbonated (adj)	გაზირებული	gazirebuli
sparkling (adj)	გაზიანი	gaziani
ice	ყინული	q'inuli
with ice	ყინულით	q'inulit'
non-alcoholic (adj)	უალკოჰოლო	ualkoh'olo
soft drink	უალკოჰოლო სასმელი	ualkoh'olo sasmeli
cool soft drink	გამაგრილებელი სასმელი	gamagrilebeli sasmeli
lemonade	ლიმონათი	limonat'i
liquor	ალკოჰოლიანი სასმელები	alkoh'oliani sasmelebi
wine	ღვინო	ghvino
white wine	თეთრი ღვინო	t'et'ri ghvino
red wine	წითელი ღვინო	ts'it'eli ghvino
liqueur	ლიქიორი	lik'iori
champagne	შამპანური	shampanuri
vermouth	ვერმუტი	vermuti
whisky	ვისკი	viski
vodka	არაყი	araq'i
gin	ჯინი	jini
cognac	კონიაკი	koniaki
rum	რომი	romi
coffee	ყავა	q'ava
black coffee	შავი ყავა	shavi q'ava
coffee with milk	რძიანი ყავა	rdziani q'ava
cappuccino	ნაღებიანი ყავა	naghebiani q'ava
instant coffee	ხსნადი ყავა	khsnadi q'ava
milk	რძე	rdze
cocktail	კოქტეილი	kokteili
milk shake	რძის კოქტეილი	rdzis kokteili
juice	წვენი	ts'veni
tomato juice	ტომატის წვენი	tomatis ts'veni
orange juice	ფორთოხლის წვენი	p'ort'okhlis ts'veni
freshly squeezed juice	ახლადგამოწურული წვენი	akhladgamots'uruli ts'veni
beer	ლუდი	ludi
light beer	ღია ფერის ლუდი	ghia p'eris ludi
dark beer	მუქი ლუდი	muk'i ludi

tea	ჩაი	chai
black tea	შავი ჩაი	shavi chai
green tea	მწვანე ჩაი	mts'vane ts'hai

46. Vegetables

vegetables	ბოსტნეული	bostneuli
greens	მწვანილი	mts'vanili

tomato	პომიდორი	pomidori
cucumber	კიტრი	kitri
carrot	სტაფილო	stap'ilo
potato	კარტოფილი	kartop'ili
onion	ხახვი	khakhvi
garlic	ნიორი	niori

cabbage	კომბოსტო	kombosto
cauliflower	ყვავილოვანი კომბოსტო	q'vavilovani kombosto
Brussels sprouts	ბრიუსელის კომბოსტო	briuselis kombosto
broccoli	კომბოსტო ბროკოლი	kombosto brokoli

beetroot	ჭარხალი	ch'arkhali
eggplant	ბადრიჯანი	badridjani
zucchini	ყაბაყი	q'abaq'i
pumpkin	გოგრა	gogra
turnip	თალგამი	t'algami

parsley	ოხრახუში	okhrakhushi
dill	კამა	kama
lettuce	სალათი	salat'i
celery	ნიახური	niakhuri
asparagus	სატაცური	satacuri
spinach	ისპანახი	ispanakhi

pea	ბარდა	barda
beans	პარკები	parkebi
corn (maize)	სიმინდი	simindi
kidney bean	ლობიო	lobio

bell pepper	წიწაკა	ts'its'aka
radish	ბოლოკი	boloki
artichoke	არტიშოკი	artishoki

47. Fruits. Nuts

fruit	ხილი	khili
apple	ვაშლი	vashli
pear	მსხალი	mskhali

lemon	ლიმონი	limoni
orange	ფორთოხალი	p'ort'okhali
strawberry	მარწყვი	marts'q'vi
mandarin	მანდარინი	mandarini
plum	ქლიავი	k'liavi
peach	ატამი	atami
apricot	გარგარი	gargari
raspberry	ჟოლო	zholo
pineapple	ანანასი	ananasi
banana	ბანანი	banani
watermelon	საზამთრო	sazamt'ro
grape	ყურძენი	q'urdzeni
sour cherry	ალუბალი	alubali
sweet cherry	ბალი	bali
melon	ნესვი	nesvi
grapefruit	გრეიფრუტი	greip'ruti
avocado	ავოკადო	avokado
papaya	პაპაია	papaia
mango	მანგო	mango
pomegranate	ბროწეული	brots'euli
redcurrant	წითელი მოცხარი	ts'it'eli mockhari
blackcurrant	შავი მოცხარი	shavi mockhari
gooseberry	ხურტკმელი	khurtkmeli
bilberry	მოცვი	mocvi
blackberry	მაყვალი	maq'vali
raisin	ქიშმიში	k'ishmishi
fig	ლეღვი	leghvi
date	ფინიკი	p'iniki
peanut	მიწის თხილი	mits'is t'khili
almond	ნუში	nushi
walnut	კაკალი	kakali
hazelnut	თხილი	t'khili
coconut	ქოქოსის კაკალი	k'ok'osis kakali
pistachios	ფსტა	p'sta

48. Bread. Candy

confectionery (pastry)	საკონდიტრო ნაწარმი	sakonditro nats'armi
bread	პური	puri
cookies	ნამცხვარი	namckhvari
chocolate (n)	შოკოლადი	shokoladi
chocolate (as adj)	შოკოლადისა	shokoladisa
candy	კანფეტი	kanp'eti

cake (e.g., cupcake)	ტკბილღვეზელა	tkbilghvezela
cake (e.g., birthday ~)	ტორტი	torti

pie (e.g., apple ~)	ღვეზელი	ghvezeli
filling (for cake, pie)	შიგთავსი	shigt'avsi

whole fruit jam	მურაბა	muraba
marmalade	მარმელადი	marmeladi
waffle	ვაფლი	vap'li
ice-cream	ნაყინი	naq'ini
pudding	პუდინგი	pudingi

49. Cooked dishes

course, dish	კერძი	kerdzi
cuisine	სამზარეულო	samzareulo
recipe	რეცეპტი	recepti
portion	ულუფა	ulup'a

salad	სალათი	salat'i
soup	წვნიანი	ts'vniani

clear soup (broth)	ბულიონი	bulioni
sandwich (bread)	ბუტერბროდი	buterbrodi
fried eggs	ერბო-კვერცხი	erbokverckhi

cutlet	კატლეტი	katleti
hamburger (beefburger)	ჰამბურგერი	h'amburgeri
beefsteak	ბივშტექსი	bivshtek'si
roast meat	შემწვარი	shemts'vari

garnish	გარნირი	garniri
spaghetti	სპაგეტი	spageti
mashed potatoes	კარტოფილის პიურე	kartop'ilis piure
pizza	პიცა	pica
porridge (oatmeal, etc.)	ფაფა	p'ap'a
omelet	ომლეტი	omleti

boiled (e.g., ~ beef)	მოხარშული	mokharshuli
smoked (adj)	შებოლილი	shebolili
fried (adj)	შემწვარი	shemts'vari
dried (adj)	გამხმარი	gamkhmari
frozen (adj)	გაყინული	gaq'inuli
pickled (adj)	მარინადში ჩადებული	marinadshi chadebuli

sweet (sugary)	ტკბილი	tkbili
salty (adj)	მლაშე	mlashe
cold (adj)	ცივი	civi
hot (adj)	ცხელი	ckheli
bitter (adj)	მწარე	mts'are

tasty (adj)	გემრიელი	gemrieli
to cook (in boiling water)	ხარშვა	kharshva
to cook (dinner)	მზადება	mzadeba
to fry (vt)	შეწვა	shets'va
to heat up (food)	გაცხელება	gackheleba
to salt (vt)	მარილის მოყრა	marilis moq'ra
to pepper (vt)	პილპილის მოყრა	pilpilis moq'ra
to grate (vt)	გახეხვა	gakhekhva
peel (n)	ქერქი	k'erk'i
to peel (vt)	ფცქვნა	p'ck'vna

50. Spices

salt	მარილი	marili
salty (adj)	მლაშე	mlashe
to salt (vt)	მარილის მოყრა	marilis moq'ra
black pepper	პილპილი	pilpili
red pepper	წიწაკა	ts'its'aka
mustard	მდოგვი	mdogvi
horseradish	პირშუშხა	pirshushkha
condiment	სანელებელი	sanelebeli
spice	სუნელი	suneli
sauce	სოუსი	sousi
vinegar	ძმარი	dzmari
anise	ანისული	anisuli
basil	რეჰანი	reh'ani
cloves	მიხაკი	mikhaki
ginger	კოჭა	koch'a
coriander	ქინძი	k'indzi
cinnamon	დარიჩინი	darichini
sesame	ქუნჟუტი	k'unzhuti
bay leaf	დაფნის ფოთოლი	dap'nis p'ot'oli
paprika	წიწაკა	ts'its'aka
caraway	კვლიავი	kvliavi
saffron	ზაფრანა	zap'rana

51. Meals

food	საჭმელი	sach'meli
to eat (vi, vt)	ჭამა	ch'ama
breakfast	საუზმე	sauzme
to have breakfast	საუზმობა	sauzmoba

lunch	სადილი	sadili
to have lunch	სადილობა	sadiloba
dinner	ვახშამი	vakhshami
to have dinner	ვახშმობა	vakhshmoba

appetite	მადა	mada
Enjoy your meal!	გაამოთ!	gaamot'

to open (~ a bottle)	გახსნა	gakhsna
to spill (liquid)	დაღვრა	daghvra
to spill out (vi)	დაღვრა	daghvra

to boil (vi)	დუღილი	dughili
to boil (vt)	ადუღება	adugheba
boiled (~ water)	ნადუღი	nadughi

to cool (vt)	გაგრილება	gagrileba
to cool down (vi)	გაგრილება	gagrileba

taste, flavor	გემო	gemo
aftertaste	გემო	gemo

to be on a diet	გახდომა	gakhdoma
diet	დიეტა	dieta
vitamin	ვიტამინი	vitamini
calorie	კალორია	kaloria
vegetarian (n)	ვეგეტარიანელი	vegetarianeli
vegetarian (adj)	ვეგეტარიანული	vegetarianuli

fats (nutrient)	ცხიმები	ckhimebi
proteins	ცილები	cilebi
carbohydrates	ნახშირწყლები	nakhshirts'q'lebi

slice (of lemon, ham)	ნაჭერი	nach'eri
piece (of cake, pie)	ნაჭერი	nach'eri
crumb (of bread)	ნამცეცი	namceci

52. Table setting

spoon	კოვზი	kovzi
knife	დანა	dana

fork	ჩანგალი	changali
cup (of coffee)	ფინჯანი	p'injani

plate (dinner ~)	თეფში	t'ep'shi
saucer	ლამბაქი	lambak'i

napkin (on table)	ხელსახოცი	khelsakhoci
toothpick	კბილსაჩიჩქნი	kbilsachichk'ni

53. Restaurant

restaurant	რესტორანი	restorani
coffee house	ყავახანა	q'avakhana
pub, bar	ბარი	bari
tearoom	ჩაის სალონი	chais saloni
waiter	ოფიციანტი	op'icianti
waitress	ოფიციანტი	op'icianti
bartender	ბარმენი	barmeni
menu	მენიუ	meniu
wine list	ღვინის ბარათი	ghvinis barat'i
to book a table	მაგიდის დაჯავშნა	magidis dajavshna
course, dish	კერძი	kerdzi
to order (meal)	შეკვეთა	shekvet'a
to make an order	შეკვეთის გაკეთება	shekvet'is gaket'eba
aperitif	აპერიტივი	aperitivi
appetizer	საუზმეული	sauzmeuli
dessert	დესერტი	deserti
check	ანგარიში	angarishi
to pay the check	ანგარიშის გადახდა	angarishis gadakhda
to give change	ხურდის მიცემა	khurdis micema
tip	გასამრჯელო	gasamrjelo

Family, relatives and friends

54. Personal information. Forms

name, first name	სახელი	sakheli
family name	გვარი	gvari
date of birth	დაბადების თარიღი	dabadebis t'arighi
place of birth	დაბადების ადგილი	dabadebis adgili
nationality	ეროვნება	erovneba
place of residence	საცხოვრებელი ადგილი	sackhovrebeli adgili
country	ქვეყანა	k'vek'ana
profession (occupation)	პროფესია	prop'esia
gender, sex	სქესი	sk'esi
height	სიმაღლე	simaghle
weight	წონა	ts'ona

55. Family members. Relatives

mother	დედა	deda
father	მამა	mama
son	ვაჟიშვილი	vazhishvili
daughter	ქალიშვილი	k'alishvili
younger daughter	უმცროსი ქალიშვილი	umcrosi k'alishvili
younger son	უმცროსი ვაჟიშვილი	umcrosi vazhishvili
eldest daughter	უფროსი ქალიშვილი	up'rosi k'alishvili
eldest son	უფროსი ვაჟიშვილი	up'rosi vazhishvili
brother	ძმა	dzma
sister	და	da
mom	დედა	deda
dad, daddy	მამა	mama
parents	მშობლები	mshoblebi
child	შვილი	shvili
children	შვილები	shvilebi
grandmother	ბებია	bebia
grandfather	პაპა	papa
grandson	შვილიშვილი	shvilishvili
granddaughter	შვილიშვილი	shvilishvili
grandchildren	შვილიშვილები	shvilishvilebi

uncle	ბიძა	bidza
mother-in-law	სიდედრი	sidedri
father-in-law	მამამთილი	mamamt'ili
son-in-law	სიძე	sidze
stepmother	დედინაცვალი	dedinacvali
stepfather	მამინაცვალი	maminacvali
infant	ძუძუმწოვარა ბავშვი	dzudzumts'ovara bavshvi
baby (infant)	ჩვილი	chvili
little boy, kid	ბიჭუნა	bich'una
wife	ცოლი	coli
husband	ქმარი	k'mari
spouse (husband)	მეუღლე	meughle
spouse (wife)	მეუღლე	meughle
married (masc.)	ცოლიანი	coliani
married (fem.)	გათხოვილი	gat'khovili
single (unmarried)	უცოლშვილო	ucolshvilo
bachelor	უცოლშვილო	ucolshvilo
divorced (masc.)	განქორწინებული	gank'orts'inebuli
widow	ქვრივი	k'vrivi
widower	ქვრივი	k'vrivi
relative	ნათესავი	nat'esavi
close relative	ახლო ნათესავი	akhlo nat'esavi
distant relative	შორეული ნათესავი	shoreuli nat'esavi
relatives	ნათესავები	nat'esavebi
orphan (boy or girl)	ობოლი	oboli
guardian (of minor)	მეურვე	meurve
to adopt (a boy)	შვილად აყვანა	shvilad aq'vana
to adopt (a girl)	შვილად აყვანა	shvilad aq'vana

56. Friends. Coworkers

friend (masc.)	მეგობარი	megobari
friend (fem.)	მეგობარი	megobari
friendship	მეგობრობა	megobroba
to be friends	მეგობრობა	megobroba
buddy (masc.)	ძმაკაცი	dzmakaci
buddy (fem.)	დაქალი	dak'ali
partner	პარტნიორი	partniori
chief (boss)	შეფი	shep'i
superior	უფროსი	up'rosi
subordinate	ხელქვეითი	khelk'veit'i
colleague	კოლეგა	kolega
acquaintance (person)	ნაცნობი	nacnobi

fellow traveler	თანამგზავრი	t'anamgzavri
classmate	თანაკლასელი	t'anaklaseli
neighbor (masc.)	მეზობელი	mezobeli
neighbor (fem.)	მეზობელი	mezobeli
neighbors	მეზობლები	mezoblebi

57. Man. Woman

woman	ქალი	k'ali
girl (young woman)	ქალიშვილი	k'alishvili
bride	პატარძალი	patardzali
beautiful (adj)	ლამაზი	lamazi
tall (adj)	მაღალი	maghali
slender (adj)	ტანადი	tanadi
short (adj)	მორჩილი ტანისა	morchili tanisa
blonde (n)	ქერა	k'era
brunette (n)	შავგვრემანი	shavgvremani
ladies' (adj)	ქალისა	k'alisa
virgin (girl)	ქალიშვილი	k'alishvili
pregnant (adj)	ორსული	orsuli
man (adult male)	მამაკაცი	mamakaci
blond (n)	ქერა	k'era
brunet (n)	შავგვრემანი	shavgvremani
tall (adj)	მაღალი	maghali
short (adj)	მორჩილი ტანისა	morchili tanisa
rude (rough)	უხეში	ukheshi
stocky (adj)	ჯმუხი	jmukhi
robust (adj)	მაგარი	magari
strong (adj)	ძლიერი	dzlieri
strength	ძალა	dzala
stout, fat (adj)	ჩასუქებული	chasuk'ebuli
swarthy (adj)	შავგვრემანი	shavgvremani
well-built (adj)	ტანადი	tanadi
elegant (adj)	ელეგანტური	eleganturi

58. Age

age	ასაკი	asaki
youth (young age)	სიჭაბუკე	sich'abuke
young (adj)	ახალგაზრდა	akhalgazrda
younger (adj)	უმცროსი	umcrosi

older (adj)	უფროსი	up'rosi
young man	ყმაწვილი	q'mats'vili
teenager	მოზარდი	mozardi
guy, fellow	ჭაბუკი	ch'abuki
old man	მოხუცი	mokhuci
old woman	დედაბერი	dedaberi
adult	მოზრდილი	mozrdili
middle-aged (adj)	საშუალო ასაკისა	sashualo asakisa
elderly (adj)	ხანში შესული	khanshi shesuli
old (adj)	ბებერი	beberi
to retire (from job)	პენსიაზე გასვლა	pensiaze gasvla
retiree	პენსიონერი	pensioneri

59. Children

child	ბავშვი	bavshvi
children	ბავშვები	bavshvebi
twins	ტყუპები	tq'upebi
cradle	აკვანი	akvani
rattle	ჟღარუნა	zhgharuna
diaper	ამოსაფენი ჩვარი	amosap'eni chvari
pacifier	საწოვარა	sats'ovara
baby carriage	ეტლი	etli
kindergarten	საბავშვო ბაღი	sabavshvo baghi
babysitter	ძიძა	dzidza
childhood	ბავშვობა	bavshvoba
doll	თოჯინა	t'ojina
toy	სათამაშო	sat'amasho
construction set	კონსტრუქტორი	konstruk'tori
well-bred (adj)	ზრდილი	zrdili
ill-bred (adj)	უზრდელი	uzrdeli
spoiled (adj)	განებივრებული	ganebivrebuli
to be naughty	ცელქობა	celk'oba
mischievous (adj)	ცელქი	celk'i
mischievousness	ცელქობა	celk'oba
mischievous child	ცელქი	celk'i
obedient (adj)	დამჯერი	damjeri
disobedient (adj)	გაუგონარი	gaugonari
docile (adj)	გონიერი	gonieri
clever (smart)	ჭკვიანი	ch'kviani
child prodigy	ვუნდერკინდი	vunderkindi

60. Married couples. Family life

to kiss (vt)	კოცნა	kocna
to kiss (vi)	ერთმანეთის კოცნა	ert'manet'is kocna
family (n)	ოჯახი	ojakhi
family (as adj)	ოჯახური	ojakhuri
couple	წყვილი	ts'q'vili
marriage (state)	ქორწინება	k'orts'ineba
hearth (home)	სახლის კერა	sakhlis kera
dynasty	დინასტია	dinastia
date	პაემანი	paemani
kiss	კოცნა	kocna
love (for sb)	სიყვარული	siq'varuli
to love (sb)	სიყვარული	siq'varuli
beloved	საყვარელი	saq'vareli
tenderness	სინაზე	sinaze
tender (affectionate)	ნაზი	nazi
faithfulness	ერთგულება	ert'guleba
faithful (adj)	ერთგული	ert'guli
care (attention)	ზრუნვა	zrunva
caring (~ father)	მზრუნველი	mzrunveli
newlyweds	ახლად დაქორწინებულნი	akhlad dak'orts'inebulni
honeymoon	თაფლობის თვე	t'ap'lobis t've
to get married (ab. woman)	გათხოვება	gat'khoveba
to get married (ab. man)	ცოლის შერთვა	colis shert'va
wedding	ქორწილი	k'orts'ili
golden wedding	ოქროს ქორწილი	ok'ros k'orts'ili
anniversary	წლისთავი	ts'list'avi
lover (masc.)	საყვარელი	saq'vareli
mistress	საყვარელი	saq'vareli
adultery	ღალატი	ghalati
to commit adultery	ღალატი	ghalati
jealous (adj)	ეჭვიანი	ech'viani
to be jealous	ეჭვიანობა	ech'vianoba
divorce	განქორწინება	gank'orts'ineba
to divorce (vi)	განქორწინება	gank'orts'ineba
to quarrel (vi)	წაჩხუბება	ts'ats'hkhubeba
to be reconciled	შერიგება	sherigeba
together (adv)	ერთად	ert'ad
sex	სექსი	sek'si
happiness	ბედნიერება	bedniereba
happy (adj)	ბედნიერი	bednieri

misfortune (accident)	უბედურება	ubedureba
unhappy (adj)	უბედური	ubeduri

Character. Feelings. Emotions

61. Feelings. Emotions

feeling (emotion)	გრძნობა	grdznoba
feelings	გრძნობები	grdznobebi
to feel (vt)	გრძნობა	grdznoba
hunger	შიმშილი	shimshili
thirst	წყურვილი	ts'q'urvili
sleepiness	მძინარობა	mdzinaroba
tiredness	დაღლილობა	daghliloba
tired (adj)	დაღლილი	daghlili
to get tired	დაღლა	daghla
mood (humor)	გუნება	guneba
boredom	მოწყენილობა	mots'q'eniloba
to be bored	მოწყენა	mots'q'ena
seclusion	განმარტოება	ganmartoeba
to seclude oneself	განმარტოება	ganmartoeba
to worry (make anxious)	შეწუხება	shets'ukheba
to be worried	წუხილი	ts'ukhili
worrying (n)	წუხილი	ts'ukhili
anxiety	მღელვარება	mghelvareba
preoccupied (adj)	შეფიქრიანებული	shep'ik'rianebuli
to be nervous	ნერვიულობა	nerviuloba
to panic (vi)	პანიკიორობა	panikioroba
hope	იმედი	imedi
to hope (vi, vt)	იმედის ქონა	imedis k'ona
certainty	რწმენა	rts'mena
certain, sure (adj)	დარწმუნებული	darts'munebuli
uncertainty	დაურწმუნებლობა	daurts'munebloba
uncertain (adj)	თავისი თავის რწმენის არმქონე	t'avisi t'avis rts'menis armk'one
drunk (adj)	მთვრალი	mt'vrali
sober (adj)	ფხიზელი	p'khizeli
weak (adj)	სუსტი	susti
happy (adj)	ბედნიერი	bednieri
to scare (vt)	შეშინება	sheshineba
fury (madness)	გააფთრება	gaap't'reba
rage (fury)	გაშმაგება	gashmageba

depression	დეპრესია	depresia
discomfort	დისკომფორტი	diskomp'orti
comfort	კომფორტი	komp'orti
to regret (be sorry)	დანანება	dananeba
regret	სინანული	sinanuli
bad luck	უიღბლობა	uighbloba
sadness	გულისტკივილი	gulistkivili
shame (feeling)	სირცხვილი	sirckhvili
merriment, fun	მხიარულება	mkhiaruleba
enthusiasm	ენთუზიაზმი	ent'uziazmi
enthusiast	ენთუზიასტი	ent'uziasti
to show enthusiasm	ენთუზიაზმის გამოვლენა	ent'uziazmis gamovlena

62. Character. Personality

character	ხასიათი	khasiat'i
character flaw	ნაკლი	nakli
mind	ჭკუა	ch'kua
reason	გონება	goneba
conscience	სინდისი	sindisi
habit (custom)	ჩვევა	chveva
ability	უნარი	unari
can (e.g., ~ swim)	ცოდნა	codna
patient (adj)	მომთმენი	momt'meni
impatient (adj)	მოუთმენელი	mout'meneli
curious (inquisitive)	ცნობისმოყვარე	cnobismoq'vare
curiosity	ცნობისმოყვარეობა	cnobismoq'vareoba
modesty	თავმდაბლობა	t'avmdabloba
modest (adj)	თავმდაბალი	t'avmdabali
immodest (adj)	მოურიდებელი	mouridebeli
lazy (adj)	ზარმაცი	zarmaci
lazy person (masc.)	ზარმაცი	zarmaci
cunning (n)	ეშმაკობა	eshmakoba
cunning (as adj)	ეშმაკი	eshmaki
distrust	უნდობლობა	undobloba
distrustful (adj)	უნდობელი	undobeli
generosity	გულუხვობა	gulukhvoba
generous (adj)	გულუხვი	gulukhvi
talented (adj)	ნიჭიერი	nich'ieri
talent	ნიჭი	nich'i
courageous (adj)	გულადი	guladi
courage	გულადობა	guladoba

honest (adj)	პატიოსანი	patiosani
honesty	პატიოსნება	patiosneba
careful (cautious)	ფრთხილი	p'rt'khili
courageous (adj)	გაბედული	gabeduli
serious (adj)	სერიოზული	seriozuli
strict (severe, stern)	მკაცრი	mkacri
decisive (adj)	გაბედული	gabeduli
indecisive (adj)	გაუბედავი	gaubedavi
shy, timid (adj)	გაუბედავი	gaubedavi
shyness, timidity	გაუბედაობა	gaubedaoba
confidence (trust)	ნდობა	ndoba
to believe (trust)	ნდობა	ndoba
trusting (naïve)	მიმნდობელი	mimndobeli
sincerely (adv)	გულწრფელად	gults'rp'elad
sincere (adj)	გულწრფელი	gults'rp'eli
sincerity	გულწრფელობა	gults'rp'eloba
open (person)	გულღია	gulghia
calm (adj)	წყნარი	ts'q'nari
frank (sincere)	გულახდილი	gulakhdili
naïve (adj)	მიამიტი	miamiti
absent-minded (adj)	დაბნეული	dabneuli
funny (amusing)	სასაცილო	sasacilo
greed	სიძუნწე	sidzunts'e
greedy (adj)	ძუნწი	dzunts'i
stingy (adj)	ხელმოჭერილი	khelmoch'erili
evil (adj)	ბოროტი	boroti
stubborn (adj)	ჯიუტი	jiuti
unpleasant (adj)	არასასიამოვნო	arasasiamovno
selfish person (masc.)	ეგოისტი	egoisti
selfish (adj)	ეგოისტური	egoisturi
coward	მშიშარა	mshishara
cowardly (adj)	მშიშარა	mshishara

63. Sleep. Dreams

to sleep (vi)	დაძინება	dadzineba
sleep, sleeping	ძილი	dzili
dream	სიზმარი	sizmari
to dream (in sleep)	სიზმრების ნახვა	sizmrebis nakhva
sleepy (adj)	მძინარე	mdzinare
bed	საწოლი	sats'oli
mattress	ლეიბი	leibi

blanket (comforter)	საბანი	sabani
pillow	ბალიში	balishi
sheet	ზეწარი	zets'ari

insomnia	უძილობა	udziloba
sleepless (adj)	უძილო	udzilo
sleeping pill	საძილე წამალი	sadzile ts'amali
to take a sleeping pill	საძილე წამლის მიღება	sadzile ts'amlis migheba

to yawn (vi)	მთქნარება	mt'k'nareba
to go to bed	დასაძინებლად წასვლა	dasadzineblad ts'asvla
to make up the bed	ლოგინის გაშლა	loginis gashla
to fall asleep	დაძინება	dadzineba

nightmare	კოშმარი	koshmari
snoring	ხვრინვა	khvrinva
to snore (vi)	ხვრინვა	khvrinva

alarm clock	მაღვიძარა	maghvidzara
to wake (vt)	გაღვიძება	gaghvidzeba
to wake up	გაღვიძება	gaghvidzeba
to get up (vi)	წამოდგომა	ts'amodgoma
to wash up (vi)	ხელ-პირის დაბანა	khelpiris dabana

64. Humour. Laughter. Gladness

humor (wit, fun)	იუმორი	iumori
sense of humor	გრძნობა	grdznoba
to have fun	მხიარულება	mkhiaruleba

cheerful (adj)	მხიარული	mkhiaruli
merriment, fun	მხიარულება	mkhiaruleba

smile	ღიმილი	ghimili
to smile (vi)	გაღიმება	gaghimeba
to start laughing	გაცინება	gacineba

to laugh (vi)	სიცილი	sicili
laugh, laughter	სიცილი	sicili

anecdote	ანეკდოტი	anekdoti
funny (amusing)	სასაცილო	sasacilo
funny (comical)	სასაცილო	sasacilo

to joke (vi)	ხუმრობა	khumroba
joke (verbal)	ხუმრობა	khumroba

joy (emotion)	სიხარული	sikharuli
to rejoice (vi)	გახარება	gakhareba
glad, cheerful (adj)	მხიარული	mkhiaruli

65. Discussion, conversation. Part 1

communication	ურთიერთობა	urt'iert'oba
to communicate	ურთიერთობის ქონა	urt'iert'obis k'ona

conversation	ლაპარაკი	laparaki
dialog	დიალოგი	dialogi
discussion (debate)	დისკუსია	diskusia
debate	კამათი	kamat'i
to debate (vi)	კამათი	kamat'i

interlocutor	თანამოსაუბრე	t'anamosaubre
topic (theme)	თემა	t'ema
point of view	თვალსაზრისი	t'valsazrisi
opinion (viewpoint)	აზრი	azri
speech (talk)	სიტყვა	sitq'va

discussion (of report, etc.)	განხილვა	gankhilva
to discuss (vt)	განხილვა	gankhilva
talk (conversation)	საუბარი	saubari
to talk (vi)	საუბარი	saubari
meeting	შეხვედრა	shekhvedra
to meet (vi, vt)	შეხვედრა	shekhvedra

proverb	ანდაზა	andaza
saying	ანდაზური თქმა	andazuri t'k'ma
riddle (poser)	ამოცანა	amocana
to ask a riddle	გამოსაცნობად გამოცანის მიცემა	gamosacnobad gamocanis micema
password	პაროლი	paroli
secret	საიდუმლო	saidumlo

oath (vow)	ფიცი	p'ici
to swear (an oath)	ფიცვა	p'icva
promise	პირობა	piroba
to promise (vt)	დაპირება	dapireba

advice (counsel)	რჩევა	rcheva
to advise (vt)	რჩევა	rcheva
to listen (to parents)	დაჯერება	dajereba

news	ახალი ამბავი	akhali ambavi
sensation (news)	სენსაცია	sensacia
information (facts)	ცნობები	cnobebi
conclusion (decision)	დასკვნა	daskvna
voice	ხმა	khma
compliment	კომპლიმენტი	komplimenti
kind (nice)	თავაზიანი	t'avaziani

word	სიტყვა	sitq'va
phrase	ფრაზა	p'raza

answer	პასუხი	pasukhi
truth	სიმართლე	simart'le
lie	ტყუილი	tq'uili

thought	აზროვნება	azrovneba
idea (inspiration)	აზრი	azri
fantasy	გამოგონება	gamogoneba

66. Discussion, conversation. Part 2

respected (adj)	პატივცემული	pativcemuli
to respect (vt)	პატივისცემა	pativiscema
respect	პატივისცემა	pativiscema
Dear ...	პატივცემულო...	pativcemulo

to introduce (present)	გაცნობა	gacnoba
intention	განზრახვა	ganzrakhva
to intend (have in mind)	განზრახვა	ganzrakhva
wish	სურვილი	survili
to wish (~ good luck)	სურვილი	survili

surprise (astonishment)	გაკვირვება	gakvirveba
to surprise (amaze)	გაკვირვება	gakvirveba
to be surprised	გაკვირვება	gakvirveba

to give (vt)	მიცემა	micema
to take (get hold of)	აღება	agheba
to give back	დაბრუნება	dabruneba
to return (give back)	დაბრუნება	dabruneba

to apologize (vi)	ბოდიშის მოხდა	bodishis mokhda
apology	ბოდიშის მოხდა	bodishis mokhda
to forgive (vt)	პატიება	patieba

to talk (speak)	ლაპარაკი	laparaki
to listen (vi)	მოსმენა	mosmena
to hear out	მოსმენა	mosmena
to understand (vt)	გაგება	gageba

to show (display)	ჩვენება	chveneba
to look at ...	ყურება	q'ureba
to call (with one's voice)	დაძახება	dadzakheba
to disturb (vt)	ხელის შეშლა	khelis sheshla
to pass (to hand sth)	გადაცემა	gadacema

demand (request)	თხოვნა	t'khovna
to request (ask)	თხოვნა	t'khovna
demand (firm request)	მოთხოვნა	mot'khovna
to demand (request firmly)	მოთხოვნა	mot'khovna
to tease (nickname)	გაბრაზება	gabrazeba

to mock (deride)	დაცინვა	dacinva
mockery, derision	დაცინვა	dacinva
nickname	მეტსახელი	metsakheli
allusion	გადაკრული სიტყვა	gadakruli sitq'va
to allude (vi)	სიტყვის გადაკვრა	sitq'vis gadakvra
to imply (vt)	გულისხმობა	guliskhmoba
description	აღწერა	aghts'era
to describe (vt)	აღწერა	aghts'era
praise (compliments)	ქება	k'eba
to praise (vt)	შექება	shek'eba
disappointment	იმედის გაცრუება	imedis gacrueba
to disappoint (vt)	იმედის გაცრუება	imedis gacrueba
to be disappointed	იმედის გაცრუება	imedis gacrueba
supposition	ვარაუდი	varaudi
to suppose (assume)	ვარაუდი	varaudi
warning (caution)	გაფრთხილება	gap'rt'khileba
to warn (vt)	გაფრთხილება	gap'rt'khileba

67. Discussion, conversation. Part 3

to talk into (convince)	დათანხმება	dat'ankhmeba
to calm down (vt)	დამშვიდება	damshvideba
silence (~ is golden)	დუმილი	dumili
to keep silent	დუმილი	dumili
to whisper (vi, vt)	ჩურჩული	churchuli
whisper	ჩურჩული	churchuli
frankly, sincerely (adv)	გულახდილად	gulakhdilad
in my opinion ...	ჩემის აზრით...	chemis azrit'
detail (of the story)	წვრილმანი	ts'vrilmani
detailed (adj)	დაწვრილებითი	dats'vrilebit'i
in detail (adv)	დაწვრილებით	dats'vrilebit'
hint, clue	კარნახი	karnakhi
to give a hint	კარნახი	karnakhi
look (glance)	გამოხედვა	gamokhedva
to have a look	შეხედვა	shekhedva
fixed (look)	უსიცოცხლო	usicockhlo
to blink (vi)	თვალის ხამხამი	t'valis khamkhami
to wink (vi)	თვალის ჩაკვრა	t'valis chakvra
to nod (in assent)	თავის ქნევა	t'avis k'neva
sigh	ამოოხვრა	amookhvra
to sigh (vi)	ამოოხვრა	amookhvra

to shudder (vi)	შეკრთომა	shekrt'oma
gesture	ჟესტი	zhesti
to touch (one's arm, etc.)	შეხება	shekheba
to seize (by the arm)	ხელის ჩაჭიდება	khelis chach'ideba
to tap (on the shoulder)	დაკვრა	dakvra
Look out!	ფრთხილად!	p'rt'khilad
Really?	ნუთუ?	nut'u
Are you sure?	დარწმუნებული ხარ?	darts'munebuli khar
Good luck!	იღბალს გისურვებ!	ighbals gisurveb
I see!	გასაგებია!	gasagebia
It's a pity!	სამწუხაროა!	samts'ukharoa

68. Agreement. Refusal

consent (mutual ~)	თანხმობა	t'ankhmoba
to agree (say yes)	დათანხმება	dat'ankhmeba
approval	მოწონება	mots'oneba
to approve (vt)	მოწონება	mots'oneba
refusal	უარი	uari
to refuse (vi, vt)	უარის თქმა	uaris t'k'ma
Great!	კარგი!	kargi
All right!	კარგი!	kargi
Okay! (I agree)	კარგი!	kargi
forbidden (adj)	აკრძალული	akrdzaluli
it's forbidden	არ შეიძლება	ar sheidzleba
it's impossible	შეუძლებელია	sheudzlebelia
incorrect (adj)	არასწორი	arasts'ori
to reject (~ a demand)	უარის თქმა	uaris t'k'ma
to support (cause, idea)	მხარდაჭერა	mkhardatch'era
to accept (~ an apology)	მიღება	migheba
to confirm (vt)	დადასტურება	dadastureba
confirmation	დადასტურება	dadastureba
permission	ნებართვა	nebart'va
to permit (vt)	ნების დართვა	nebis dart'va
decision	გადაწყვეტილება	gadats'q'vetileba
to say nothing	გაჩუმება	gachumeba
condition (term)	პირობა	piroba
excuse (pretext)	მომიზეზება	momizezeba
praise (compliments)	ქება	k'eba
to praise (vt)	შექება	shek'eba

69. Success. Good luck. Failure

success	წარმატება	ts'armateba
successfully (adv)	წარმეტებით	ts'armatebit'
successful (adj)	წარმატებული	ts'armatebuli
good luck	ბედი	bedi
Good luck!	იღბალს გისურვებ!	ighbals gisurveb
lucky (e.g., ~ day)	წარმატებული	ts'armatebuli
lucky (fortunate)	იღბლიანი	ighbliani
failure	წარუმატებლობა	ts'arumatebloba
misfortune	უიღბლობა	uighbloba
bad luck	უიღბლობა	uighbloba
unsuccessful (adj)	ფუჭი	p'uch'i
catastrophe	კატასტროფა	katastrop'a
pride	სიამაყე	siamaq'e
proud (adj)	ამაყი	amaq'i
to be proud	ამაყობა	amaq'oba
winner	გამარჯვებული	gamarjvebuli
to win (vi)	გამარჯვება	gamarjveba
to lose (not win)	წაგება	ts'ageba
try	ცდა	cda
to try (vi)	ცდა	cda
chance (opportunity)	შანსი	shansi

70. Quarrels. Negative emotions

shout (scream)	ყვირილი	q'virili
to shout (vi)	ყვირილი	q'virili
to start to cry out	დაყვირება	daq'vireba
quarrel	ჩხუბი	chkhubi
to quarrel (vi)	წაჩხუბება	ts'ats'hkhubeba
fight (argument)	ჩხუბი	chkhubi
to have a fight	ჩხუბი	chkhubi
conflict	კონფლიქტი	kanp'likti
misunderstanding	გაუგებრობა	gaugebroba
insult	შეურაცხყოფა	sheuracq'op'a
to insult (vt)	შეურაცხყოფა	sheuracq'op'a
insulted (adj)	შეურაცხყოფილი	sheuracq'op'ili
offense (to take ~)	წყენა	ts'q'ena
to offend (vt)	წყენინება	ts'q'enineba
to take offense	წყენა	ts'q'ena
indignation	აღშფოთება	aghshp'ot'eba
to be indignant	აღშფოთება	aghshp'ot'eba

complaint	ჩივილი	chivili
to complain (vi, vt)	ჩივილი	chivili
apology	ბოდიშის მოხდა	bodishis mokhda
to apologize (vi)	ბოდიშის მოხდა	bodishis mokhda
to beg pardon	პატიების თხოვნა	patiebis t'khovna
criticism	კრიტიკა	kritika
to criticize (vt)	გაკრიტიკება	gakritikeba
accusation	ბრალდება	braldeba
to accuse (vt)	ბრალის დადება	bralis dadeba
revenge	შურისძიება	shurisdzieba
to avenge (vt)	შურისძიება	shurisdzieba
to pay back	სამაგიეროს გადახდა	samagieros gadakhda
disdain	აბუჩად აგდება	abuchad agdeba
to despise (vt)	აბუჩად აგდება	abuchad agdeba
hatred, hate	სიძულვილი	sidzulvili
to hate (vt)	სიძულვილი	sidzulvili
nervous (adj)	ნერვიული	nerviuli
to be nervous	ნერვიულობა	nerviuloba
angry (mad)	გაბრაზებული	gabrazebuli
to make angry	გაბრაზება	gabrazeba
humiliation	დამცირება	damcireba
to humiliate (vt)	დამცირება	damcireba
to humiliate oneself	დამცირება	damcireba
shock	შოკი	shoki
to shock (vt)	შეცბუნება	shecbuneba
trouble (annoyance)	უსიამოვნება	usiamovneba
unpleasant (adj)	არასასიამოვნო	arasasiamovno
fear (dread)	შიში	shishi
terrible (storm, heat)	საშინელი	sashineli
scary (e.g., ~ story)	საშინელი	sashineli
horror	საშინელება	sashineleba
awful (crime, news)	საშინელი	sashineli
to begin to tremble	აკანკალება	akankaleba
to cry (weep)	ტირილი	tirili
to start crying	ატირება	atireba
tear	ცრემლი	cremli
fault	ბრალი	brali
guilt (feeling)	ბრალი	brali
dishonor	სირცხვილი	sirckhvili
protest	პროტესტი	protesti
stress	სტრესი	stresi

to disturb (vt)	ხელის შეშლა	khelis sheshla
to be furious	გაბრაზება	gabrazeba
mad, angry (adj)	გაბრაზებული	gabrazebuli
to end (e.g., relationship)	შეწყვეტა	shets'q'veta
to scold (sb)	ლანძღვა	landzghva
to be scared	შეშინება	sheshineba
to hit (strike with hand)	დარტყმა	dartq'ma
to fight (vi)	ჩხუბი	chkhubi
to settle (a conflict)	მოგვარება	mogvareba
discontented (adj)	უკმაყოფილო	ukmaq'op'ilo
furious (adj)	გააფთრებული	gaap't'rebuli
It's not good!	ეს ცუდია!	es cudia
It's bad!	ეს ცუდია!	es cudia

Medicine

71. Diseases

sickness	ავადმყოფობა	avadmq'op'oba
to be sick	ავადმყოფობა	avadmq'op'oba
health	ჯანმრთელობა	jamrt'eloba

runny nose (coryza)	სურდო	surdo
tonsillitis	ანგინა	angina
cold (illness)	გაციება	gaciveba
to catch a cold	გაციება	gaciveba

bronchitis	ბრონქიტი	bronk'iti
pneumonia	ფილტვების ანთება	p'iltvebis ant'eba
flu, influenza	გრიპი	gripi

near-sighted (adj)	ახლომხედველი	akhlomkhedveli
far-sighted (adj)	შორსმხედველი	shorsmkhedveli
strabismus	სიელმე	sielme
cross-eyed (adj)	ელამი	elami
cataract	კატარაქტა	katarak'ta
glaucoma	გლაუკომა	glaukoma

stroke	ინსულტი	insulti
heart attack	ინფარქტი	inp'ark'ti
myocardial infarction	მიოკარდის ინფარქტი	miokardis inp'ark'ti
paralysis	დამბლა	dambla
to paralyze (vt)	დამბლის დაცემა	damblis dacema

allergy	ალერგია	alergia
asthma	ასთმა	ast'ma
diabetes	დიაბეტი	diabeti

toothache	კბილის ტკივილი	kbilis tkivili
caries	კარიესი	kariesi

diarrhea	დიარეა	diarea
constipation	კუჭში შეკრულობა	kuch'shi shekruloba
stomach upset	კუჭის აშლილობა	kuch'is ashliloba
food poisoning	მოწამვლა	mots'amvla
to have a food poisoning	მოწამვლა	mots'amvla

arthritis	ართრიტი	art'riti
rickets	რაქიტი	rak'iti
rheumatism	რევმატიზმი	revmatizmi

atherosclerosis	ათეროსკლეროზი	at'erosklerozi
gastritis	გასტრიტი	gastriti
appendicitis	აპენდიციტი	apendiciti
cholecystitis	ქოლეცისტიტი	k'olecistiti
ulcer	წყლული	ts'q'luli
measles	წითელა	ts'it'ela
German measles	წითურა	ts'it'ura
jaundice	სიყვითლე	siq'vit'le
hepatitis	ჰეპატიტი	h'epatiti
schizophrenia	შიზოფრენია	shizop'renia
rabies (hydrophobia)	ცოფი	cop'i
neurosis	ნევროზი	nevrozi
concussion	ტვინის შერყევა	tvinis sherq'eva
cancer	კიბო	kibo
sclerosis	სკლეროზი	sklerozi
multiple sclerosis	გაფანტული სკლეროზი	gap'antuli sklerozi
alcoholism	ალკოჰოლიზმი	alkoh'olizmi
alcoholic (n)	ალკოჰოლიკი	alkoh'oliki
syphilis	სიფილისი	sip'ilisi
AIDS	შიდსი	shidsi
tumor	სიმსივნე	simsivne
fever	ციება	cieba
malaria	მალარია	malaria
gangrene	განგრენა	gangrena
seasickness	ზღვის ავადმყოფობა	zghvis avadmq'op'oba
epilepsy	ეპილეფსია	epilep'sia
epidemic	ეპიდემია	epidemia
typhus	ტიფი	tip'i
tuberculosis	ტუბერკულოზი	tuberkulozi
cholera	ქოლერა	k'olera
plague (bubonic ~)	შავი ჭირი	shavi ch'iri

72. Symptoms. Treatments. Part 1

symptom	სიმპტომი	simptomi
temperature	სიცხე	sickhe
fever	მაღალი სიცხე	maghali sickhe
pulse	პულსი	pulsi
giddiness	თავბრუსხვევა	t'avbruskhveva
hot (adj)	ცხელი	ckheli
shivering	შეციება	shecieba
pale (e.g., ~ face)	ფერმიხდილი	p'ermikhdili
cough	ხველა	khvela

to cough (vi)	ხველება	khveleba
to sneeze (vi)	ცხვირის ცემინება	ckhviris cemineba
faint	გულის წასვლა	gulis ts'asvla
to faint (vi)	გულის წასვლა	gulis ts'asvla

bruise (hématome)	ლები	lebi
bump (lump)	კოპი	kopi
to bruise oneself	დაჯახება	dajakheba
bruise	დაჟეჟილობა	dazhezhiloba
to get bruised	დაჟეჟვა	dazhezhva

to limp (vi)	კოჭლობა	koch'loba
dislocation	ღრძობა	ghrdzoba
to dislocate (vt)	ღრძობა	ghrdzoba
fracture	მოტეხილობა	motekhiloba
to have a fracture	მოტეხა	motekha

cut (e.g., paper ~)	ჭრილობა	tch'riloba
to cut oneself	გაჭრა	gach'ra
bleeding	სისხლდენა	siskhldena

| burn (injury) | დამწვრობა | damts'vroba |
| to burn oneself | დაწვა | dats'va |

to prickle (vt)	ჩხვლეტა	chkhvleta
to prickle oneself	ჩხვლეტა	chkhvleta
to injure (vt)	დაზიანება	dazianeba
injury	დაზიანება	dazianeba
wound	ჭრილობა	tch'riloba
trauma	ტრავმა	travma

to be delirious	ბოდვა	bodva
to stutter (vi)	ბორძიკით ლაპარაკი	bordzikit' laparaki
sunstroke	მზის დაკვრა	mzis dakvra

73. Symptoms. Treatments. Part 2

| pain | ტკივილი | tkivili |
| splinter (in foot, etc.) | ხიწვი | khits'vi |

sweat (perspiration)	ოფლი	op'li
to sweat (perspire)	გაოფლიანება	gaop'lianeba
vomiting	პირღებინება	pirghebineba
convulsions	კრუნჩხვები	krunchkhvebi

pregnant (adj)	ორსული	orsuli
to be born	დაბადება	dabadeba
delivery, labor	მშობიარობა	mshobiaroba
to labor (vi)	გაჩენა	gachena
abortion	აბორტი	aborti

respiration	სუნთქვა	sunt'k'va
inhalation	შესუნთქვა	shesunt'k'va
exhalation	ამოსუნთქვა	amosunt'k'va
to breathe out	ამოსუნთქვა	amosunt'k'va
to breathe in	შესუნთქვა	shesunt'k'va
disabled person	ინვალიდი	invalidi
cripple	ხეიბარი	kheibari
drug addict	ნარკომანი	narkomani
deaf (adj)	ყრუ	q'ru
dumb (adj)	მუნჯი	munji
deaf-and-dumb (adj)	ყრუ-მუნჯი	q'rumunji
mad, insane (adj)	გიჟი	gizhi
madman	გიჟი	gizhi
madwoman	გიჟი	gizhi
to go insane	ჭკუაზე შეშლა	ch'kuaze sheshla
gene	გენი	geni
immunity	იმუნიტეტი	imuniteti
hereditary (adj)	მემკვიდრეობითი	memkvidreobit'i
congenital (adj)	თანდაყოლილი	t'andaq'olili
virus	ვირუსი	virusi
microbe	მიკრობი	mikrobi
bacterium	ბაქტერია	bak'teria
infection	ინფექცია	inp'ek'cia

74. Symptoms. Treatments. Part 3

hospital	საავადმყოფო	saavadmkop'o
patient	პაციენტი	pacienti
diagnosis	დიაგნოზი	diagnozi
cure	მკურნალობა	mkurnaloba
to get treatment	მკურნალობა	mkurnaloba
to treat (vt)	მკურნალობა	mkurnaloba
to nurse (look after)	მოვლა	movla
care	მოვლა	movla
operation, surgery	ოპერაცია	operacia
to bandage (head, limb)	შეხვევა	shekhveva
bandaging	სახვევი	sakhvevi
vaccination	აცრა	acra
to vaccinate (vt)	აცრის გაკეთება	acris gaket'eba
injection, shot	ნემსი	nemsi
to give an injection	ნემსის გაკეთება	nemsis gaket'eba
attack	შეტევა	sheteva

amputation	ამპუტაცია	amputacia
to amputate (vt)	ამპუტირება	amputireba
coma	კომა	koma
to be in a coma	კომაში ყოფნა	komashi q'op'na
intensive care	რეანიმაცია	reanimacia
to recover (~ from flu)	გამოჯანმრთელება	gamojanmrt'eleba
state (patient's ~)	მდგომარეობა	mdgomareoba
consciousness	ცნობიერება	cnobiereba
memory (faculty)	მეხსიერება	mekhsiereba
to extract (tooth)	ამოღება	amogheba
filling	ბჟენი	bzheni
to fill (a tooth)	დაბჟენა	dabzhena
hypnosis	ჰიპნოზი	h'ipnozi
to hypnotize (vt)	ჰიპნოტიზირება	h'ipnotizireba

75. Doctors

doctor	ექიმი	ek'imi
nurse	მედდა	medda
private physician	პირადი ექიმი	piradi ek'imi
dentist	დანტისტი	dantisti
ophthalmologist	ოკულისტი	okulisti
internist	თერაპევტი	t'erapevti
surgeon	ქირურგი	k'irurgi
psychiatrist	ფსიქიატრი	p'sik'iatri
pediatrician	პედიატრი	pediatri
psychologist	ფსიქოლოგი	p'sik'ologi
gynecologist	გინეკოლოგი	ginekologi
cardiologist	კარდიოლოგი	kardiologi

76. Medicine. Drugs. Accessories

medicine, drug	წამალი	ts'amali
remedy	საშუალება	sashualeba
to prescribe (vt)	გამოწერა	gamots'era
prescription	რეცეპტი	recepti
tablet, pill	აბი	abi
ointment	მალამო	malamo
ampule	ამპულა	ampula
mixture	მიქსტურა	mik'stura
syrup	სიროფი	sirop'i
pill	აბი	abi

powder	ფხვნილი	p'khvnili
bandage	ბინტი	binti
cotton wool	ბამბა	bamba
iodine	იოდი	iodi
Band-Aid	ლეიკოპლასტირი	leikoplastiri
eyedropper	პიპეტი	pipeti
thermometer	სიცხის საზომი	sickhis sazomi
syringe	შპრიცი	shprici
wheelchair	ეტლი	etli
crutches	ყავარჯნები	q'avarjnebi
painkiller	ტკივილგამაყუჩებელი	tkivigamaq'uchebeli
laxative	სასაქმებელი	sasak'mebeli
spirit (ethanol)	სპირტი	spirti
medicinal herbs	ბალახი	balakhi
herbal (~ tea)	ბალახისა	balakhisa

77. Smoking. Tobacco products

tobacco	თამბაქო	t'ambak'o
cigarette	სიგარეტი	sigareti
cigar	სიგარა	sigara
pipe	ჩიბუხი	chibukhi
pack (of cigarettes)	კოლოფი	kolop'i
matches	ასანთი	asant'i
matchbox	ასანთის კოლოფი	asant'is kolop'i
lighter	სანთებელა	sant'ebela
ashtray	საფერფლე	sap'erp'le
cigarette case	პორტსიგარი	portsigari
cigarette holder	მუნდშტუკი	mundshtuki
filter	ფილტრი	p'iltri
to smoke (vi, vt)	მოწევა	mots'eva
to light a cigarette	მოკიდება	mokideba
smoking	მოწევა	mots'eva
smoker	მწეველი	mts'eveli
stub, butt (of cigarette)	ნამწვი	namts'vi
smoke, fumes	კვამლი	kvamli
ash	ფერფლი	p'erp'li

HUMAN HABITAT

City

78. City. Life in the city

city, town	ქალაქი	k'alak'i
capital	დედაქალაქი	dedak'alak'i
village	სოფელი	sop'eli
city map	ქალაქის გეგმა	k'alak'is gegma
downtown	ქალაქის ცენტრი	k'alak'is centri
suburb	გარეუბანი	gareubani
suburban (adj)	გარეუბნისა	gareubnisa
outskirts	გარეუბანი	gareubani
environs (suburbs)	მიდამოები	midamoebi
block	კვარტალი	kvartali
residential block	საცხოვრებელი კვარტალი	sackhovrebeli kvartali
traffic	მოძრაობა	modzraoba
traffic lights	შუქნიშანი	shuk'nishani
public transportation	ქალაქის ტრანსპორტი	k'alak'is transporti
intersection	გზაჯვარედინი	gzadjvaredini
crosswalk	გადასასვლელი	gadasasvleli
pedestrian underpass	მიწისქვეშა გადასასვლელი	mits'isk'vesha gadasasvleli
to cross (vt)	გადასვლა	gadasvla
pedestrian	ფეხით მოსიარულე	p'ekhit' mosiarule
sidewalk	ტროტუარი	trotuari
bridge	ხიდი	khidi
bank (riverbank)	სანაპირო	sanapiro
allée	ხეივანი	kheivani
park	პარკი	parki
boulevard	ბულვარი	bulvari
square	მოედანი	moedani
avenue (wide street)	გამზირი	gamziri
street	ქუჩა	k'ucha
lane	შესახვევი	shesakhvevi
dead end	ჩიხი	chikhi
house	სახლი	sakhli
building	შენობა	shenoba

skyscraper	ცათამბჯენი	cat'ambjeni
facade	ფასადი	p'asadi
roof	სახურავი	sakhuravi
window	ფანჯარა	p'anjara
arch	თაღი	t'aghi
column	სვეტი	sveti
corner	კუთხე	kut'khe
store window	ვიტრინა	vitrina
store sign	აბრა	abra
poster	აფიშა	ap'isha
advertising poster	სარეკლამო პლაკატი	sareklamo plakati
billboard	სარეკლამო ფარი	sareklamo p'ari
garbage, trash	ნაგავი	nagavi
garbage can	ურნა	urna
to litter (vi)	მონაგვიანება	monagvianeba
garbage dump	ნაგავსაყრელი	nagavsaq'reli
phone booth	სატელეფონო ჯიხური	satelep'ono jikhuri
street light	ფარნის ბოძი	p'arnis bodzi
bench (park ~)	სკამი	skami
policeman	პოლიციელი	policieli
police	პოლიცია	policia
beggar	მათხოვარი	mat'khovari
homeless, bum	უსახლკარო	usakhlkaro

79. Urban institutions

store	მაღაზია	maghazia
drugstore, pharmacy	აფთიაქი	ap't'iak'i
optical store	ოპტიკა	optika
shopping mall	სავაჭრო ცენტრი	savach'ro centri
supermarket	სუპერმარკეტი	supermarketi
bakery	საფუნთუშე	sap'unt'ushe
baker	ხაბაზი	khabazi
cake store	საკონდიტრო	sakonditro
grocery store	საბაყლო	sabaq'lo
butcher shop	საყასბე	saq'asbe
produce store	ბოსტნეულის დუქანი	bostneulis duk'ani
market	ბაზარი	bazari
coffee house	კაფე	kap'e
restaurant	რესტორანი	restorani
pub	ლუდხანა	ludkhana
pizzeria	პიცერია	piceria
hair salon	საპარიკმახერო	saparikmakhero

post office	ფოსტა	p'osta
dry cleaners	ქიმწმენდა	k'imts'menda
photo studio	ფოტოატელიე	p'otoatelie
shoe store	ფეხსაცმლის მაღაზია	p'ekhsacmlis maghazia
bookstore	წიგნების მაღაზია	ts'ignebis maghazia
sporting goods store	სპორტული მაღაზია	sportuli maghazia
clothes repair	ტანსაცმლის შეკეთება	tansacmlis sheket'eba
formal wear rental	ტანსაცმლის გაქირავება	tansacmlis gak'iraveba
movie rental store	ფილმების გაქირავება	p'ilmebis gak'iraveba
circus	ცირკი	cirki
zoo	ზოოპარკი	zooparki
movie theater	კინოთეატრი	kinot'eatri
museum	მუზეუმი	muzeumi
library	ბიბლიოთეკა	bibliot'eka
theater	თეატრი	t'eatri
opera	ოპერა	opera
nightclub	ღამის კლუბი	ghamis klubi
casino	სამორინე	samorine
mosque	მეჩეთი	mechet'i
synagogue	სინაგოგა	sinagoga
cathedral	ტაძარი	tadzari
temple	ტაძარი	tadzari
church	ეკლესია	eklesia
institute	ინსტიტუტი	instituti
university	უნივერსიტეტი	universiteti
school	სკოლა	skola
prefecture	პრეფექტურა	prep'ek'tura
city hall	მერია	meria
hotel	სასტუმრო	sastumro
bank	ბანკი	banki
embassy	საელჩო	saelcho
travel agency	ტურისტული სააგენტო	turistuli saagento
information office	ცნობათა ბიურო	cnobat'a biuro
money exchange	გაცვლითი პუნქტი	gacvlit'i punk'ti
subway	მეტრო	metro
hospital	საავადმყოფო	saavadmkop'o
gas station	ბენზინგასამართი სადგური	benzingasamart'i sadguri
parking lot	სადგომი	sadgomi

80. Signs

store sign	აბრა	abra
notice (written text)	წარწერა	ts'arts'era
poster	პლაკატი	plakati
direction sign	მაჩვენებელი	machvenebeli
arrow (sign)	ისარი	isari
caution	გაფრთხილება	gap'rt'khileba
warning sign	გაფრთხილება	gap'rt'khileba
to warn (vt)	გაფრთხილება	gap'rt'khileba
closing day (day off)	დასვენების დღე	dasvenebis dghe
timetable (schedule)	განრიგი	ganrigi
opening hours	სამუშაო საათები	samushao saat'ebi
WELCOME!	კეთილი იყოს თქვენი მობრძანება!	ket'ili ik'os t'k'veni mobrdzaneba
ENTRANCE	შესასვლელი	shesasvleli
EXIT	გასასვლელი	gasasvleli
PUSH	თქვენგან	t'k'vengan
PULL	თქვენსკენ	t'k'vensken
OPEN	ღიაა	ghiaa
CLOSED	დაკეტილია	daketilia
WOMEN	ქალებისათვის	k'alebisat'vis
MEN	კაცებისათვის	kacebisat'vis
DISCOUNTS	ფასდაკლებები	p'asdaklebebi
SALE	გაყიდვა	gaq'idva
NEW!	სიახლე!	siakhle
FREE	უფასოდ	up'asod
ATTENTION!	ყურადღება!	q'uradgheba
NO VACANCIES	ადგილები არ არის	adgilebi ar aris
RESERVED	დარეზერვირებულია	darezervirebulia
ADMINISTRATION	ადმინისტრაცია	administracia
STAFF ONLY	მხოლოდ პერსონალისათვის	mkholod personalisat'vis
BEWARE OF THE DOG!	ავი ძაღლი	avi dzaghli
NO SMOKING	ნუ მოსწევთ!	nu mosts'evt'
DO NOT TOUCH!	ხელით ნუ შეეხებით!	khelit' nu sheekhebit'
DANGEROUS	საშიშია	sashishia
DANGER	საფრთხე	sap'rt'khe
HIGH TENSION	მაღალი ძაბვა	maghali dzabva
NO SWIMMING!	ბანაობა აკრძალულია	banaoba akrdzalulia
OUT OF ORDER	არ მუშაობს	ar mushaobs

FLAMMABLE	ცეცხლსაშიშია	ceckhlsashishia
FORBIDDEN	აკრძალულია	akrdzalulia
NO TRESPASSING!	გასვლა აკრძალულია	gasvla akrdzalulia
WET PAINT	შეღებილია	sheghebilia

81. Urban transportation

bus	ავტობუსი	avtobusi
streetcar	ტრამვაი	tramvai
trolley	ტროლეიბუსი	troleibusi
route (of bus)	მარშრუტი	marshruti
number (e.g., bus ~)	ნომერი	nomeri

to go by ...	მგზავრობა	mgzavroba
to get on (~ the bus)	ჩაჯდომა	chajdoma
to get off ...	ჩამოსვლა	chamosvla

stop (e.g., bus ~)	გაჩერება	gachereba
next stop	შემდეგი გაჩერება	shemdegi gachereba
terminus	ბოლო გაჩერება	bolo gachereba
schedule	განრიგი	ganrigi
to wait (vt)	ლოდინი	lodini

| ticket | ბილეთი | bilet'i |
| fare | ბილეთის ღირებულება | bilet'is ghirebuleba |

cashier	მოლარე	molare
ticket inspection	კონტროლი	kontroli
conductor	კონტროლიორი	kontroliori

to be late (for ...)	დაგვიანება	dagvianeba
to miss (~ the train, etc.)	დაგვიანება	dagvianeba
to be in a hurry	აჩქარება	achk'areba

taxi, cab	ტაქსი	tak'si
taxi driver	ტაქსისტი	tak'sisti
by taxi	ტაქსით	tak'sit'
taxi stand	ტაქსის სადგომი	tak'sis sadgomi
to call a taxi	ტაქსის გამოძახება	tak'sis gamodzakheba
to take a taxi	ტაქსის აყვანა	tak'sis ak'vana

traffic	ქუჩაში მოძრაობა	k'uchashi modzraoba
traffic jam	საცობი	sacobi
rush hour	პიკის საათები	pikis saat'ebi
to park (vi)	პარკირება	parkireba
to park (vt)	პარკირება	parkireba
parking lot	სადგომი	sadgomi

| subway | მეტრო | metro |
| station | სადგური | sadguri |

to take the subway	მეტროთი მგზავრობა	metrot'i mgzavroba
train	მატარებელი	matarebeli
train station	ვაგზალი	vagzali

82. Sightseeing

monument	ძეგლი	dzegli
fortress	ციხე-სიმაგრე	cikhesimagre
palace	სასახლე	sasakhle
castle	ციხე-დარბაზი	cikhedarbazi
tower	კოშკი	koshki
mausoleum	მავზოლეუმი	mavzoleumi
architecture	არქიტექტურა	ark'itek'tura
medieval (adj)	შუა საუკუნეებისა	shua saukuneebisa
ancient (adj)	ძველებური	dzveleburi
national (adj)	ეროვნული	erovnuli
well-known (adj)	ცნობილი	cnobili
tourist	ტურისტი	turisti
guide (person)	გიდი	gidi
excursion	ექსკურსია	ek'skursia
to show (vt)	ჩვენება	chveneba
to tell (vt)	მოთხრობა	mot'khroba
to find (vt)	პოვნა	povna
to get lost	დაკარგვა	dakargva
map (e.g., subway ~)	სქემა	sk'ema
map (e.g., city ~)	გეგმა	gegma
souvenir, gift	სუვენირი	suveniri
gift shop	სუვენირების მაღაზია	suvenirebis maghazia
to take pictures	სურათის გადაღება	surat'is gadagheba
to be photographed	სურათის გადაღება	surat'is gadagheba

83. Shopping

to buy (purchase)	ყიდვა	q'idva
purchase	ნაყიდი	naq'idi
shopping	შოპინგი	shopingi
to be open (ab. store)	მუშაობა	mushaoba
to be closed	დაკეტვა	daketva
footwear	ფეხსაცმელი	p'ekhsacmeli
clothes, clothing	ტანსაცმელი	tansacmeli
cosmetics	კოსმეტიკა	kosmetika
food products	პროდუქტები	produk'tebi

gift, present	საჩუქარი	sachuk'ari
salesman	გამყიდველი	gamq'idveli
saleswoman	გამყიდველი	gamq'idveli
check out, cash desk	სალარო	salaro
mirror	სარკე	sarke
counter (in shop)	დახლი	dakhli
fitting room	მოსაზომი ოთახი	mosazomi ot'akhi
to try on	მოზომება	mozomeba
to fit (ab. dress, etc.)	მორგება	morgeba
to like (I like ...)	მოწონება	mots'oneba
price	ფასი	p'asi
price tag	საფასური	sap'asuri
to cost (vt)	ღირება	ghireba
How much?	რამდენი?	ramdeni
discount	ფასდაკლება	p'asdakleba
inexpensive (adj)	საკმაოდ იაფი	sakmaod iap'i
cheap (adj)	იაფი	iap'i
expensive (adj)	ძვირი	dzviri
It's expensive	ეს ძვირია	es dzviria
rental (n)	გაქირავება	gak'iraveba
to rent (~ a tuxedo)	ქირით აღება	k'irit' agheba
credit	კრედიტი	krediti
on credit (adv)	სესხად	seskhad

84. Money

money	ფული	p'uli
exchange	გაცვლა	gacvla
exchange rate	კურსი	kursi
ATM	ბანკომატი	bankomati
coin	მონეტა	moneta
dollar	დოლარი	dolari
euro	ევრო	evro
lira	ლირა	lira
Deutschmark	მარკა	marka
franc	ფრანკი	p'ranki
pound sterling	გირვანქა სტერლინგი	girvank'a sterlingi
yen	იენა	iena
debt	ვალი	vali
debtor	მოვალე	movale
to lend (money)	ნისიად მიცემა	nisiad micema
to borrow (vi, vt)	ნისიად აღება	nisiad agheba

bank	ბანკი	banki
account	ანგარიში	angarishi
to deposit into the account	ანგარიშზე დადება	angarishze dadeba
to withdraw (vt)	ანგარიშიდან მოხსნა	angarishidan mokhsna
credit card	საკრედიტო ბარათი	sakredito barat'i
cash	ნაღდი ფული	naghdi p'uli
check	ჩეკი	cheki
to write a check	ჩეკის გამოწერა	ts'hekis gamots'era
checkbook	ჩეკების წიგნაკი	ts'hekebis ts'ignaki
wallet	საფულე	sap'ule
change purse	საფულე	sap'ule
billfold	პორტმონე	portmone
safe	სეიფი	seip'i
heir	მემკვიდრე	memkvidre
inheritance	მემკვიდრეობა	memkvidreoba
fortune (wealth)	ქონება	k'oneba
lease, rent	იჯარა	ijara
rent money	ბინის ქირა	binis k'ira
to rent (sth from sb)	დაქირავება	dak'iraveba
price	ფასი	p'asi
cost	ღირებულება	ghirebuleba
sum	ჯამი	jami
to spend (vt)	ხარჯვა	kharjva
expenses	ხარჯები	kharjebi
to economize (vi, vt)	დაზოგვა	dazogva
thrifty (adj)	მომჭირნე	momch'irne
to pay (vi, vt)	გადახდა	gadakhda
payment	საზღაური	sazghauri
change (give the ~)	ხურდა	khurda
tax	გადასახადი	gadasakhadi
fine	ჯარიმა	djarima
to fine (vt)	დაჯარიმება	dajarimeba

85. Post. Postal service

post office	ფოსტა	p'osta
mail (letters, etc.)	ფოსტა	p'osta
mailman	ფოსტალიონი	p'ostalioni
opening hours	სამუშაო საათები	samushao saat'ebi
letter	წერილი	ts'erili
registered letter	დაზღვეული წერილი	dazghveuli ts'erili

postcard	ღია ბარათი	ghia barat'i
telegram	დეპეშა	depesha
parcel	ამანათი	amanat'i
money transfer	ფულადი გზავნილი	p'uladi gzavnili
to receive (vt)	მიღება	migheba
to send (vt)	გაგზავნა	gagzavna
sending	გაგზავნა	gagzavna
address	მისამართი	misamart'i
ZIP code	ინდექსი	indek'si
sender	გამგზავნი	gamgzavni
receiver, addressee	მიმღები	mimghebi
name	სახელი	sakheli
family name	გვარი	gvari
rate (of postage)	ტარიფი	tarip'i
standard (adj)	ჩვეულებრივი	chveulebrivi
economical (adj)	ეკონომიური	ekonomiuri
weight	წონა	ts'ona
to weigh up (vt)	აწონვა	ats'onva
envelope	კონვერტი	konverti
postage stamp	მარკა	marka

Dwelling. House. Home

86. House. Dwelling

house	სახლი	sakhli
at home (adv)	შინ	shin
courtyard	ეზო	ezo
fence	გალავანი	galavani
brick (n)	აგური	aguri
brick (as adj)	აგურისა	agurisa
stone (n)	ქვა	k'va
stone (as adj)	ქვისა	k'visa
concrete (n)	ბეტონი	betoni
concrete (as adj)	ბეტონისა	betonisa
new (adj)	ახალი	akhali
old (adj)	ძველი	dzveli
decrepit (house)	ძველი	dzveli
modern (adj)	თანამედროვე	t'anamedrove
multistory (adj)	მრავალსართულიანი	mravalsart'uliani
high (adj)	მაღალი	maghali
floor, story	სართული	sart'uli
single-story (adj)	ერთსართულიანი	ert'sart'uliani
ground floor	ქვედა სართული	k'veda sart'uli
top floor	ზედა სართული	zeda sart'uli
roof	სახურავი	sakhuravi
chimney (stack)	მილი	mili
tiles	კრამიტი	kramiti
tiled (adj)	კრამიტისა	kramitisa
loft (attic)	სხვენი	skhveni
window	ფანჯარა	p'anjara
glass	მინა	mina
window ledge	ფანჯრის რაფა	p'anjris rap'a
shutters	დარაბები	darabebi
wall	კედელი	kedeli
balcony	აივანი	aivani
downspout	წყალსადინარი მილი	ts'q'alsadinari mili
upstairs (to be ~)	ზევით	zevit'
to go upstairs	ასვლა	asvla
to come down	ჩასვლა	chasvla
to move (to new premises)	გადასვლა	gadasvla

87. House. Entrance. Lift

entrance	სადარბაზო	sadarbazo
stairs (stairway)	კიბე	kibe
steps	საფეხურები	sap'ekhurebi
banisters	მოაჯირი	moajiri
lobby (hotel ~)	ჰოლი	h'oli
mailbox	საფოსტო ყუთი	sap'osto q'ut'i
trash container	სანაგვე ბაკი	sanagve baki
trash chute	ნაგავსატარი	nagavsatari
elevator	ლიფტი	lip'ti
freight elevator	სატვირთო ლიფტი	satvirt'o lip'ti
elevator cage	კაბინა	kabina
to take the elevator	ლიფტით მგზავრობა	lip'tit' mgzavroba
apartment	ბინა	bina
residents, inhabitants	მობინადრეები	mobinadreebi
neighbors	მეზობლები	mezoblebi

88. House. Electricity

electricity	ელექტრობა	elek'troba
light bulb	ნათურა	nat'ura
switch	ამომრთველი	amomrt'veli
fuse	საცობი	sacobi
cable, wire (electric ~)	სადენი	sadeni
wiring	გაყვანილობა	gaq'vaniloba
electricity meter	მრიცხველი	mrickhveli
readings	ჩვენება	chveneba

89. House. Doors. Locks

door	კარი	kari
vehicle gate	ჭიშკარი	ch'ishkari
handle, doorknob	სახელური	sakheluri
to unlock (unbolt)	გაღება	gagheba
to open (vt)	გაღება	gagheba
to close (vt)	დაკეტვა	daketva
key	გასაღები	gasaghebi
bunch (of keys)	ასხმულა	askhmula
to creak (door hinge)	ჭრიალი	tch'riali
creak	ჭრიალი	tch'riali
hinge (of door)	ანჯამა	anjama

doormat	პატარა ნოხი	patara nokhi
door lock	საკეტი	saketi
keyhole	საკლიტე	saklite
bolt (sliding bar)	ურდული	urduli
door latch	ურდული	urduli
padlock	ბოქლომი	bok'lomi
to ring (~ the door bell)	რეკვა	rekva
ringing (sound)	ზარი	zari
doorbell	ზარი	zari
button	ღილაკი	ghilaki
knock (at the door)	კაკუნი	kakuni
to knock (vi)	კაკუნი	kakuni
code	კოდი	kodi
code lock	კოდის საკეტი	kodis saketi
door phone	დომოფონი	domop'oni
number (on the door)	ნომერი	nomeri
doorplate	ფირნიში	p'irnishi
peephole	სათვალთვალო	sat'valt'valo

90. Country house

village	სოფელი	sop'eli
vegetable garden	ბოსტანი	bostani
fence	ღობე	ghobe
paling	ღობე	ghobe
wicket gate	პატარა ჭიშკარი	patara ch'ishkari
granary	ბეღელი	begheli
cellar	სარდაფი	sardap'i
shed (in garden)	ფარდული	p'arduli
well (water)	ჭა	ch'a
stove (wood-fired ~)	ღუმელი	ghumeli
to heat the stove	დანთება	dant'eba
firewood	შეშა	shesha
log (firewood)	ნაპობი	napobi
veranda, stoop	ვერანდა	veranda
terrace (patio)	ტერასა	terasa
front steps	პარმაღი	parmaghi
swing (hanging seat)	საქანელა	sak'anela

91. Villa. Mansion

country house	ქალაქგარეთა სახლი	k'alak'garet'a sakhli
villa (by sea)	ვილა	vila

wing (of building)	ფრთა	p'rt'a
garden	ბაღი	baghi
park	პარკი	parki
tropical greenhouse	სათბური	sat'buri
to look after (garden, etc.)	მოვლა	movla
swimming pool	აუზი	auzi
gym	სპორტული დარბაზი	sportuli darbazi
tennis court	ჩოგბურთის კორტი	chogburt'is korti
home theater room	კინოთეატრი	kinot'eatri
garage	ავტოფარეხი	avtop'arekhi
private property	კერძო საკუთრება	kerdzo sakut'reba
private land	კერძო სამფლობელოები	kerdzo samp'lobeloebi
warning (caution)	გაფრთხილება	gap'rt'khileba
warning sign	გამაფრთხილებელი წარწერა	gamap'rt'khilebeli ts'arts'era
security	დაცვა	dacva
security guard	მცველი	mcveli
burglar alarm	სიგნალიზაცია	signalizacia

92. Castle. Palace

castle	ციხე-დარბაზი	cikhedarbazi
palace	სასახლე	sasakhle
fortress	ციხე-სიმაგრე	cikhesimagre
wall (round castle)	გალავანი	galavani
tower	კოშკი	koshki
main tower, donjon	მთავარი კოშკი	mt'avari koshki
portcullis	ასაწევი ჭიშკარი	asats'evi ch'ishkari
underground passage	მიწისქვეშა გასასვლელი	mits'isk'vesha gasasvleli
moat	თხრილი	t'khrili
chain	ჯაჭვი	jach'vi
arrow loop	სათოფური	sat'op'uri
magnificent (adj)	ჩინებული	chinebuli
majestic (adj)	დიდებული	didebuli
impregnable (adj)	მიუდგომელი	miudgomeli
knightly (adj)	რაინდისა	raindisa
medieval (adj)	შუა საუკუნეებისა	shua saukuneebisa

93. Apartment

apartment	ბინა	bina
room	ოთახი	ot'akhi

bedroom	საწოლი ოთახი	sats'oli ot'akhi
dining room	სასადილო ოთახი	sasadilo ot'akhi
living room	სასტუმრო ოთახი	sastumro ot'akhi
study	კაბინეტი	kabineti
entry room	წინა ოთახი	ts'ina ot'akhi
bathroom	სააბაზანო ოთახი	saabazano ot'akhi
half bath	საპირფარეშო	sapirp'aresho
ceiling	ჭერი	ch'eri
floor	იატაკი	iataki
corner	კუთხე	kut'khe

94. Apartment. Cleaning

to clean (vi, vt)	დალაგება	dalageba
to put away (vt)	აღება	agheba
dust	მტვერი	mtveri
dusty (adj)	მტვრიანი	mtvriani
to dust (vt)	მტვრის მოწმენდა	mtvris mots'menda
vacuum cleaner	მტვერსასრუტი	mtversasruti
to vacuum (vt)	მტვერსასრუტით მოწმენდა	mt'versasrut'it' mots'menda
to sweep (vi, vt)	დაგვა	dagva
sweepings	ნაგავი	nagavi
order	წესრიგი	ts'esrigi
disorder, mess	უწესრიგობა	uts'esrigoba
mop	შვაბრა	shvabra
dust cloth	ჩვარი	chvari
broom	ცოცხი	cockhi
dustpan	აქანდაზი	ak'andazi

95. Furniture. Interior

furniture	ავეჯი	aveji
table	მაგიდა	magida
chair	სკამი	skami
bed	საწოლი	sats'oli
couch, sofa	დივანი	divani
armchair	სავარძელი	savardzeli
bookcase	კარადა	karada
shelf	თარო	t'aro
set of shelves	ეტაჟერი	etazheri
wardrobe	კარადა	karada
coat rack	საკიდი	sakidi

coat stand	საკიდი	sakidi
dresser	კომოდი	komodi
coffee table	ჟურნალების მაგიდა	zhurnalebis magida
mirror	სარკე	sarke
carpet	ხალიჩა	khalicha
rug, small carpet	პატარა ნოხი	patara nokhi
fireplace	ბუხარი	bukhari
candle	სანთელი	sant'eli
candlestick	შანდალი	shandali
drapes	ფარდები	p'ardebi
wallpaper	შპალერი	shpaleri
blinds (jalousie)	ჟალუზი	zhaluzi
table lamp	მაგიდის ლამპა	magidis lampa
wall lamp	ლამპარი	lampari
floor lamp	ტორშერი	torsheri
chandelier	ჭაღი	ch'aghi
leg (of chair, table)	ფეხი	p'ekhi
armrest	საიდაყვე	saidaq've
back	ზურგი	zurgi
drawer	უჯრა	ujra

96. Bedding

bedclothes	თეთრეული	t'et'reuli
pillow	ბალიში	balishi
pillowcase	ბალიშისპირი	balishispiri
blanket (comforter)	საბანი	sabani
sheet	ზეწარი	zets'ari
bedspread	გადასაფარებელი	gadasap'arebeli

97. Kitchen

kitchen	სამზარეულო	samzareulo
gas	აირი	airi
gas stove	გაზქურა	gazk'ura
electric stove	ელექტროქურა	elek'trok'ura
oven	ფურნაკი	p'urnaki
microwave oven	მიკროტალღოვანი ღუმელი	mikrotalghovani ghumeli
refrigerator	მაცივარი	macivari
freezer	საყინულე	saq'inule
dishwasher	ჭურჭლის სარეცხი მანქანა	ch'urch'lis sareckhi mank'ana

meat grinder	ხორცსაკეპი	khorcsakepi
juicer	წვენსაწური	ts'vensats'uri
toaster	ტოსტერი	tosteri
mixer	მიქსერი	mik'seri
coffee maker	ყავის სახარში	q'avis sakharshi
coffee pot	ყავადანი	q'avadani
coffee grinder	ყავის საფქვავი	k'avis sap'k'vavi
kettle	ჩაიდანი	chaidani
teapot	ჩაიდანი	chaidani
lid	ხუფი	khup'i
tea strainer	საწური	sats'uri
spoon	კოვზი	kovzi
teaspoon	ჩაის კოვზი	chais kovzi
tablespoon	სადილის კოვზი	sadilis kovzi
fork	ჩანგალი	changali
knife	დანა	dana
tableware	ჭურჭელი	ch'urch'eli
plate (dinner ~)	თეფში	t'ep'shi
saucer	ლამბაქი	lambak'i
shot glass	სირჩა	sircha
glass (~ of water)	ჭიქა	ch'ik'a
cup	ფინჯანი	p'injani
sugar bowl	საშაქრე	sashak're
salt shaker	სამარილე	samarile
pepper shaker	საპილპილე	sapilpile
butter dish	საკარაქე	sakarak'e
stew pot	ქვაბი	k'vabi
frying pan	ტაფა	tap'a
ladle	ჩამჩა	chamcha
colander	თუშფალანგი	t'ushp'alangi
tray	ლანგარი	langari
bottle	ბოთლი	bot'li
jar (glass)	ქილა	k'ila
can	ქილა	k'ila
bottle opener	გასახსნელი	gasakhsneli
can opener	გასახსნელი	gasakhsneli
corkscrew	შტოპორი	shtopori
filter	ფილტრი	p'iltri
to filter (vt)	ფილტვრა	p'iltvra
trash	ნაგავი	nagavi
trash can	სანაგვე ვედრო	sanagve vedro

98. Bathroom

bathroom	სააბაზანო ოთახი	saabazano ot'akhi
water	წყალი	ts'q'ali
tap, faucet	ონკანი	onkani
hot water	ცხელი წყალი	ckheli ts'q'ali
cold water	ცივი წყალი	civi ts'q'ali
toothpaste	კბილის პასტა	kbilis pasta
to brush one's teeth	კბილების წმენდა	kbilebis ts'menda
to shave (vi)	პარსვა	parsva
shaving foam	საპარსი ქაფი	saparsi k'ap'i
razor	სამართებელი	samart'ebeli
to wash (clean)	დაბანა	dabana
to take a bath	დაბანა	dabana
shower	შხაპი	shkhapi
to take a shower	შხაპის მიღება	shkhapis migheba
bathtub	აბაზანა	abazana
toilet	უნიტაზი	unitazi
sink (washbasin)	ნიჟარა	nijara
soap	საპონი	saponi
soap dish	სასაპნე	sasapne
sponge	ღრუბელი	ghrubeli
shampoo	შამპუნი	shampuni
towel	პირსახოცი	pirsakhoci
bathrobe	ხალათი	khalat'i
laundry (process)	რეცხვა	reckhva
washing machine	სარეცხი მანქანა	sareckhi mank'ana
to do the laundry	თეთრეულის რეცხვა	t'et'reulis reckhva
laundry detergent	სარეცხი ფხვნილი	sareckhi p'khvnili

99. Household appliances

TV set	ტელევიზორი	televizori
tape recorder	მაგნიტოფონი	magnitop'oni
video, VCR	ვიდეომაგნიტოფონი	videomagnitop'oni
radio	მიმღები	mimghebi
player (CD, MP3, etc.)	ფლეერი	p'leeri
video projector	ვიდეოპროექტორი	videoproek'tori
home movie theater	სახლის კინოთეატრი	sakhlis kinot'eatri
DVD player	DVD-საკრავი	dividisakravi
amplifier	გამაძლიერებელი	gamadzlierebeli

video game console	სათამაშო მისადგამი	sat'amasho misadgami
video camera	ვიდეოკამერა	videokamera
camera (photo)	ფოტოაპარატი	p'otoaparati
digital camera	ციფრული ფოტოაპარატი	cip'ruli p'otoaparati
vacuum cleaner	მტვერსასრუტი	mtversasruti
iron (e.g., steam ~)	უთო	ut'o
ironing board	საუთოებელი დაფა	saut'oebeli dap'a
telephone	ტელეფონი	telep'oni
mobile phone	მობილური ტელეფონი	mobiluri telep'oni
typewriter	მანქანა	mank'ana
sewing machine	მანქანა	mank'ana
microphone	მიკროფონი	mikrop'oni
headphones	საყურისი	saq'urisi
remote control (TV)	პულტი	pulti
CD, compact disc	CD-დისკი	sididiski
cassette	კასეტი	kaseti
vinyl record	ფირფიტა	p'irp'ita

100. Repairs. Renovation

renovations	რემონტი	remonti
to renovate (vt)	რემონტის კეთება	remontis ket'eba
to repair (vt)	გარემონტება	garemonteba
to put in order	წესრიგში მოყვანა	ts'esrigshi moq'vana
to redo (do again)	გადაკეთება	gadaket'eba
paint	საღებავი	saghebavi
to paint (~ a wall)	შეღებვა	sheghebva
house painter	მღებავი	mghebavi
brush	ფუნჯი	p'unji
whitewash	თეთრა	t'et'ra
to whitewash (vt)	შეთეთრება	shet'et'reba
wallpaper	შპალერი	shpaleri
to put up wallpaper	შპალერის გაკვრა	shpaleris gakvra
varnish	ლაქი	lak'i
to varnish (vt)	გალაქვა	galak'va

101. Plumbing

water	წყალი	ts'q'ali
hot water	ცხელი წყალი	ckheli ts'q'ali
cold water	ცივი წყალი	civi ts'q'ali

tap, faucet	ონკანი	onkani
drop (of water)	წვეთი	ts'vet'i
to drip (vi)	წვეთა	ts'vet'a
to leak (ab. pipe)	დინება	dineba
leak (pipe ~)	გადენა	gadena
puddle	გუბე	gube

pipe	მილი	mili
valve	ვენტილი	ventili
to be clogged up	გაჭედვა	gach'edva

tools	ხელსაწყოები	khelsats'q'oebi
adjustable wrench	ქანჩის გასაღები	k'anchis gasaghebi
to unscrew (vt)	მოშვება	moshveba
to screw (tighten)	მოჭერა	moch'era

to unclog (vt)	გამოწმენდა	gamots'menda
plumber	სანტექნიკოსი	santek'nikosi
basement	სარდაფი	sardap'i
sewerage (system)	კანალიზაცია	kanalizacia

102. Fire. Conflagration

fire (to catch ~)	ცეცხლი	ceckhli
flame	ალი	ali
spark	ნაპერწკალი	naperts'kali
smoke (from fire)	კვამლი	kvamli
torch (flaming stick)	ჩირაღდანი	chiraghdani
campfire	კოცონი	koconi

gas, gasoline	ბენზინი	benzini
kerosene (for aircraft)	ნავთი	navt'i
flammable (adj)	საწვავი	sats'vavi
explosive (adj)	ფეთქებადსაშიში	p'et'k'ebadsashishi
NO SMOKING	ნუ მოსწევთ!	nu mosts'evt'

safety	უსაფრთხოება	usap'rt'khoeba
danger	საშიშროება	sashishroeba
dangerous (adj)	საშიში	sashishi

to catch fire	ცეცხლის მოკიდება	ceckhlis mokideba
explosion	აფეთქება	ap'et'k'eba
to set fire	ცეცხლის წაკიდება	ceckhlis ts'akideba
incendiary (arsonist)	ცეცხლის წამკიდებელი	ceckhlis ts'amkidebeli
arson	ცეცხლის წაკიდება	ceckhlis ts'akideba
to blaze (vi)	ბრიალი	briali
to burn (be on fire)	წვა	ts'va
to burn down	დაწვა	dats'va
to call the fire department	მეხანძრეების გამოძახება	mekhandzreebis gamodzakheba

fireman	მეხანძრე	mekhandzre
fire truck	სახანძრო მანქანა	sakhandzro mank'ana
fire department	სახანძრო რაზმი	sakhandzro razmi
fire truck ladder	სახანძრო კიბე	sakhandzro kibe
fire hose	შლანგი	shlangi
fire extinguisher	ცეცხლსაქრობი	ceckhlsak'robi
helmet	კასკა	kaska
siren	სირენა	sirena
to call out	ყვირილი	q'virili
to call for help	დასახმარებლად დაძახება	dasakhmareblad dadzakheba
rescuer	მაშველი	mashveli
to rescue (vt)	გადარჩენა	gadarchena
to arrive (vi)	მოსვლა	mosvla
to extinguish (vt)	ჩაქრობა	chak'roba
water	წყალი	ts'q'ali
sand	ქვიშა	k'visha
ruins (destruction)	ნანგრევები	nangrevebi
to collapse (building, etc.)	ჩანგრევა	changreva
to fall down (vi)	ჩამონგრევა	chamongreva
to cave in (ceiling, floor)	ჩამონგრევა	chamongreva
fragment (piece of wall, etc.)	ნამტვრევი	namtvrevi
ash	ფერფლი	p'erp'li
to suffocate (die)	გაგუდვა	gagudva
to be killed (perish)	დაღუპვა	daghupva

HUMAN ACTIVITIES

Job. Business. Part 1

103. Office. Working in the office

office (of firm)	ოფისი	op'isi
office (of director, etc.)	კაბინეტი	kabineti
front desk	რესეფშენი	resep'sheni
secretary	მდივანი	mdivani

director	დირექტორი	direk'tori
manager	მენეჯერი	menejeri
accountant	ბუღალტერი	bughalteri
employee	თანამშრომელი	t'anamshromeli

furniture	ავეჯი	aveji
desk	მაგიდა	magida
desk chair	სავარძელი	savardzeli
chest of drawers	ტუმბა	tumba
coat stand	საკიდი	sakidi

computer	კომპიუტერი	kompiuteri
printer	პრინტერი	printeri
fax machine	ფაქსი	p'ak'si
photocopier	ასლის გადამღები აპარატი	aslis gadamghebi aparati

paper	ქაღალდი	k'aghaldi
office supplies	საკანცელარიო ნივთები	sakancelario nivt'ebi
mouse pad	ქვეშსადები	k'veshsadebi
sheet (of paper)	ფურცელი	p'urceli
folder, binder	საქაღალდე	sak'aghalde

catalog	კატალოგი	katalogi
phone book	ცნობარი	cnobari
documentation	დოკუმენტაცია	dokumentacia
brochure	ბროშურა	broshura
leaflet	ფურცელი	p'urceli
sample	ნიმუში	nimushi

training meeting	ტრენინგი	treningi
meeting (of managers)	თათბირი	t'at'biri
lunch time	სასადილო შესვენება	sasadilo shesveneba
to make a copy	ასლის გაკეთება	aslis gaket'eba

to make copies	გამრავლება	gamravleba
to receive a fax	ფაქსის მიღება	p'ak'sis migheba
to send a fax	ფაქსის გაგზავნა	p'ak'sis gagzavna
to call (telephone)	რეკვა	rekva
to answer (vt)	პასუხის გაცემა	pasukhis gacema
to put through	შეერთება	sheert'eba
to arrange, to set up	დანიშვნა	danishvna
to demonstrate (vt)	დემონსტრირება	demonstrireba
to be absent	არდასწრება	ardasts'reba
absence	გაცდენა	gacdena

104. Business processes. Part 1

occupation	საქმე	sak'me
firm	ფირმა	p'irma
company	კომპანია	kompania
corporation	კორპორაცია	korporacia
enterprise	საწარმო	sats'armo
agency	სააგენტო	saagento
agreement (contract)	ხელშეკრულება	khelshekruleba
contract	კონტრაქტი	kontrak'ti
deal	გარიგება	garigeba
order (to place an ~)	შეკვეთა	shekvet'a
term (of contract)	პირობა	piroba
wholesale (adv)	ბითუმად	bit'umad
wholesale (adj)	საბითუმო	sabit'umo
wholesale (n)	ბითუმად გაყიდვა	bit'umad gaq'idva
retail (adj)	საცალო	sacalo
retail (n)	ცალობით გაყიდვა	calobit' gaq'idva
competitor	კონკურენტი	konkurenti
competition	კონკურენცია	konkurencia
to compete (vi)	კონკურენციის გაწევა	konkurenciis gats'eva
partner (associate)	პარტნიორი	partniori
partnership	პარტნიორობა	partnioroba
crisis	კრიზისი	krizisi
bankruptcy	გაკოტრება	gakotreba
to go bankrupt	გაკოტრება	gakotreba
difficulty	სიძნელე	sidznele
problem	პრობლემა	problema
catastrophe	კატასტროფა	katastrop'a
economy	ეკონომიკა	ekonomika
economic (~ growth)	ეკონომიკური	ekonomikuri

economic recession	ეკონომიკური ვარდნა	ekonomikuri vardna
goal (aim)	მიზანი	mizani
task	ამოცანა	amocana
to trade (vi)	ვაჭრობა	vach'roba
network (distribution ~)	ქსელი	k'seli
inventory (stock)	საწყობი	sats'q'obi
assortment	ასორტიმენტი	asortimenti
leader	ლიდერი	lideri
large (~ company)	მსხვილი	mskhvili
monopoly	მონოპოლია	monopolia
theory	თეორია	t'eoria
practice	პრაქტიკა	prak'tika
experience (in my ~)	გამოცდილება	gamocdileba
trend (tendency)	ტენდენცია	tendencia
development	განვითარება	ganvit'areba

105. Business processes. Part 2

profitability	სარგებლობა	sargebloba
profitable (adj)	სარგებლიანი	sargebliani
delegation (group)	დელეგაცია	delegacia
salary	ხელფასი	khelp'asi
to correct (an error)	გამოსწორება	gamosts'oreba
business trip	მივლინება	mivlineba
commission	კომისია	komisisa
to control (vt)	კონტროლის გაწევა	kontrolis gats'eva
conference	კონფერენცია	konp'erencia
license	ლიცენზია	licenzia
reliable (~ partner)	საიმედო	saimedo
initiative	წამოწყება	ts'amots'q'eba
norm (standard)	ნორმა	norma
circumstance	გარემოება	garemoeba
duty (of employee)	მოვალეობა	movaleoba
enterprise	ორგანიზაცია	organizacia
organization (process)	ორგანიზება	organizeba
organized (adj)	ორგანიზებული	organizebuli
cancellation	გაუქმება	gauk'meba
to cancel (call off)	გაუქმება	gauk'meba
report (official ~)	ანგარიში	angarishi
patent	პატენტი	patenti
to patent (obtain patent)	დაპატენტება	dapatenteba
to plan (vt)	დაგეგმვა	dagegmva

bonus (money)	პრემია	premia
professional (adj)	პროფესიული	prop'esiuli
procedure	პროცედურა	procedura

to examine (contract, etc.)	განხილვა	gankhilva
calculation	ანგარიშსწორება	angarishsts'oreba
reputation	რეპუტაცია	reputacia
risk	რისკი	riski

to manage, to run	ხელმძღვანელობა	khelmdzghvaneloba
information	ცნობები	cnobebi
property	საკუთრება	sakut'reba
union	კავშირი	kavshiri

life insurance	სიცოცხლის დაზღვევა	sicockhlis dazghveva
to insure (vt)	დაზღვევა	dazghveva
insurance	დაზღვევა	dazghveva

auction	საჯარო ვაჭრობა	sajaro vach'roba
to notify (inform)	შეტყობინება	shetq'obineba
management (process)	მართვა	mart'va
service (~ industry)	სამსახური	samsakhuri

forum	ფორუმი	p'orumi
to function (vi)	ფუნქციონირება	p'unk'cionireba
stage (phase)	ეტაპი	etapi
legal (~ services)	იურიდიული	iuridiuli
lawyer (legal expert)	იურისტი	iuristi

106. Production. Works

plant	ქარხანა	k'arkhana
factory	ფაბრიკა	p'abrika
workshop	საამქრო	saamk'ro
production site	წარმოება	ts'armoeba

industry	მრეწველობა	mrets'veloba
industrial (adj)	სამრეწველო	samrets'velo
heavy industry	მძიმე მრეწველობა	mdzime mrets'veloba
light industry	მსუბუქი მრეწველობა	msubuk'i mrets'veloba

products	პროდუქცია	produk'cia
to produce (vt)	წარმოება	ts'armoeba
raw materials	ნედლეული	nedleuli

foreman	ბრიგადირი	brigadiri
workers team	ბრიგადა	brigada
worker	მუშა	musha
workday	სამუშაო დღე	samushao dghe
pause	შეჩერება	shechereba

| meeting | კრება | kreba |
| to discuss (vt) | განხილვა | gankhilva |

plan	გეგმა	gegma
to fulfill the plan	გეგმის შესრულება	gegmis shesruleba
rate of output	ნორმა	norma
quality	ხარისხი	khariskhi
checking (control)	კონტროლი	kontroli
quality control	ხარისხის კონტროლი	khariskhis kontroli

| safety of work | შრომის უსაფრთხოება | shromis usap'rt'khoeba |
| discipline | დისციპლინა | disciplina |

| infringement | დარღვევა | darghveva |
| to infringe (rules) | დარღვევა | darghveva |

| strike | გაფიცვა | gap'icva |
| striker | გაფიცული | gap'iculi |

| to be on strike | გაფიცვა | gap'icva |
| labor union | პროფკავშირი | prop'kavshiri |

to invent (machine, etc.)	გამოგონება	gamogoneba
invention	გამოგონება	gamogoneba
research	გამოკვლევა	gamokvleva
to improve (make better)	გაუმჯობესება	gaumjobeseba

| technology | ტექნოლოგია | tek'nologia |
| technical drawing | ნახაზი | nakhazi |

load, cargo	ტვირთი	tvirt'i
loader (person)	მტვირთავი	mtvirt'avi
to load (vehicle, etc.)	დატვირთვა	datvirt'va
loading (process)	დატვირთვა	datvirt'va

| to unload (vi, vt) | დაცლა | dacla |
| unloading | დაცლა | dacla |

transportation	ტრანსპორტი	transporti
transportation company	სატრანსპორტო კომპანია	satransporto kompania
to transport (vt)	ტრანსპორტირება	transportireba

freight car	ვაგონი	vagoni
cistern	ცისტერნა	cisterna
truck	სატვირთო მანქანა	satvirt'o mank'ana

| machine tool | დაზგა | dazga |
| mechanism | მექანიზმი | mek'anizmi |

industrial waste	ნარჩენები	narchenebi
packing (process)	შეფუთვა	shep'ut'va
to pack (vt)	შეფუთვა	shep'ut'va

107. Contract. Agreement

contract	კონტრაქტი	kontrak'ti
agreement	შეთანხმება	shet'ankhmeba
addendum	დანართი	danart'i
to sign a contract	კონტრაქტის დადება	kontrak'tis dadeba
signature	ხელმოწერა	khelmots'era
to sign (vt)	ხელის მოწერა	khelis mots'era
stamp (seal)	ბეჭედი	bech'edi
subject of contract	ხელშეკრულების საგანი	khelshekrulebis sagani
clause	პუნქტი	punk'ti
parties (in contract)	მხარეები	mkhareebi
legal address	იურიდიული მისამართი	iuridiuli misamart'i
to break the contract	კონტრაქტის დარღვევა	kontrak'tis darghveva
commitment	ვალდებულება	valdebuleba
responsibility	პასუხისმგებლობა	pasukhismgebloba
force majeure	ფორს-მაჟორი	p'ors-mazhori
dispute	დავა	dava
penalties	საჯარიმო სანქციები	sajarimo sank'ciebi

108. Import & Export

import	იმპორტი	importi
importer	იმპორტიორი	importiori
to import (vt)	იმპორტირება	importireba
import (e.g., ~ goods)	იმპორტული	importuli
exporter	ექსპორტიორი	ek'sportiori
to export (vi, vt)	ექსპორტირება	ek'sportireba
goods	საქონელი	sak'oneli
consignment, lot	პარტია	partia
weight	წონა	ts'ona
volume	მოცულობა	moculoba
cubic meter	კუბური მეტრი	kuburi metri
manufacturer	მწარმოებელი	mts'armoebeli
transportation company	სატრანსპორტო კომპანია	satransporto kompania
container	კონტეინერი	konteineri
border	საზღვარი	sazghvari
customs	საბაჟო	sabazho
customs duty	საბაჟო გადასახადი	sabazho gadasakadi
customs officer	მებაჟე	mebazhe
smuggling	კონტრაბანდა	kontrabanda
contraband (goods)	კონტრაბანდა	kontrabanda

109. Finances

stock (share)	აქცია	ak'cia
bond (certificate)	ობლიგაცია	obligacia
bill of exchange	თამასუქი	t'amasuk'i
stock exchange	ბირჟა	birzha
stock price	აქციების კურსი	ak'ciebis kursi
to become cheaper	გაიაფება	gaiap'eba
to rise in price	გაძვირება	gadzvireba
controlling interest	საკონტროლო პაკეტი	sakontrolo paketi
investment	ინვესტიციები	investiciebi
to invest (vt)	ინვესტირება	investireba
percent	პროცენტი	procenti
interest (on investment)	პროცენტები	procentebi
profit	მოგება	mogeba
profitable (adj)	მომგებიანი	momgebiani
tax	გადასახადი	gadasakhadi
currency (foreign ~)	ვალუტა	valuta
national (adj)	ეროვნული	erovnuli
exchange (currency ~)	გაცვლა	gacvla
accountant	ბუღალტერი	bughalteri
accounting	ბუღალტერია	bughalteria
bankruptcy	გაკოტრება	gakotreba
collapse, crash	გაკოტრება	gakotreba
ruin	გაკოტრება	gakotreba
to be ruined	გაკოტრება	gakotreba
inflation	ინფლაცია	inp'lacia
devaluation	დევალვაცია	devalvacia
capital	კაპიტალი	kapitali
income	შემოსავალი	shemosavali
turnover	ბრუნვა	brunva
resources	რესურსები	resursebi
monetary resources	ფულადი სახსრები	p'uladi sakhsrebi
overhead	ზედნადები ხარჯები	zednadebi kharjebi
to reduce (expenses)	შემცირება	shemcireba

110. Marketing

marketing	მარკეტინგი	marketingi
market	ბაზარი	bazari

market segment	ბაზრის სეგმენტი	bazris segmenti
product	პროდუქტი	produk'ti
goods	საქონელი	sak'oneli

trademark	სავაჭრო მარკა	savach'ro nishani
logotype	საფირმო ნიშანი	sap'irmo nishani
logo	ლოგოტიპი	logotipi

demand	მოთხოვნა	mot'khovna
supply	შეთავაზება	shet'avazeba
need	მოთხოვნილება	mot'khovnileba
consumer	მომხმარებელი	momkhmarebeli

analysis	ანალიზი	analizi
to analyze (vt)	გაანალიზება	gaanalizeba
positioning	პოზიციონირება	pozicionireba
to position (vt)	პოზიციონირება	pozicionireba

price	ფასი	p'asi
pricing policy	ფასების პოლიტიკა	p'asebis politika
pricing	ფასწარმოქმნა	p'asts'armok'mna

111. Advertising

advertising	რეკლამა	reklama
to advertise (vt)	რეკლამირება	reklamireba
budget	ბიუჯეტი	biudjeti

ad, advertisement	რეკლამა	reklama
TV advertising	ტელერეკლამა	telereklama
radio advertising	რეკლამა რადიოში	reklama radioshi
outdoor advertising	გარე რეკლამა	gare reklama

mass media	მასობრივი ინფორმაციის საშუალებები	masobrivi inp'ormaciis sashualebebi
periodical (n)	პერიოდული გამოცემა	perioduli gamocema
image (public appearance)	იმიჯი	imiji

| slogan | ლოზუნგი | lozungi |
| motto (maxim) | დევიზი | devizi |

campaign	კამპანია	kampania
advertising campaign	სარეკლამო კამპანია	sareklamo kampania
target group	მიზნობრივი აუდიტორია	miznobrivi auditoria

business card	სავიზიტო ბარათი	savizito barat'i
leaflet	ფურცელი	p'urceli
brochure	ბროშურა	broshura
pamphlet	ბუკლეტი	bukleti
newsletter	ბიულეტენი	biuleteni

store sign	აბრა	abra
poster	პლაკატი	plakati
billboard	ფარი	p'ari

112. Banking

| bank | ბანკი | banki |
| branch (of bank, etc.) | განყოფილება | ganq'op'ileba |

| consultant | კონსულტანტი | konsultanti |
| manager (director) | მმართველი | mmart'veli |

banking account	ანგარიში	angarishi
account number	ანგარიშის ნომერი	angarishis nomeri
checking account	მიმდინარე ანგარიში	mimdinare angarishi
savings account	დამაგროვებელი ანგარიში	damagrovebeli angarishi

to open an account	ანგარიშის გახსნა	angarishis gakhsna
to close the account	ანგარიშის დახურვა	angarishis dakhurva
to deposit into the account	ანგარიშზე დადება	angarishze dadeba
to withdraw (vt)	ანგარიშიდან მოხსნა	angarishidan mokhsna

deposit	ანაბარი	anabari
to make a deposit	ანაბრის გაკეთება	anabris gaket'eba
wire transfer	გზავნილი	gzavnili
to wire (money)	გზავნილის გაკეთება	gzavnilis gaket'eba

| sum | თანხა | t'ankha |
| How much? | რამდენი? | ramdeni |

| signature | ხელმოწერა | khelmots'era |
| to sign (vt) | ხელის მოწერა | khelis mots'era |

credit card	საკრედიტო ბარათი	sakredito barat'i
code	კოდი	kodi
credit card number	საკრედიტო ბარათის ნომერი	sakredito barat'is nomeri
ATM	ბანკომატი	bankomati

check	ჩეკი	cheki
to write a check	ჩეკის გამოწერა	ts'hekis gamots'era
checkbook	ჩეკების წიგნაკი	ts'hekebis ts'ignaki

loan (bank ~)	კრედიტი	krediti
to apply for a loan	კრედიტისათვის მიმართვა	kreditisat'vis mimart'va
to get a loan	კრედიტის აღება	kreditis agheba
to give a loan	კრედიტის წარდგენა	kreditis ts'ardgena
guarantee	გარანტია	garantia

113. Telephone. Phone conversation

telephone	ტელეფონი	telep'oni
mobile phone	მობილური ტელეფონი	mobiluri telep'oni
answering machine	ავტომოპასუხე	avtomopasukhe
to call (telephone)	რეკვა	rekva
phone call	ზარი	zari
to dial a number	ნომრის აკრეფა	nomris akrep'a
Hello!	ალო!	alo
to ask (vt)	კითხვა	kit'khva
to answer (vi, vt)	პასუხის გაცემა	pasukhis gacema
to hear (vt)	სმენა	smena
well (adv)	კარგად	kargad
not well (adv)	ცუდად	cudad
noises (interference)	ხარვეზები	kharvezebi
receiver	ყურმილი	q'urmili
to pick up (~ the phone)	ყურმილის აღება	q'urmilis agheba
to hang up (~ the phone)	ყურმილის დადება	q'urmilis dadeba
busy (adj)	დაკავებული	dakavebuli
to ring (ab. phone)	რეკვა	rekva
telephone book	სატელეფონო წიგნი	satelep'ono ts'igni
local (adj)	ადგილობრივი	adgilobrivi
long distance (~ call)	საქალაქთაშორისო	sak'alak't'ashoriso
international (adj)	საერთაშორისო	saert'ashoriso

114. Mobile telephone

mobile phone	მობილური ტელეფონი	mobiluri telep'oni
display	დისპლეი	displei
button	ღილაკი	ghilaki
SIM card	SIM-ბარათი	simbarat'i
battery	ბატარეა	batarea
to be dead (battery)	განმუხტვა	ganmukhtva
charger	დასამუხტი მოწყობილობა	dasamukhti mots'q'obiloba
menu	მენიუ	meniu
settings	აწყობა	ats'q'oba
tune (melody)	მელოდია	melodia
to select (vt)	არჩევა	archeva
calculator	კალკულატორი	kalkulatori
answering machine	ავტომოპასუხე	avtomopasukhe

alarm clock	მაღვიძარა	maghvidzara
contacts	სატელეფონო წიგნი	satelep'ono ts'igni
SMS (text message)	SMS-შეტყობინება	esemes-shetq'obineba
subscriber	აბონენტი	abonenti

115. Stationery

ballpoint pen	ავტოკალამი	avtokalami
fountain pen	კალამი	kalami
pencil	ფანქარი	p'ank'ari
highlighter	მარკერი	markeri
felt-tip pen	ფლომასტერი	p'lomasteri
notepad	ბლოკნოტი	bloknoti
datebook	დღიური	dghiuri
ruler	სახაზავი	sakhazavi
calculator	კალკულატორი	kalkulatori
eraser	საშლელი	sashleli
thumbtack	ჭიკარტი	ch'ikarti
paper clip	სამაგრი	samagri
glue	წებო	ts'ebo
stapler	სტეპლერი	stepleri
hole punch	სახვრეტელა	sakhvretela
pencil sharpener	სათლელი	sat'leli

116. Various kinds of documents

account (report)	ანგარიში	angarishi
agreement	შეთანხმება	shet'ankhmeba
application form	განაცხადი	ganackhadi
authentic (adj)	ნამდვილი	namdvili
badge (identity tag)	ბეჯი	beji
business card	სავიზიტო ბარათი	savizito barat'i
certificate (~ of quality)	სერტიფიკატი	sertip'ikati
check (e.g., draw a ~)	ჩეკი	cheki
check (in restaurant)	ანგარიში	angarishi
constitution	კონსტიტუცია	konstitucia
contract	ხელშეკრულება	khelshekruleba
copy	ასლი	asli
copy (of contract, etc.)	ეგზემპლარი	egzemplari
customs declaration	დეკლარაცია	deklaracia

document	საბუთი	sabut'i
driver's license	მართვის მოწმობა	mart'vis mots'moba
addendum	დანართი	danart'i
form	ანკეტა	anketa
identity card, ID	მოწმობა	mots'moba
inquiry (request)	შეკითხვა	shekit'khva
invitation card	მოსაწვევი ბარათი	mosats'vevi barat'i
invoice	ანგარიში	angarishi
law	კანონი	kanoni
letter (mail)	წერილი	ts'erili
letterhead	ბლანკი	blanki
list (of names, etc.)	სია	sia
manuscript	ხელნაწერი	khelnats'eri
newsletter	ბიულეტენი	biuleteni
note (short message)	ბარათი	barat'i
pass (for worker, visitor)	საშვი	sashvi
passport	პასპორტი	pasporti
permit	ნებართვა	nebart'va
résumé	რეზიუმე	reziume
debt note, IOU	ხელწერილი	khelts'erili
receipt (for purchase)	ქვითარი	k'vit'ari
sales slip, receipt	ჩეკი	cheki
report	პატაკი	pataki
to show (ID, etc.)	წარდგენა	ts'ardgena
to sign (vt)	ხელის მოწერა	khelis mots'era
signature	ხელმოწერა	khelmots'era
stamp (seal)	ბეჭედი	bech'edi
text	ტექსტი	tek'sti
ticket (for entry)	ბილეთი	bilet'i
to cross out	გადახაზვა	gadakhazva
to fill out (~ a form)	შევსება	shevseba
waybill	ზედნადები	zednadebi
will (testament)	ანდერძი	anderdzi

117. Kinds of business

accounting services	საბუღალტრო მომსახურება	sabughaltro momsakhureba
advertising	რეკლამა	reklama
advertising agency	სარეკლამო სააგენტო	sareklamo saagento
air-conditioners	კონდიციონერები	kondicionerebi
airline	ავიაკომპანია	aviakompania
alcoholic drinks	სპირტიანი სასმელები	spirtiani sasmelebi
antiques	ანტიკვარიატი	antikvariati

T&P Books. Georgian vocabulary for English speakers - 9000 words

| art gallery | გალერეა | galerea |
| audit services | აუდიტორული მომსახურება | auditoruli momsakhureba |

banks	საბანკო ბიზნესი	sabanko biznesi
bar	ბარი	bari
beauty parlor	სილამაზის სალონი	silamazis saloni
bookstore	წიგნების მაღაზია	ts'ignebis maghazia
brewery	ლუდსახარში	ludsakharshi
business center	ბიზნეს-ცენტრი	biznes centri
business school	ბიზნეს-სკოლა	biznes skola

casino	სამორინე	samorine
construction	მშენებლობა	mshenebloba
consulting	კონსალტინგი	konsaltingi

dentistry	სტომატოლოგია	stomatologia
design	დიზაინი	dizaini
drugstore, pharmacy	აფთიაქი	ap't'iak'i
dry cleaners	ქიმწმენდა	k'imts'menda
employment agency	კადრების სააგენტო	kadrebis saagento

financial services	საფინანსო მომსახურება	sap'inanso momsakhureba
food products	კვების პროდუქტები	kvebis produk'tebi
funeral home	დამკრძალავი ბიურო	damkrdzalavi biuro
furniture (for house)	ავეჯი	aveji
garment	ტანსაცმელი	tansacmeli
hotel	სასტუმრო	sastumro

ice-cream	ნაყინი	naq'ini
industry	მრეწველობა	mrets'veloba
insurance	დაზღვევა	dazghveva
Internet	ინტერნეტი	interneti
investment	ინვესტიციები	investiciebi

jeweler	იუველირი	iuveliri
jewelry	საიუველირო ნაკეთობები	saiuveliro naket'obebi
laundry (room, shop)	სამრეცხაო	samreckhao
legal advisor	იურიდიული მომსახურება	iuridiuli momsakhureba
light industry	მსუბუქი მრეწველობა	msubuk'i mrets'veloba

magazine	ჟურნალი	zhurnali
mail-order selling	კატალოგით ვაჭრობა	katalogit' vach'roba
medicine	მედიცინა	medicina
movie theater	კინოთეატრი	kinot'eatri
museum	მუზეუმი	muzeumi

news agency	საინფორმაციო სააგენტო	sainp'ormacio saagento
newspaper	გაზეთი	gazet'i
nightclub	ღამის კლუბი	ghamis klubi
oil (petroleum)	ნავთობი	navt'obi

parcels service	კურიერის სამსახური	kurieris samsakhuri
pharmaceuticals	ფარმაცევტიკა	p'armacevtika
printing (industry)	პოლიგრაფია	poligrap'ia
publishing house	გამომცემლობა	gamomcemloba
radio	რადიო	radio
real estate	უძრავი ქონება	udzravi k'oneba
restaurant	რესტორანი	restorani
security agency	დაცვის სააგენტო	dacvis saagento
sports	სპორტი	sporti
stock exchange	ბირჟა	birzha
store	მაღაზია	maghazia
supermarket	სუპერმარკეტი	supermarketi
swimming pool	აუზი	auzi
tailors	ატელიე	atelie
television	ტელევიზია	televizia
theater	თეატრი	t'eatri
trade	ვაჭრობა	vach'roba
transportation	გადაზიდვები	gadazidvebi
travel	ტურიზმი	turizmi
veterinarian	ვეტერინარი	veterinari
warehouse	საწყობი	sats'q'obi
waste collection	ნაგვის გატანა	nagvis gatana

Job. Business. Part 2

118. Show. Exhibition

exhibition, show	გამოფენა	gamop'ena
trade show	სავაჭრო გამოფენა	savach'ro gamop'ena
participation	მონაწილეობა	monats'ileoba
to participate (vi)	მონაწილეობა	monats'ileoba
participant (exhibitor)	მონაწილე	monats'ile
director	დირექტორი	direk'tori
organizer's office	დირექცია, საორგანიზაციო კომიტეტი	direk'cia, saorganizacio komiteti
organizer	ორგანიზატორი	organizatori
to organize (vt)	ორგანიზება	organizeba
participation form	განაცხადი მონაწილეობაზე	ganackhadi monats'ileobaze
to fill out (vt)	შევსება	shevseba
details	დეტალები	detalebi
information	ინფორმაცია	inp'ormacia
price	ფასი	p'asi
including	ჩათვლით	chat'vlit'
to include (vt)	ჩათვლა	chat'vla
to pay (vi, vt)	გადახდა	gadakhda
registration fee	სარეგისტრაციო შესატანი	saregistracio shesatani
entrance	შესასვლელი	shesasvleli
pavilion, hall	პავილიონი	pavilioni
to register (vt)	რეგისტრაციაში გატარება	registraciashi gatareba
badge (identity tag)	ბეჯი	beji
booth, stand	სტენდი	stendi
to reserve, to book	რეზერვირება	rezervireba
display case	ვიტრინა	vitrina
spotlight	ლამპარი	lampari
design	დიზაინი	dizaini
to place (put, set)	განლაგება	ganlageba
to be placed	განლაგება	ganlageba
distributor	დისტრიბიუტორი	distribiutori
supplier	მიმწოდებელი	mimts'odebeli

to supply (vt)	მიწოდება	mits'odeba
country	ქვეყანა	k'vek'ana
foreign (adj)	უცხოური	uckhouri
product	პროდუქტი	produk'ti
association	ასოციაცია	asociacia
conference hall	საკონფერენციო დარბაზი	sakonp'erencio darbazi
congress	კონგრესი	kongresi
contest (competition)	კონკურსი	konkursi
visitor	მნახველი	mnakhveli
to visit (attend)	ნახვა	nakhva
customer	შემკვეთი	shemkvet'i

119. Mass Media

newspaper	გაზეთი	gazet'i
magazine	ჟურნალი	zhurnali
press (printed media)	პრესა	presa
radio	რადიო	radio
radio station	რადიოსადგური	radiosadguri
television	ტელევიზია	televizia
presenter, host	წამყვანი	ts'amq'vani
newscaster	დიქტორი	dik'tori
commentator	კომენტატორი	komentatori
journalist	ჟურნალისტი	zhurnalisti
correspondent (reporter)	კორესპონდენტი	korespondenti
press photographer	ფოტოკორესპონდენტი	p'otokorespondenti
reporter	რეპორტიორი	reportiori
editor	რედაქტორი	redak'tori
editor-in-chief	მთავარი რედაქტორი	mt'avari redak'tori
to subscribe (to ...)	გამოწერა	gamots'era
subscription	გამოწერა	gamots'era
subscriber	გამომწერი	gamomts'eri
to read (vi, vt)	კითხვა	kit'khva
reader	მკითხველი	mkit'khveli
circulation (of newspaper)	ტირაჟი	tirazhi
monthly (adj)	ყოველთვიური	q'ovelt'viuri
weekly (adj)	ყოველკვირეული	q'ovelkvireuli
issue (edition)	ნომერი	nomeri
new (~ issue)	ახალი	akhali
headline	სათაური	sat'auri
short article	შენიშვნა	shenishvna
column (regular article)	რუბრიკა	rubrika

| article | სტატია | statia |
| page | გვერდი | gverdi |

reportage, report	რეპორტაჟი	reportazhi
event	მოვლენა	movlena
sensation (news)	სენსაცია	sensacia
scandal	სკანდალი	skandali
scandalous (adj)	სკანდალური	skandaluri
great (~ scandal)	გახმაურებული	gakhmaurebuli

program	გადაცემა	gadacema
interview	ინტერვიუ	interviu
live broadcast	პირდაპირი ტრანსლაცია	pirdapiri translacia
channel	არხი	arkhi

120. Agriculture

agriculture	სოფლის მეურნეობა	sop'lis meurneoba
peasant (masc.)	გლეხი	glekhi
peasant (fem.)	გლეხი	glekhi
farmer	ფერმერი	p'ermeri

| tractor | ტრაქტორი | trak'tori |
| combine, harvester | კომბაინი | kombaini |

plow	გუთანი	gut'ani
to plow (vi, vt)	ხვნა	khvna
plowland	ნახნავი	nakhnavi
furrow (in field)	კვალი	kvali

to sow (vi, vt)	თესვა	t'esva
seeder	სათესი მანქანა	sat'esi mank'ana
sowing (process)	თესვა	t'esva

| scythe | ცელი | celi |
| to mow, to scythe | თიბვა | t'ibva |

| shovel (tool) | ნიჩაბი | nichabi |
| to dig (cultivate) | ბარვა | barva |

hoe	თოხი	t'okhi
to hoe, to weed	გამარგვლა	gamargvla
weed (plant)	სარეველა	sarevela

watering can	წურწურა	ts'urts'ura
to water (plants)	მორწყვა	morts'q'va
watering (act)	მორწყვა	morts'q'va

| pitchfork | ფუცხი | p'uckhi |
| rake | ფოცხი | p'ockhi |

fertilizer	სასუქი	sasuk'i
to fertilize (vt)	სასუქის შეტანა	sasuk'is shetana
manure (fertilizer)	ნაკელი	nakeli
field	მინდორი	mindori
meadow	მდელო	mdelo
vegetable garden	ბოსტანი	bostani
orchard (e.g., apple ~)	ბაღი	baghi
to pasture (vt)	მწყემსვა	mts'q'emsva
herdsman	მწყემსი	mts'q'emsi
pastureland	საძოვარი	sadzovari
cattle breeding	მეცხოველეობა	meckhoveleoba
sheep farming	მეცხვარეობა	meckhvareoba
plantation	პლანტაცია	plantacia
row (garden bed ~s)	კვალი	kvali
greenhouse (hotbed)	კვალსათბური	kvalsat'buri
drought (lack of rain)	გვალვა	gvalva
dry (~ summer)	გვალვიანი	gvalviani
cereal plants	მარცვლეული	marcvleuli
to harvest, to gather	აღება	agheba
miller (person)	მეწისქვილე	mets'isk'vile
mill (e.g., gristmill)	წისქვილი	ts'isk'vili
to grind (grain)	მარცვლის დაფქვა	marclis dap'k'va
flour	ფქვილი	p'k'vili
straw	ჩალა	chala

121. Building. Building process

construction site	მშენებლობა	mshenebloba
to build (vt)	აშენება	asheneba
construction worker	მშენებელი	mshenebeli
project	პროექტი	proek'ti
architect	არქიტექტორი	ark'itek'tori
worker	მუშა	musha
foundation (of building)	საძირკველი	sadzirkveli
roof	სახურავი	sakhuravi
foundation pile	ხიმინჯი	khiminji
wall	კედელი	kedeli
reinforcing bars	არმატურა	armatura
scaffolding	სამშენებლო ხარაჩო	samsheneblo kharacho
concrete	ბეტონი	betoni

granite	გრანიტი	graniti
stone	ქვა	k'va
brick	აგური	aguri
sand	ქვიშა	k'visha
cement	ცემენტი	cementi
plaster (for walls)	ბათქაში	bat'k'ashi
to plaster (vt)	ბათქაშით შელესვა	bat'k'ashit' shelesva
paint	საღებავი	saghebavi
to paint (~ a wall)	ღებვა	ghebva
barrel	კასრი	kasri
crane	ამწე	amts'e
to lift (vt)	აწევა	ats'eva
to lower (vt)	დაშვება	dashveba
bulldozer	ბულდოზერი	buldozeri
excavator	ექსკავატორი	ek'skavatori
scoop, bucket	ციცხვი	cickhvi
to dig (excavate)	ამოთხრა	amot'khra
hard hat	კასკა	kaska

122. Science. Research. Scientists

science	მეცნიერება	mecniereba
scientific (adj)	სამეცნიერო	samecniero
scientist	მეცნიერი	mecnieri
theory	თეორია	t'eoria
axiom	აქსიომა	ak'sioma
analysis	ანალიზი	analizi
to analyze (vt)	გაანალიზება	gaanalizeba
argument (reasoning)	არგუმენტი	argumenti
substance (matter)	ნივთიერება	nivt'iereba
hypothesis	ჰიპოთეზა	h'ipot'eza
dilemma	დილემა	dilema
dissertation	დისერტაცია	disertacia
dogma	დოგმა	dogma
doctrine	დოქტრინა	dok'trina
research	გამოკვლევა	gamokvleva
to do research	გამოკვლევა	gamokvleva
testing	კონტროლი	kontroli
laboratory	ლაბორატორია	laboratoria
method	მეთოდი	met'odi
molecule	მოლეკულა	molekula
monitoring	მონიტორინგი	monitoringi
discovery (act, event)	აღმოჩენა	aghmochena

postulate	პოსტულატი	postulati
principle	პრინციპი	principi
forecast	პროგნოზი	prognozi
to forecast (vt)	პროგნოზირება	prognozireba
synthesis	სინთეზი	sint'ezi
trend (tendency)	ტენდენცია	tendencia
theorem	თეორემა	t'eorema
teachings	მოძღვრება	modzghvreba
fact	ფაქტი	p'ak'ti
expedition	ექსპედიცია	ek'spedicia
experiment	ექსპერიმენტი	ek'sperimenti
academician	აკადემიკოსი	akademikosi
bachelor (e.g., ~ of Arts)	ბაკალავრი	bakalavri
doctor (PhD)	დოქტორი	dok'tori
Associate Professor	დოცენტი	docenti
Master (e.g., ~ of Arts)	მაგისტრი	magistri
professor	პროფესორი	prop'esori

Professions and occupations

123. Job search. Dismissal

job	სამუშაო	samushao
personnel	შტატი	shtati
career	კარიერა	kariera
prospect	პერსპექტივა	perspek'tiva
skills (expertise)	ოსტატობა	ostatoba
selection (for job)	შერჩევა	shercheva
employment agency	კადრების სააგენტო	kadrebis saagento
résumé	რეზიუმე	reziume
interview (for job)	გასაუბრება	gasaubreba
vacancy, opening	ვაკანსია	vakansia
salary, pay	ხელფასი	khelp'asi
fixed salary	ხელფასი	khelp'asi
pay, compensation	საზღაური	sazghauri
position (job)	თანამდებობა	t'anamdeboba
duty (of employee)	მოვალეობა	movaleoba
range of duties	არე	are
busy (I'm ~)	დაკავებული	dakavebuli
to fire (dismiss)	დათხოვნა	dat'khovna
dismissal	დათხოვნა	dat'khovna
unemployment	უმუშევრობა	umushevroba
unemployed (n)	უმუშევარი	umushevari
retirement	პენსია	pensia
to retire (from job)	პენსიაზე გასვლა	pensiaze gasvla

124. Business people

director	დირექტორი	direk'tori
manager (director)	მმართველი	mmart'veli
boss	ხელმძღვანელი	khelmdzghvaneli
superior	უფროსი	up'rosi
superiors	უფროსობა	up'rosoba
president	პრეზიდენტი	prezidenti
chairman	თავმჯდომარე	t'avmjdomare

deputy (substitute)	მოადგილე	moadgile
assistant	თანაშემწე	t'anashemts'e
secretary	მდივანი	mdivani
personal assistant	პირადი მდივანი	piradi mdivani
businessman	ბიზნესმენი	biznesmeni
entrepreneur	მეწარმე	mets'arme
founder	დამაარსებელი	damaarsebeli
to found (vt)	დაარსება	daarseba
incorporator	დამფუძნებელი	damp'udznebeli
partner	პარტნიორი	partniori
stockholder	აქციონერი	ak'cioneri
millionaire	მილიონერი	milioneri
billionaire	მილიარდერი	miliarderi
owner, proprietor	მფლობელი	mp'lobeli
landowner	მიწათმფლობელი	mits'at'mp'lobeli
client	კლიენტი	klienti
regular client	მუდმივი კლიენტი	mudmivi klienti
buyer (customer)	მყიდველი	mq'idveli
visitor	მომსვლელი	momsvleli
professional (n)	პროფესიონალი	prop'esionali
expert	ექსპერტი	ek'sperti
specialist	სპეციალისტი	specialisti
banker	ბანკირი	bankiri
broker	ბროკერი	brokeri
cashier, teller	მოლარე	molare
accountant	ბუღალტერი	bughalteri
security guard	მცველი	mcveli
investor	ინვესტორი	investori
debtor	მოვალე	movale
creditor	კრედიტორი	kreditori
borrower	მსესხებელი	mseskhebeli
importer	იმპორტიორი	importiori
exporter	ექსპორტიორი	ek'sportiori
manufacturer	მწარმოებელი	mts'armoebeli
distributor	დისტრიბიუტორი	distribiutori
middleman	შუამავალი	shuamavali
consultant	კონსულტანტი	konsultanti
representative	წარმომადგენელი	ts'armomadgeneli
agent	აგენტი	agenti
insurance agent	დაზღვევის აგენტი	dazghvevis agenti

125. Service professions

cook	მზარეული	mzareuli
chef	შეფ-მზარეული	shep'mzareuli
baker	მცხობელი	mckhobeli
bartender	ბარმენი	barmeni
waiter	ოფიციანტი	op'icianti
waitress	ოფიციანტი	op'icianti
lawyer, attorney	ადვოკატი	advokati
lawyer (legal expert)	იურისტი	iuristi
notary	ნოტარიუსი	notariusi
electrician	მონტიორი	montiori
plumber	სანტექნიკოსი	santek'nikosi
carpenter	ხურო	khuro
masseur	მასაჟისტი	masazhisti
masseuse	მასაჟისტი	masazhisti
doctor	ექიმი	ek'imi
taxi driver	ტაქსისტი	tak'sisti
driver	მძღოლი	mdzgholi
delivery man	კურიერი	kurieri
chambermaid	დამლაგებელი	damlagebeli
security guard	მცველი	mcveli
flight attendant	სტიუარდესა	stiuardesa
teacher (in primary school)	მასწავლებელი	masts'avlebeli
librarian	ბიბლიოთეკარი	bibliot'ekari
translator	მთარგმნელი	mt'argmneli
interpreter	თარჯიმანი	t'arjimani
guide	გიდი	gidi
hairdresser	პარიკმახერი	parikmakheri
mailman	ფოსტალიონი	p'ostalioni
salesman	გამყიდველი	gamq'idveli
gardener	მებაღე	mebaghe
servant (in household)	მსახური	msakhuri
maid	მოახლე	moakhle
cleaner (cleaning lady)	დამლაგებელი	damlagebeli

126. Military professions and ranks

private	რიგითი	rigit'i
sergeant	სერჟანტი	serzhanti

lieutenant	ლეიტენანტი	leitenanti
captain	კაპიტანი	kapitani
major	მაიორი	maiori
colonel	პოლკოვნიკი	polkovniki
general	გენერალი	generali
marshal	მარშალი	marshali
admiral	ადმირალი	admirali
military man	სამხედრო	samkhedro
soldier	ჯარისკაცი	jariskaci
officer	ოფიცერი	op'iceri
commander	მეთაური	met'auri
border guard	მესაზღვრე	mesazghvre
radio operator	რადისტი	radisti
scout (searcher)	მზვერავი	mzveravi
pioneer (sapper)	მესანგრე	mesangre
marksman	მსროლელი	msroleli
navigator	შტურმანი	shturmani

127. Officials. Priests

king	მეფე	mep'e
queen	დედოფალი	dedop'ali
prince	პრინცი	princi
princess	პრინცესა	princesa
tsar, czar	მეფე	mep'e
czarina	მეფე	mep'e
president	პრეზიდენტი	prezidenti
Secretary (~ of State)	მინისტრი	ministri
prime minister	პრემიერ-მინისტრი	premier ministri
senator	სენატორი	senatori
diplomat	დიპლომატი	diplomati
consul	კონსული	konsuli
ambassador	ელჩი	elchi
advisor (military ~)	მრჩეველი	mrcheveli
official (civil servant)	მოხელე	mokhele
prefect	პრეფექტი	prep'ek'ti
mayor	მერი	meri
judge	მოსამართლე	mosamart'le
prosecutor	პროკურორი	prokurori
missionary	მისიონერი	misioneri
monk	ბერი	beri

| abbot | აბატი | abati |
| rabbi | რაბინი | rabini |

vizier	ვეზირი	veziri
shah	შახი	shakhi
sheikh	შეიხი	sheikhi

128. Agricultural professions

beekeeper	მეფუტკრე	mep'utkre
herdsman	მწყემსი	mts'q'emsi
agronomist	აგრონომი	agronomi
cattle breeder	მეცხოველე	meckhovele
veterinarian	ვეტერინარი	veterinari

farmer	ფერმერი	p'ermeri
winemaker	მეღვინე	meghvine
zoologist	ზოოლოგი	zoologi
cowboy	კოვბოი	kovboi

129. Art professions

| actor | მსახიობი | msakhiobi |
| actress | მსახიობი | msakhiobi |

| singer (masc.) | მომღერალი | momgherali |
| singer (fem.) | მომღერალი | momgherali |

| dancer (masc.) | მოცეკვავე | mocekvave |
| dancer (fem.) | მოცეკვავე | mocekvave |

| performing artist (masc.) | არტისტი | artisti |
| performing artist (fem.) | არტისტი | artisti |

musician	მუსიკოსი	musikosi
pianist	პიანისტი	pianisti
guitar player	გიტარისტი	gitaristi

conductor (of musicians)	დირიჟორი	dirizhori
composer	კომპოზიტორი	kompozitori
impresario	იმპრესარიო	impresario

movie director	რეჟისორი	rezhisori
producer	პროდიუსერი	prodiuseri
scriptwriter	სცენარისტი	scenaristi
critic	კრიტიკოსი	kritikosi
writer	მწერალი	mts'erali
poet	პოეტი	poeti

sculptor	მოქანდაკე	mok'andake
artist (painter)	მხატვარი	mkhatvari

juggler	ჟონგლიორი	zhongliori
clown	ჯამბაზი	jambazi
acrobat	აკრობატი	akrobati
magician	ფოკუსნიკი	p'okusniki

130. Various professions

doctor	ექიმი	ek'imi
nurse	მედდა	medda
psychiatrist	ფსიქიატრი	p'sik'iatri
stomatologist	სტომატოლოგი	stomatologi
surgeon	ქირურგი	k'irurgi

astronaut	ასტრონავტი	astronavti
astronomer	ასტრონომი	astronomi

driver (of taxi, etc.)	მძღოლი	mdzgholi
engineer (train driver)	მემანქანე	memank'ane
mechanic	მექანიკოსი	mek'anikosi

miner	მეშახტე	meshakhte
worker	მუშა	musha
metalworker	ზეინკალი	zeinkali
carpenter	დურგალი	durgali
turner	ხარატი	kharati
construction worker	მშენებელი	mshenebeli
welder	შემდუღებელი	shemdughebeli

professor (title)	პროფესორი	prop'esori
architect	არქიტექტორი	ark'itek'tori
historian	ისტორიკოსი	istorikosi
scientist	მეცნიერი	mecnieri
physicist	ფიზიკოსი	p'izikosi
chemist (scientist)	ქიმიკოსი	k'imikosi

archeologist	არქეოლოგი	ark'eologi
geologist	გეოლოგი	geologi
researcher	მკვლევარი	mkvlevari

babysitter	ძიძა	dzidza
teacher, educator	პედაგოგი	pedagogi

editor	რედაქტორი	redak'tori
editor-in-chief	მთავარი რედაქტორი	mt'avari redak'tori
correspondent	კორესპონდენტი	korespondenti
typist (fem.)	მბეჭდავი	mbech'davi
designer	დიზაინერი	dizaineri

computer expert	კომპიუტერის სპეციალისტი	kompiuteris specialisti
programmer	პროგრამისტი	programisti
engineer (designer)	ინჟინერი	inzhineri
sailor	მეზღვაური	mezghvauri
seaman	მატროსი	matrosi
rescuer	მაშველი	mashveli
fireman	მეხანძრე	mekhandzre
policeman	პოლიციელი	policieli
watchman	დარაჯი	daraji
detective	მაძებარი	madzebari
customs officer	მებაჟე	mebazhe
bodyguard	მცველი	mcveli
prison guard	მეთვალყურე	met'valq'ure
inspector	ინსპექტორი	inspek'tori
sportsman	სპორტსმენი	sportsmeni
trainer, coach	მწვრთნელი	mts'vrt'neli
butcher	ყასაბი	q'asabi
cobbler	მეჩექმე	mechek'me
merchant	კომერსანტი	komersanti
loader (person)	მტვირთავი	mtvirt'avi
fashion designer	მოდელიერი	modelieri
model (fem.)	მოდელი	modeli

131. Occupations. Social status

schoolboy	სკოლის მოსწავლე	skolis mosts'avle
student (college ~)	სტუდენტი	studenti
philosopher	ფილოსოფოსი	p'ilosop'osi
economist	ეკონომისტი	ekonomisti
inventor	გამომგონებელი	gamomgonebeli
unemployed (n)	უმუშევარი	umushevari
retiree	პენსიონერი	pensioneri
spy, secret agent	ჯაშუში	jashushi
prisoner	პატიმარი	patimari
striker	გაფიცული	gap'iculi
bureaucrat	ბიუროკრატი	biurokrati
traveler	მოგზაური	mogzauri
homosexual	ჰომოსექსუალისტი	h'omosek'sualisti
hacker	ჰაკერი	h'akeri
hippie	ჰიპი	h'ipi

bandit	ბანდიტი	banditi
hit man, killer	დაქირავებული მკვლელი	dak'iravebuli mkvleli
drug addict	ნარკომანი	narkomani
drug dealer	ნარკოტიკებით მოვაჭრე	narkotikebit' movach're
prostitute (fem.)	მეძავი	medzavi
pimp	სუტენიორი	suteniori
sorcerer	ჯადოსანი	jadosani
sorceress	ჯადოსანი	jadosani
pirate	მეკობრე	mekobre
slave	მონა	mona
samurai	სამურაი	samurai
savage (primitive)	ველური	veluri

Sports

132. Kinds of sports. Sportspersons

sportsman	სპორტსმენი	sportsmeni
kind of sports	სპორტის სახეობა	sportis sakheoba
basketball	კალათბურთი	kalat'burt'i
basketball player	კალათბურთელი	kalat'burt'eli
baseball	ბეისბოლი	beisboli
baseball player	ბეისბოლისტი	beisbolisti
soccer	ფეხბურთი	p'ekhburt'i
soccer player	ფეხბურთელი	p'ekhburt'eli
goalkeeper	მეკარე	mekare
hockey	ჰოკეი	h'okei
hockey player	ჰოკეისტი	h'okeisti
volleyball	ფრენბურთი	p'renburt'i
volleyball player	ფრენბურთელი	p'renburt'eli
boxing	კრივი	krivi
boxer	მოკრივე	mokrive
wrestling	ჭიდაობა	ch'idaoba
wrestler	მოჭიდავე	moch'idave
karate	კარატე	karate
karate fighter	კარატისტი	karatisti
judo	ძიუდო	dziudo
judo athlete	ძიუდოისტი	dziudoisti
tennis	ჩოგბურთი	chogburt'i
tennis player	ჩოგბურთელი	chogburt'eli
swimming	ცურვა	curva
swimmer	მოცურავე	mocurave
fencing	ფარიკაობა	p'arikaoba
fencer	მოფარიკავე	mop'arikave
chess	ჭადრაკი	ch'adraki
chess player	მოჭადრაკე	moch'adrake

alpinism	ალპინიზმი	alpinizmi
alpinist	ალპინისტი	alpinisti
running	რბენა	rbena
runner	მორბენალი	morbenali
athletics	მძლეოსნობა	mdzleosnoba
athlete	მძლეოსანი	mdzleosani
horseback riding	ცხენოსნობა	ckhenosnoba
horse rider	ცხენოსანი	ckhenosani
figure skating	ფიგურული სრიალი	p'iguruli sriali
figure skater (masc.)	ფიგურისტი	p'iguristi
figure skater (fem.)	ფიგურისტი	p'iguristi
weightlifting	ძალოსნობა	dzalosnoba
car racing	ავტორბოლა	avtorbola
racing driver	მრბოლელი	mrboleli
cycling	ველოსპორტი	velosporti
cyclist	ველოსიპედისტი	velosipedisti
broad jump	სიგრძეზე ხტომა	sigrdzeze khtoma
pole vault	ჭოკით ხტომა	ch'okit' khtoma
jumper	მხტომელი	mkhtomeli

133. Kinds of sports. Miscellaneous

football	ამერიკული ფეხბურთი	amerikuli p'ekhburt'i
badminton	ბადმინტონი	badmintoni
biathlon	ბიატლონი	biatloni
billiards	ბილიარდი	biliardi
bobsled	ბობსლეი	bobslei
bodybuilding	ბოდიბილდინგი	bodibildingi
water polo	წყალბურთი	ts'q'alburt'i
handball	განდბოლი	gandboli
golf	გოლფი	golp'i
rowing	ნიჩბოსნობა	nichbosnoba
diving	დაივინგი	daivingi
cross-country skiing	სათხილამურო რბოლა	sat'khilamuro rbola
ping-pong	მაგიდის ჩოგბურთი	magidis chogburt'i
sailing	საიალქნო სპორტი	saialk'no sporti
rally	რალი	rali
rugby	რეგბი	regbi
snowboarding	სნოუბორდი	snoubordi
archery	მშვილდის სროლა	mshvildis srola

134. Gym

barbell	შტანგა	shtanga
dumbbells	ჰანტელი	h'anteli
training machine	ტრენაჟორი	trenazhori
bicycle trainer	ველოტრენაჟორი	velotrenazhori
treadmill	სარბენი ბილიკი	sarbeni biliki
horizontal bar	ძელი	dzeli
parallel bars	ორძელი	ordzeli
vaulting horse	ტაიჭი	taich'i
mat (in gym)	საგები	sagebi
jump rope	სახტუნელა	sakhtunela
aerobics	აერობიკა	aerobika
yoga	იოგა	ioga

135. Hockey

hockey	ჰოკეი	h'okei
hockey player	ჰოკეისტი	h'okeisti
to play hockey	ჰოკეის თამაში	h'okeis t'amash'i
ice	ყინული	q'inuli
puck	შაიბა	shaiba
hockey stick	ჰოკიჯოხა	h'okijoha
ice skates	ციგურები	cigurebi
board	ბორტი	borti
shot	ტყორცნა	tq'orcna
goaltender	მეკარე	mekare
goal (score)	გოლი	goli
to score a goal	გოლის გატანა	golis gatana
period	პერიოდი	periodi
second period	მეორე პერიოდი	meore periodi
substitutes bench	სათადარიგოთა სკამი	sat'adarigot'a skami

136. Football

soccer	ფეხბურთი	p'ekhburt'i
soccer player	ფეხბურთელი	p'ekhburt'eli
to play soccer	ფეხბურთის თამაში	p'ekhburt'is t'amashi
major league	უმაღლესი ლიგა	umaghlesi liga
soccer club	ფეხბურთის კლუბი	p'ekhburt'is klubi

coach	მწვრთნელი	mts'vrt'neli
owner, proprietor	მფლობელი	mp'lobeli
team	გუნდი	gundi
team captain	გუნდის კაპიტანი	gundis kapitani
player	მოთამაშე	mot'amashe
substitute	სათადარიგო მოთამაშე	sat'adarigo mot'amashe
forward	თავდამსხმელი	t'avdamskhmeli
center forward	ცენტრალური თავდამსხმელი	centraluri t'avdamskhmeli
striker, scorer	ბომბარდირი	bombardiri
defender, back	დამცველი	damcveli
halfback	ნახევარდამცველი	nakhevardamcveli
match	მატჩი	matchi
to meet (vi, vt)	შეხვედრა	shekhvedra
final	ფინალი	p'inali
semi-final	ნახევარფინალი	nakhevarp'inali
championship	ჩემპიონატი	chempionati
period, half	ტაიმი	taimi
first period	პირველი ტაიმი	pirveli taimi
half-time	შესვენება	shesveneba
goal	კარი	kari
goalkeeper	მეკარე	mekare
goalpost	ძელი	dzeli
crossbar	ძელი	dzeli
net	ბადე	bade
to concede a goal	გოლის გაშვება	golis gashveba
ball	ბურთი	burt'i
pass	პასი	pasi
kick	დარტყმა	dartq'ma
to kick (~ the ball)	დარტყმის შესრულება	dartq'mis shesruleba
free kick	საჯარიმო დარტყმა	sajarimo dartq'ma
corner kick	კუთხური დარტყმა	kut'khuri dartq'ma
attack	იერიში	ierishi
counterattack	კონტრიერიში	kontrierishi
combination	კომბინაცია	kombinacia
referee	არბიტრი	arbitri
to whistle (vi)	სტვენა	stvena
whistle (sound)	სასტვენი	sastveni
foul, misconduct	დარღვევა	darghveva
to commit a foul	დარღვევა	darghveva
to send off	მინდვრიდან გაძევება	mindvridan gadzeveba
yellow card	ყვითელი ბარათი	q'vit'eli barat'i
red card	წითელი ბარათი	ts'it'eli barat'i

| disqualification | დისკვალიფიკაცია | diskvalip'ikacia |
| to disqualify (vt) | დისკვალიფიცირება | diskvalip'icireba |

penalty kick	პენალტი	penalti
wall	კედელი	kedeli
to score (vi, vt)	გატანა	gatana
goal (score)	გოლი	goli
to score a goal	გოლის გატანა	golis gatana

substitution	შეცვლა	shecvla
to replace (vt)	შეცვლა	shecvla
rules	წესები	ts'esebi
tactics	ტაქტიკა	tak'tika

stadium	სტადიონი	stadioni
stand (bleacher)	ტრიბუნა	tribuna
fan, supporter	ფანი, გულშემატკივარი	p'ani, gulshematkivari
to shout (vi)	ყვირილი	q'virili

| scoreboard | ტაბლო | tablo |
| score | ანგარიში | angarishi |

defeat	დამარცხება	damarckheba
to lose (not win)	წაგება	ts'ageba
draw	ფრე	p're
to draw (vi)	თამაშის ფრედ დამთავრება	t'amashis p'red damt'avreba

victory	გამარჯვება	gamarjveba
to win (vi, vt)	გამარჯვება	gamarjveba
champion	ჩემპიონი	chempioni
the best (adj)	საუკეთესო	sauket'eso
to congratulate (vt)	მილოცვა	milocva

commentator	კომენტატორი	komentatori
to commentate (vt)	კომენტირება	komentireba
broadcast	ტრანსლაცია	translacia

137. Alpine skiing

| skis | თხილამურები | t'khilamurebi |
| to ski (vi) | თხილამურებით სრიალი | t'khilamurebit' sriali |

| mountain-ski resort | სამთო-სათხილამურო კურორტი | samt'o-sat'khilamuro kurorti |
| ski lift | საწეველა | sats'evela |

ski poles	ჯოხები	jokhebi
slope	ფერდობი	p'erdobi
slalom	სლალომი	slalomi

138. Tennis. Golf

golf	გოლფი	golp'i
golf club	გოლფის კლუბი	golp'is klubi
golfer	გოლფის მოთამაშე	golp'is mot'amashe

hole	ფოსო	p'oso
club	ჰოკიჯოხა	h'okijoha
golf trolley	ჰოკიჯოხების ურიკა	h'okijohebis urika

tennis	ჩოგბურთი	chogburt'i
tennis court	კორტი	korti
serve	მიწოდება	mits'odeba
to serve (vt)	მიწოდება	mits'odeba
racket	ჩოგანი	chogani
net	ბადე	bade
ball	ბურთი	burt'i

139. Chess

chess	ჭადრაკი	ch'adraki
chessmen	ჭადრაკი	ch'adraki
chess player	მოჭადრაკე	moch'adrake
chessboard	საჭადრაკო დაფა	sach'adrako dap'a
chessman	ფიგურა	p'igura

White (white pieces)	თეთრები	t'et'rebi
Black (black pieces)	შავები	shavebi

pawn	პაიკი	paiki
bishop	კუ	ku
knight	მხედარი	mkhedari
rook (castle)	ეტლი	etli
queen	ლაზიერი	lazieri
king	მეფე	mep'e

move	სვლა	svla
to move (vi, vt)	სვლა	svla
to sacrifice (vt)	შეწირვა	shets'irva
castling	როქი	rok'i

check	ქიში	k'ishi
checkmate	შამათი	shamat'i

chess tournament	საჭადრაკო ტურნირი	sach'adrako turniri
Grand Master	გროსმეისტერი	grosmeisteri
combination	კომბინაცია	kombinacia
game (in chess)	პარტია	partia
checkers	შაში	shashi

140. Boxing

boxing	კრივი	krivi
fight (bout)	ბრძოლა	brdzola
boxing match	პაექრობა	paek'roba
round (in boxing)	რაუნდი	raundi
ring	რინგი	ringi
gong	გონგი	gongi
punch	დარტყმა	dartq'ma
knock-down	ნოკდაუნი	nokdauni
knockout	ნოკაუტი	nokauti
to knock out	ნოკაუტში ჩაგდება	nokautshi chagdeba
boxing glove	მოკრივეს ხელთათმანი	mokrives khelt'at'mani
referee	რეფერი	rep'eri
lightweight	მსუბუქი წონა	msubuk'i ts'ona
middleweight	საშუალო წონა	sashualo ts'ona
heavyweight	მძიმე წონა	mdzime ts'ona

141. Sports. Miscellaneous

Olympic Games	ოლიმპიური თამაშები	olimpiuri t'amashebi
winner	გამარჯვებული	gamarjvebuli
to be winning	გამარჯვება	gamarjveba
to win (vi)	მოგება	mogeba
leader	ლიდერი	lideri
to lead (vi)	ლიდერობა	lideroba
first place	პირველი ადგილი	pirveli adgili
second place	მეორე ადგილი	meore adgili
third place	მესამე ადგილი	mesame adgili
medal	მედალი	medali
trophy	ნადავლი	nadavli
prize cup (trophy)	თასი	t'asi
prize (in game)	პრიზი	prizi
main prize	მთავარი პრიზი	mt'avari prizi
record	რეკორდი	rekordi
to set a record	რეკორდის დამყარება	rekordis damq'areba
final	ფინალი	p'inali
final (adj)	ფინალური	p'inaluri
champion	ჩემპიონი	chempioni
championship	ჩემპიონატი	chempionati

stadium	სტადიონი	stadioni
stand (bleacher)	ტრიბუნა	tribuna
fan, supporter	გულშემატკივარი	gulshematkivari
opponent, rival	მოწინააღმდეგე	mots'inaaghmdege

start	სტარტი	starti
finish line	ფინიში	p'inishi

defeat	დამარცხება	damarckheba
to lose (not win)	წაგება	ts'ageba

referee	მსაჯი	msaji
judges	ჟიური	zhiuri
score	ანგარიში	angarishi
draw	ფრე	p're
to draw (vi)	თამაშის ფრედ დამთავრება	t'amashis p'red damt'avreba
point	ქულა	k'ula
result (final score)	შედეგი	shedegi

half-time	შესვენება	shesveneba
doping	დოპინგი	dopingi
to penalize (vt)	დაჯარიმება	dajarimeba
to disqualify (vt)	დისკვალიფიცირება	diskvalip'icireba

apparatus	იარაღი	iaraghi
javelin	შუბი	shubi
shot put ball	ბირთვი	birt'vi
ball (snooker, etc.)	ბურთი	burt'i

aim (target)	მიზანი	mizani
target	სამიზნე	samizne
to shoot (vi)	სროლა	srola
precise (~ shot)	ზუსტი	zusti

trainer, coach	მწვრთნელი	mts'vrt'neli
to train (sb)	წვრთნა	ts'vrt'na
to train (vi)	ვარჯიში	vardjishi
training	ვარჯიში	vardjishi

gym	სპორტდარბაზი	sportdarbazi
exercise (physical)	ვარჯიში	vardjishi
warm-up (of athlete)	მოთელვა	mot'elva

Education

142. School

school	სკოლა	skola
headmaster	სკოლის დირექტორი	skolis direk'tori
pupil (boy)	მოწაფე	mots'ap'e
pupil (girl)	მოწაფე	mots'ap'e
schoolboy	მოსწავლე	mosts'avle
schoolgirl	მოსწავლე	mosts'avle
to teach (sb)	სწავლება	sts'avleba
to learn (language, etc.)	სწავლა	sts'avla
to learn by heart	ზეპირად სწავლა	zepirad sts'avla
to study (work to learn)	სწავლა	sts'avla
to be in school	სწავლა	sts'avla
to go to school	სკოლაში სვლა	skolashi svla
alphabet	ანბანი	anbani
subject (at school)	საგანი	sagani
classroom	კლასი	klasi
lesson	გაკვეთილი	gakvet'ili
recess	შესვენება	shesveneba
school bell	ზარი	zari
desk (for pupil)	მერხი	merkhi
chalkboard	დაფა	dap'a
grade	ნიშანი	nishani
good grade	კარგი ნიშანი	kargi nishani
bad grade	ცუდი ნიშანი	cudi nishani
to give a grade	ნიშნის დაწერა	nishnis dats'era
mistake	შეცდომა	shecdoma
to make mistakes	შეცდომის დაშვება	shecdomis dashveba
to correct (an error)	გამოსწორება	gamosts'oreba
cheat sheet	შპარგალკა	shpargalka
homework	საშინაო დავალება	sashinao davaleba
exercise (in education)	სავარჯიშო	savarjisho
to be present	დასწრება	dasts'reba
to be absent	არყოფნა	arq'op'na
to miss school	გაკვეთილების გაცდენა	gakvet'ilis gacdena

to punish (vt)	დასჯა	dasdja
punishment	სასჯელი	sasdjeli
conduct (behavior)	ყოფაქცევა	k'op'ak'ceva

report card	დღიური	dghiuri
pencil	ფანქარი	p'ank'ari
eraser	საშლელი	sashleli
chalk	ცარცი	carci
pencil case	საკალმე	sakalme

schoolbag	ჩანთა	chant'a
pen	კალმისტარი	kalmistari
school notebook	რვეული	rveuli
textbook	სახელმძღვანელო	sakhelmdzghvanelo
compasses	ფარგალი	p'argali

| to draw (a blueprint, etc.) | ხაზვა | khazva |
| technical drawing | ნახაზი | nakhazi |

poem	ლექსი	lek'si
by heart (adv)	ზეპირად	zepirad
to learn by heart	ზეპირად სწავლა	zepirad sts'avla

school vacation	არდადეგები	ardadegebi
to be on vacation	არდადეგებზე ყოფნა	ardadegebze q'op'na
to spend one's vacation	არდადეგების გატარება	ardadegebis gatareba

quiz (at school)	საკონტროლო სამუშაო	sakontrolo samushao
essay (composition)	თხზულება	t'khzuleba
dictation	კარნახი	karnakhi
exam	გამოცდა	gamocda
to take an exam	გამოცდების ჩაბარება	gamocdebis chabareba
experiment (chemical ~)	ცდა	cda

143. College. University

academy	აკადემია	akademia
university	უნივერსიტეტი	universiteti
faculty (section)	ფაკულტეტი	p'akulteti

student (masc.)	სტუდენტი	studenti
student (fem.)	სტუდენტი	studenti
lecturer (teacher)	მასწავლებელი	masts'avlebeli

lecture hall, room	აუდიტორია	auditoria
graduate	კურსდამთავრებული	kursdamt'avrebuli
diploma	დიპლომი	diplomi
dissertation	დისერტაცია	disertacia
study (report)	გამოკვლევა	gamokvleva
laboratory	ლაბორატორია	laboratoria

lecture	ლექცია	lek'cia
course mate	თანაკურსელი	t'anakurseli
scholarship	სტიპენდია	stipendia
academic degree	სამეცნიერო ხარისხი	samecniero khariskhi

144. Sciences. Disciplines

mathematics	მათემატიკა	mat'ematika
algebra	ალგებრა	algebra
geometry	გეომეტრია	geometria

astronomy	ასტრონომია	astronomia
biology	ბიოლოგია	biologia
geography	გეოგრაფია	geograp'ia
geology	გეოლოგია	geologia
history	ისტორია	istoria

medicine	მედიცინა	medicina
pedagogy	პედაგოგიკა	pedagogika
law	სამართალი	samart'ali

physics	ფიზიკა	p'izika
chemistry	ქიმია	k'imia
philosophy	ფილოსოფია	p'ilosop'ia
psychology	ფსიქოლოგია	p'sik'ologia

145. Writing system. Orthography

grammar	გრამატიკა	gramatika
vocabulary	ლექსიკა	lek'sika
phonetics	ფონეტიკა	p'onetika

| noun | არსებითი სახელი | arsebit'i sakheli |
| adjective | ზედსართავი სახელი | zedsart'avi sakheli |

| verb | ზმნა | zmna |
| adverb | ზმნიზედა | zmnizeda |

pronoun	ნაცვალსახელი	nacvalsakheli
interjection	შორისდებული	shorisdebuli
preposition	წინდებული	ts'indebuli

root	სიტყვის ძირი	sitq'vis dziri
ending	დაბოლოება	daboloeba
prefix	წინსართი	ts'insart'i
syllable	მარცვალი	marcvali
suffix	სუფიქსი	sup'ik'si
stress mark	მახვილი	makhvili

apostrophe	აპოსტროფი	apostrop'i
period, dot	წერტილი	ts'ertili
comma	მძიმე	mdzime
semicolon	წერტილ-მძიმე	ts'ertilmdzime
colon	ორწერტილი	orts'ertili
ellipsis	მრავალწერტილი	mravalts'ertili
question mark	კითხვის ნიშანი	kit'khvis nishani
exclamation point	ძახილის ნიშანი	dzakhilis nishani
quotation marks	ბრჭყალები	brch'q'alebi
in quotation marks	ბრჭყალებში	brch'q'alebshi
parenthesis	ფრჩხილები	p'rchkhilebi
in parenthesis	ფრჩხილებში	p'rchkhilebshi
hyphen	დეფისი	dep'isi
dash	ტირე	tire
space (between words)	შუალედი	shualedi
letter	ასო	aso
capital letter	დიდი ასო	didi aso
vowel (n)	ხმოვანი ბგერა	khmovani bgera
consonant (n)	თანხმოვანი ბგერა	t'ankhmovani bgera
sentence	წინადადება	ts'inadadeba
subject	ქვემდებარე	k'vemdebare
predicate	შემასმენელი	shemasmeneli
line	სტრიქონი	strik'oni
on a new line	ახალი სტრიქონიდან	akhali strik'onidan
paragraph	აბზაცი	abzaci
word	სიტყვა	sitq'va
word group	შესიტყვება	shesitq'veba
expression	გამოთქმა	gamot'k'ma
synonym	სინონიმი	sinonimi
antonym	ანტონიმი	antonimi
rule	წესი	ts'esi
exception	გამონაკლისი	gamonaklisi
correct (adj)	სწორი	sts'ori
conjugation	უღლება	ughleba
declension	ბრუნება	bruneba
nominal case	ბრუნვა	brunva
question	კითხვა	kit'khva
to underline (vt)	ხაზის გასმა	khazis gasma
dotted line	პუნქტირი	punk'tiri

146. Foreign languages

language	ენა	ena
foreign (adj)	უცხო	uckho
to study (vt)	შესწავლა	shests'avla
to learn (language, etc.)	სწავლა	sts'avla

to read (vi, vt)	კითხვა	kit'khva
to speak (vi, vt)	ლაპარაკი	laparaki
to understand (vt)	გაგება	gageba
to write (vt)	წერა	ts'era

fast (adv)	სწრაფად	sts'rap'ad
slowly (adv)	ნელა	nela
fluently (adv)	თავისუფლად	t'avisup'lad

rules	წესები	ts'esebi
grammar	გრამატიკა	gramatika
vocabulary	ლექსიკა	lek'sika
phonetics	ფონეტიკა	p'onetika

textbook	სახელმძღვანელო	sakhelmdzghvanelo
dictionary	ლექსიკონი	lek'sikoni
teach-yourself book	თვითმასწავლებელი	t'vit'masts'avlebeli
phrasebook	სასაუბრო	sasaubro
cassette	კასეტი	kaseti
videotape	ვიდეოკასეტი	videokaseti
CD, compact disc	კომპაქტური დისკი	kompak'turi disk'i
DVD	დივიდი	dividi

alphabet	ანბანი	anbani
to spell (vt)	ასოებით გამოთქმა	asoebit' gamot'k'ma
pronunciation	გამოთქმა	gamot'k'ma

accent	აქცენტი	ak'centi
with an accent	აქცენტით	ak'centit'
without an accent	უაქცენტოდ	uak'centod

word	სიტყვა	sitq'va
meaning	მნიშვნელობა	mnishvneloba

course (e.g., a French ~)	კურსები	kursebi
to sign up	ჩაწერა	ts'hats'era
teacher	მასწავლებელი	masts'avlebeli

translation (process)	თარგმნა	t'argmna
translation (text, etc.)	თარგმანი	t'argmani
translator	მთარგმნელი	mt'argmneli
interpreter	თარჯიმანი	t'arjimani
polyglot	პოლიგლოტი	poligloti
memory	მეხსიერება	mekhsiereba

147. Fairy tale characters

Santa Claus	სანტა კლაუსი	santa klausi
Cinderella	კონკია	konkia
mermaid	ალი	ali
Neptune	ნეპტუნი	neptuni
magician, wizard	ჯადოქარი	djadok'ari
good witch	ჯადოქარი	djadok'ari
magic (adj)	ჯადოსნური	jadosnuri
magic wand	ჯადოსნური ჯოხი	jadosnuri jokhi
fairy tale	ზღაპარი	zghapari
miracle	სასწაული	sasts'auli
dwarf	გნომი	gnomi
to turn into ...	ქცევა	k'ceva
ghost	მოჩვენება	mochveneba
phantom	აჩრდილი	achrdili
monster	ურჩხული	urchkhuli
dragon	გველეშაპი	gveleshapi
giant	გოლიათი	goliat'i

148. Zodiac Signs

Aries	ვერძი	verdzi
Taurus	კურო	kuro
Gemini	ტყუპები	tq'upebi
Cancer	კიბორჩხალა	kiborchkhala
Leo	ლომი	lomi
Virgo	ქალწული	k'alts'uli
Libra	სასწორი	sasts'ori
Scorpio	ღრიანკალი	ghriankali
Sagittarius	მშვილდოსანი	mshvildosani
Capricorn	თხის რქა	t'khis rk'a
Aquarius	მერწყული	merts'q'uli
Pisces	თევზები	t'evzebi
character	ხასიათი	khasiat'i
features of character	ხასიათის თვისებები	khasiat'is t'visebebi
behavior	ყოფაქცევა	k'op'ak'ceva
to tell fortunes	მკითხაობა	mkit'khaoba
fortune-teller	მკითხავი	mkit'khavi
horoscope	ჰოროსკოპი	h'oroskopi

Arts

149. Theater

theater	თეატრი	t'eatri
opera	ოპერა	opera
operetta	ოპერეტა	opereta
ballet	ბალეტი	baleti

playbill	აფიშა	ap'isha
theatrical company	დასი	dasi
tour	გასტროლები	gastrolebi
to be on tour	გასტროლებზე ყოფნა	gastrolebze q'op'na
to rehearse (vi, vt)	რეპეტიციის გავლა	repeticiis gavla
rehearsal	რეპეტიცია	repeticia
repertoire	რეპერტუარი	repertuari

performance	წარმოდგენა	ts'armodgena
stage show	სპექტაკლი	spek'takli
play	პიესა	piesa

ticket	ბილეთი	bilet'i
Box office	საბილეთო სალარო	sabilet'o salaro
lobby, foyer	ჰოლი	h'oli
coat check	გარდერობი	garderobi
coat check tag	ნომერი	nomeri
binoculars	დურბინდი	durbindi
usher	კონტროლიორი	kontroliori

orchestra seats	პარტერი	parteri
balcony	ბალკონი	balkoni
dress circle	ბელეტაჟი	beletazhi
box	ლოჟა	lozha
row	რიგი	rigi
seat	ადგილი	adgili

audience	მაყურებლები	maq'ureblebi
spectator	მაყურებელი	maq'urebeli
to clap (vi, vt)	ტაშისკვრა	tashiskvra
applause	აპლოდისმენტები	aplodismentebi
ovation	ოვაციები	ovaciebi

stage	სცენა	scena
curtain	ფარდა	p'arda
scenery	დეკორაცია	dekoracia
backstage	კულისები	kulisebi

scene (e.g., the last ~)	სცენა	scena
act	მოქმედება	mok'medeba
intermission	ანტრაქტი	antrak'ti

150. Cinema

| actor | მსახიობი | msakhiobi |
| actress | მსახიობი | msakhiobi |

movies (industry)	კინო	kino
movie	კინო	kino
episode	სერია	seria

detective	დეტექტივი	detek'tivi
action movie	კინობოევიკი	kinoboeviki
adventure movie	სათავგადასავლო ფილმი	sat'avgadasavlo p'ilmi
science fiction movie	ფანტასტიკური ფილმი	p'antastikuri p'ilmi
horror movie	საშინელებათა ფილმი	sashinelebat'a p'ilmi

comedy movie	კინოკომედია	kinokomedia
melodrama	მელოდრამა	melodrama
drama	დრამა	drama

fictional movie	მხატვრული ფილმი	mkhatvruli p'ilmi
documentary	დოკუმენტური ფილმი	dokumenturi p'ilmi
cartoon	მულტფილმი	multp'ilmi
silent movies	მუნჯი კინო	munji kino

role	როლი	roli
leading role	მთავარი როლი	mt'avari roli
to play (vi, vt)	შესრულება	shesruleba

movie star	კინოვარსკვლავი	kinovarskvlavi
well-known (adj)	ცნობილი	cnobili
famous (adj)	სახელგანთქმული	sakhelgant'k'muli
popular (adj)	პოპულარული	popularuli

script (screenplay)	სცენარი	scenari
scriptwriter	სცენარისტი	scenaristi
movie director	რეჟისორი	rezhisori
producer	პროდიუსერი	prodiuseri
assistant	ასისტენტი	asistenti
cameraman	ოპერატორი	operatori
stuntman	კასკადიორი	kaskadiori

to shoot a movie	ფილმის გადაღება	p'ilmis gadagheba
audition, screen test	საცდელი გადაღებები	sacdeli gadaghebebi
shooting	გადაღებები	gadaghebebi
movie crew	გადამღები ჯგუფი	gadamghebi jgup'i
movie set	გადასაღები მოედანი	gadasaghebi moedani

camera	კინოკამერა	kinokamera
movie theater	კინოთეატრი	kinot'eatri
screen (e.g., big ~)	ეკრანი	ekrani
to show a movie	ფილმის ჩვენება	p'ilmis chveneba
soundtrack	ხმოვანი ბილიკი	khmovani biliki
special effects	სპეციალური ეფექტები	specialuri ep'ek'tebi
subtitles	სუბტიტრები	subtitrebi
credits	ტიტრები	titrebi
translation	თარგმანი	t'argmani

151. Painting

art	ხელოვნება	khelovneba
fine arts	კაზმული ხელოვნებები	kazmuli khelovnebebi
art gallery	გალერეა	galerea
art exhibition	სურათების გამოფენა	surat'ebis gamop'ena
painting	ფერწერა	p'erts'era
graphic art	გრაფიკა	grap'ika
abstract art	აბსტრაქციონიზმი	abstrak'cionizmi
impressionism	იმპრესიონიზმი	impresionizmi
picture (painting)	სურათი	surat'i
drawing	ნახატი	nakhati
poster	პლაკატი	plakati
illustration (picture)	ილუსტრაცია	ilustracia
miniature	მინიატურა	miniatura
copy (of painting, etc.)	ასლი	asli
reproduction	რეპროდუქცია	reproduk'cia
mosaic	მოზაიკა	mozaika
stained glass	ვიტრაჟი	vitrazhi
fresco	ფრესკა	p'reska
engraving	გრავიურა	graviura
bust (sculpture)	ბიუსტი	biusti
sculpture	ქანდაკება	k'andakeba
statue	ქანდაკება	k'andakeba
plaster of Paris	თაბაშირი	t'abashiri
plaster (as adj)	თაბაშირისა	t'abashirisa
portrait	პორტრეტი	portreti
self-portrait	ავტოპორტრეტი	avtoportreti
landscape	პეიზაჟი	peizaji
still life	ნატურმორტი	naturmorti
caricature	კარიკატურა	karikatura
sketch	მონახაზი	monakhazi
paint	საღებავი	saghebavi

watercolor	წყალსაღებავი	ts'q'alsaghebavi
oil (paint)	ზეთი	zet'i
pencil	ფანქარი	p'ank'ari
Indian ink	ტუში	tushi
charcoal	ნახშირი	nakhshiri

| to draw (vi, vt) | ხატვა | khatva |
| to paint (vi, vt) | ხატვა | khatva |

to pose (vi)	პოზირება	pozireba
artist's model (masc.)	მენატურე	menature
artist's model (fem.)	მენატურე	menature

artist (painter)	მხატვარი	mkhatvari
work of art	ნაწარმოები	nats'armoebi
masterpiece	შედევრი	shedevri
workshop (of artist)	სახელოსნო	sakhelosno

canvas (cloth)	ტილო	tilo
easel	მოლბერტი	molberti
palette	პალიტრა	palitra

frame (of picture, etc.)	ჩარჩო	charcho
restoration	რესტავრაცია	restavracia
to restore (vt)	რესტავრაციის მოხდენა	restavraciis mokhdena

152. Literature & Poetry

literature	ლიტერატურა	literatura
author (writer)	ავტორი	avtori
pseudonym	ფსევდონიმი	p'sevdonimi

book	წიგნი	ts'igni
volume	ტომი	tomi
table of contents	სარჩევი	sarchevi
page	გვერდი	gverdi
main character	მთავარი გმირი	mt'avari gmiri
autograph	ავტოგრაფი	avtograp'i

short story	მოთხრობა	mot'khroba
story (novella)	მოთხრობა	mot'khroba
novel	რომანი	romani
work (writing)	თხზულება	t'khzuleba
fable	იგავ-არაკი	igav-araki
detective novel	დეტექტივი	detek'tivi

poem (verse)	ლექსი	lek'si
poetry	პოეზია	poezia
poem (epic, ballad)	პოემა	poema
poet	პოეტი	poeti

fiction	ბელეტრისტიკა	beletristika
science fiction	სამეცნიერო ფანტასტიკა	samecniero p'antastika
adventures	თავგადასავლები	t'avgadasavlebi
educational literature	სასწავლო ლიტერატურა	sasts'avlo literatura
children's literature	საბავშვო ლიტერატურა	sabavshvo literatura

153. Circus

circus	ცირკი	cirki
big top (circus)	ცირკი–შაპიტო	cirki-shapito
program	პროგრამა	programa
performance	წარმოდგენა	ts'armodgena
act (circus ~)	ნომერი	nomeri
circus ring	არენა	arena
pantomime (act)	პანტომიმა	pantomima
clown	კლოუნი	klouni
acrobat	აკრობატი	akrobati
acrobatics	აკრობატიკა	akrobatika
gymnast	ტანმოვარჯიშე	tanmovarjishe
gymnastics	ტანვარჯიში	tanvarjishi
somersault	სალტო	salto
athlete (strongman)	ათლეტი	at'leti
animal-tamer	მომთვინიერებელი	momt'vinierebeli
equestrian	ცხენოსანი	ckhenosani
assistant	ასისტენტი	asistenti
stunt	ტრიუკი	triuki
conjuring trick	ფოკუსი	p'okusi
conjurer, magician	ფოკუსნიკი	p'okusniki
juggler	ჟონგლიორი	zhongliori
to juggle (vi, vt)	ჟონგლიორობა	zhonglioroba
animal trainer	ცხოველების მწვრთნელი	ckhovelebis mts'vrt'neli
animal training	წვრთნა	ts'vrt'na
to train (animals)	წვრთნა	ts'vrt'na

154. Music. Pop music

music	მუსიკა	musika
musician	მუსიკოსი	musikosi
musical instrument	მუსიკალური ინსტრუმენტი	musikaluri instrumenti
to play ...	დაკვრა	dakvra
guitar	გიტარა	gitara

violin	ვიოლინო	violino
cello	ვიოლონჩელო	violoncheli
double bass	კონტრაბასი	kontrabasi
harp	არფა	arp'a
piano	პიანინო	pianino
grand piano	როიალი	roiali
organ	ორგანი	organi
wind instruments	ჩასაბერი ინსტრუმენტები	chasaberi instrumentebi
oboe	ჰობოი	h'oboi
saxophone	საქსოფონი	sak'sop'oni
clarinet	კლარნეტი	klarneti
flute	ფლეიტა	p'leita
trumpet	საყვირი	saq'viri
accordion	აკორდეონი	akordeoni
drum	დოლი	doli
duo	დუეტი	dueti
trio	ტრიო	trio
quartet	კვარტეტი	kvarteti
choir	გუნდი	gundi
orchestra	ორკესტრი	orkestri
pop music	პოპ-მუსიკა	pop-musika
rock music	როკ-მუსიკა	rok-musika
rock group	როკ-ჯგუფი	rok-jgup'i
jazz	ჯაზი	jazi
idol	კერპი	kerpi
admirer, fan	თაყვანისმცემელი	t'aq'vanismcemeli
concert	კონცერტი	koncerti
symphony	სიმფონია	simp'onia
composition	თხზულება	t'khzuleba
to compose (write)	შეთხზვა	shet'khzva
singing	სიმღერა	simghera
song	სიმღერა	simghera
tune (melody)	მელოდია	melodia
rhythm	რიტმი	ritmi
blues	ბლუზი	bluzi
sheet music	ნოტები	notebi
baton	ჯოხი	jokhi
bow	ხემი	khemi
string	სიმი	simi
case (e.g., guitar ~)	ფუტლარი	p'utlari

Rest. Entertainment. Travel

155. Trip. Travel

tourism	ტურიზმი	turizmi
tourist	ტურისტი	turisti
trip, voyage	მოგზაურობა	mogzauroba
adventure	თავგადასავალი	t'avgadasavali
trip, journey	ხანმოკლე მოგზაურობა	khanmokle mogzauroba
vacation	შვებულება	shvebuleba
to be on vacation	შვებულებაში ყოფნა	shvebulebashi q'op'na
rest	დასვენება	dasveneba
train	მატარებელი	matarebeli
by train	მატარებლით	matareblit'
airplane	თვითმფრინავი	t'vit'mp'rinavi
by airplane	თვითმფრინავით	t'vit'mp'rinavit'
by car	ავტომობილით	avtomobilit'
by ship	გემით	gemit'
luggage	ბარგი	bargi
suitcase, luggage	ჩემოდანი	chemodani
luggage cart	ურიკა	urika
passport	პასპორტი	pasporti
visa	ვიზა	viza
ticket	ბილეთი	bilet'i
air ticket	ავიაბილეთი	aviabilet'i
guidebook	მეგზური	megzuri
map	რუკა	ruka
area (rural ~)	ადგილი	adgili
place, site	ადგილი	adgili
exotica	ეგზოტიკა	egzotika
exotic (adj)	ეგზოტიკური	egzotikuri
amazing (adj)	საოცარი	saocari
group	ჯგუფი	jgup'i
excursion	ექსკურსია	ek'skursia
guide (person)	ექსკურსიის მძღოლი	ek'skursiis mdzgholi

156. Hotel

hotel	სასტუმრო	sastumro
motel	მოტელი	moteli
three-star	სამი ვარსკვლავი	sami varskvlavi
five-star	ხუთი ვარსკვლავი	khut'i varskvlavi
to stay (in hotel, etc.)	გაჩერება	gachereba
room	ნომერი	nomeri
single room	ერთადგილიანი ნომერი	ert'adgiliani nomeri
double room	ორადგილიანი ნომერი	oradgiliani nomeri
to book a room	ნომერის დაჯავშნა	nomeris dajavshna
half board	ნახევარპანსიონი	nakhevarpansioni
full board	სრული პანსიონი	sruli pansioni
with bath	სააბაზანოთი	saabazanot'i
with shower	შხაპით	shkhapit'
satellite television	თანამგზავრული ტელევიზია	t'anamgzavruli televizia
air-conditioner	კონდიციონერი	kondicioneri
towel	პირსახოცი	pirsakhoci
key	გასაღები	gasaghebi
administrator	ადმინისტრატორი	administratori
chambermaid	მოახლე	moakhle
porter, bellboy	მებარგული	mebarguli
doorman	პორტიე	portie
restaurant	რესტორანი	restorani
pub, bar	ბარი	bari
breakfast	საუზმე	sauzme
dinner	ვახშამი	vakhshami
buffet	შვედური მაგიდა	shveduri magida
lobby	ვესტიბიული	vestibiuli
elevator	ლიფტი	lip'ti
DO NOT DISTURB	ნუ შემაწუხებთ	nu shemats'ukhebt'
NO SMOKING	ნუ მოსწევთ!	nu mosts'evt'

157. Books. Reading

book	წიგნი	ts'igni
author	ავტორი	avtori
writer	მწერალი	mts'erali
to write (~ a book)	დაწერა	dats'era
reader	მკითხველი	mkit'khveli

to read (vi, vt)	კითხვა	kit'khva
reading (activity)	კითხვა	kit'khva
silently (to oneself)	თავისთვის	t'avist'vis
aloud (adv)	ხმამაღლა	khmamaghla
to publish (vt)	გამოცემა	gamocema
publishing (process)	გამოცემა	gamocema
publisher	გამომცემელი	gamomcemeli
publishing house	გამომცემლობა	gamomcemloba
to come out	გამოსვლა	gamosvla
release (of a book)	გამოსვლა	gamosvla
print run	ტირაჟი	tirazhi
bookstore	წიგნების მაღაზია	ts'ignebis maghazia
library	ბიბლიოთეკა	bibliot'eka
story (novella)	მოთხრობა	mot'khroba
short story	მოთხრობა	mot'khroba
novel	რომანი	romani
detective novel	დეტექტივი	detek'tivi
memoirs	მემუარები	memuarebi
legend	ლეგენდა	legenda
myth	მითი	mit'i
poetry, poems	ლექსები	lek'sebi
autobiography	ავტობიოგრაფია	avtobiograp'ia
selected works	რჩეული	rcheuli
science fiction	ფანტასტიკა	p'antastika
title	დასახელება	dasakheleba
introduction	შესავალი	shesavali
title page	სატიტულო ფურცელი	satitulo p'urceli
chapter	თავი	t'avi
extract	ნაწყვეტი	nats'q'veti
episode	ეპიზოდი	epizodi
plot (storyline)	სიუჟეტი	siuzheti
contents	შინაარსი	shinaarsi
table of contents	სარჩევი	sarchevi
main character	მთავარი გმირი	mt'avari gmiri
volume	ტომი	tomi
cover	გარეკანი	garekani
binding	ყდა	q'da
bookmark	სანიშნი	sanishni
page	გვერდი	gverdi
to flick through	გადაფურცვლა	gadap'urcvla

margins	კიდეები	kideebi
annotation	ჩანანიშნი	chananishni
footnote	შენიშვნა	shenishvna
text	ტექსტი	tek'sti
type, font	შრიფტი	shrip'ti
misprint, typo	ბეჭდვითი შეცდომა	bech'dvit'i shecdoma
translation	თარგმანი	t'argmani
to translate (vt)	თარგმნა	t'argmna
original (n)	დედანი	dedani
famous (adj)	სახელგანთქმული	sakhelgant'k'muli
unknown (adj)	ნაკლებად ცნობილი	naklebad cnobili
interesting (adj)	საინტერესო	saintereso
bestseller	ბესტსელერი	bestseleri
dictionary	ლექსიკონი	lek'sikoni
textbook	სახელმძღვანელო	sakhelmdzghvanelo
encyclopedia	ენციკლოპედია	enciklopedia

158. Hunting. Fishing

hunt (of animal)	ნადირობა	nadiroba
to hunt (vi, vt)	ნადირობა	nadiroba
hunter	მონადირე	monadire
to shoot (vi)	სროლა	srola
rifle	თოფი	t'op'i
bullet (cartridge)	ვაზნა	vazna
shotgun pellets	საფანტი	sap'anti
trap (e.g., bear ~)	ხაფანგი	khap'angi
snare (for birds, etc.)	მახე	makhe
to fall into the trap	ხაფანგში მოხვედრა	khap'angshi mokhvedra
to lay a trap	ხაფანგის დაგება	khap'angis dageba
poacher	ბრაკონიერი	brakonieri
game (in hunting)	გარეული ფრინველი	gareuli p'rinveli
hound	მონადირე ძაღლი	monadire dzaghli
safari	საფარი	sap'ari
mounted animal	ფიტული	p'ituli
fisherman	მეთევზე	met'evze
fishing	თევზაობა	t'evzaoba
to fish (vi)	თევზაობა	t'evzaoba
fishing rod	ანკესი	ankesi
fishing line	ანკესის მკედი	ankesis mkedi
hook	ნემსკავი	nemskavi

float	ტივტივა	tivtiva
bait	სატყუარა	satq'uara

to cast a line	ანკესის გადაგდება	ankesis gadagdeba
to bite (ab. fish)	ანკესზე წამოგება	ankesze ts'amogeba
catch (of fish)	ნათევზავი	nat'evzavi
ice-hole	ყინულჭრილი	q'inulch'rili

net	ბადე	bade
boat	ნავი	navi
to net (catch with net)	ბადით ჭერა	badit' ch'era
to cast the net	ბადის გადაგდება	badis gadagdeba
to haul in the net	ბადის ამოღება	badis amogheba
to fall into the net	ბადეში მოხვედრა	badeshi mokhvedra

whaler (person)	ვეშაპზე ნადირობა	veshapze nadiroba
whaleboat	ვეშაპზე სანადირო გემი	veshapze sanadiro gemi
harpoon	ჰარპუნი	h'arpuni

159. Games. Billiards

billiards	ბილიარდი	biliardi
billiard room, hall	საბილიარდო	sabiliardo
ball	ბილიარდის ბურთი	biliardis burt'i

to pocket a ball	ბურთის ჩაგდება	burt'is chagdeba
cue	ბილიარდის ჯოხი	biliardis jokhi
pocket	ლუზა	luza

160. Games. Playing cards

diamonds	აგური	aguri
spades	ყვავი	q'vavi
hearts	გული	guli
clubs	ჯვარი	djvari

ace	ტუზი	tuzi
king	მეფე	mep'e
queen	ქალი	k'ali
jack, knave	ვალეტი	valeti

playing card	კარტი	karti
cards	კარტი	karti
trump	კოზირი	koziri
deck of cards	დასტა	dasta

point	ქულა	k'ula
to deal (vi, vt)	დარიგება	darigeba

to shuffle (cards)	არევა	areva
lead, turn (n)	სვლა	svla
cardsharp	შულერი	shuleri

161. Casino. Roulette

casino	სამორინე	samorine
roulette (game)	რულეტი	ruleti
bet, stake	ფსონი	p'soni
to place bets	ფსონების გაკეთება	p'sonebis gaket'eba

red	წითელი	ts'it'eli
black	შავი	shavi
to bet on red	წითელზე დადება	ts'it'elze dadeba
to bet on black	შავზე დადება	shavze dadeba

croupier (dealer)	კრუპიე	krupie
to turn the wheel	ბორბლის დატრიალება	borblis datrialeba
rules (of game)	თამაშის წესები	t'amashis ts'esebi
chip	სათამაშო ქვა	sat'amasho k'va

| to win (vi, vt) | მოგება | mogeba |
| winnings | მოგება | mogeba |

| to lose (~ 100 dollars) | წაგება | ts'ageba |
| loss | წაგება | ts'ageba |

player	მოთამაშე	mot'amashe
blackjack (card game)	ბლეკ ჯეკი	blek jeki
game of dice	კოჭის თამაში	koch'is t'amashi
dice	კოჭი	koch'i
slot machine	სათამაშო ავტომატი	sat'amasho avtomati

162. Rest. Games. Miscellaneous

to walk, to stroll (vi)	სეირნობა	seirnoba
walk, stroll	გასეირნება	gaseirneba
road trip	გასეირნება	gaseirneba
adventure	თავგადასავალი	t'avgadasavali
picnic	პიკნიკი	pikniki

game (chess, etc.)	თამაში	t'amashi
player	მოთამაშე	mot'amashe
game (one ~ of chess)	პარტია	partia

collector (e.g., philatelist)	კოლექციონერი	kolek'cioneri
to collect (vt)	კოლექციონირება	kolek'cionireba
collection	კოლექცია	kolek'cia

crossword puzzle	კროსვორდი	krosvordi
racetrack (hippodrome)	იპოდრომი	ipodromi
discotheque	დისკოთეკა	diskot'eka

| sauna | საუნა | sauna |
| lottery | ლატარეა | latarea |

camping trip	ლაშქრობა	lashk'roba
camp	ბანაკი	banaki
tent (for camping)	კარავი	karavi
compass	კომპასი	kompasi
camper	ტურისტი	turisti

to watch (movie, etc.)	ყურება	q'ureba
viewer	ტელემაყურებელი	telemaq'urebeli
TV show	ტელეგადაცემა	telegadacema

163. Photography

| camera (photo) | ფოტოაპარატი | p'otoaparati |
| photo, picture | ფოტოსურათი | p'otosurat'i |

photographer	ფოტოგრაფი	p'otograp'i
photo studio	ფოტოსტუდია	p'otostudia
photo album	ფოტოალბომი	p'otoalbomi

camera lens	ობიექტივი	obiek'tivi
telephoto lens	ტელეობიექტივი	teleobiek'tivi
filter	ფილტრი	p'iltri
lens	ლინზა	linza

optics (high-quality ~)	ოპტიკა	optika
diaphragm (aperture)	დიაფრაგმა	diap'ragma
exposure time	დაყოვნება	daq'ovneba
viewfinder	ხედის მაძიებელი	khedismadziebeli

digital camera	ციფრული კამერა	cip'ruli kamera
tripod	შტატივი	shtativi
flash	განათება	ganat'eba

to photograph (vt)	სურათის გადაღება	surat'is gadagheba
to take pictures	გადაღება	gadagheba
to be photographed	სურათის გადაღება	surat'is gadagheba

focus	სიმკვეთრე	simkvet're
to adjust the focus	სიმკვეთრის დაყენება	simkvet'ris daq'eneba
sharp, in focus (adj)	მკვეთრი	mkvet'ri
sharpness	სიმკვეთრე	simkvet're
contrast	კონტრასტი	kontrasti
contrasty (adj)	კონტრასტული	kontrastuli

picture (photo)	ფოტოსურათი	p'otosurat'i
negative (n)	ნეგატივი	negativi
film (a roll of ~)	ფოტოფირი	p'otop'iri
frame (still)	კადრი	kadri
to print (photos)	ბეჭდვა	bech'dva

164. Beach. Swimming

beach	პლაჟი	plazhi
sand	ქვიშა	k'visha
deserted (beach)	უდაბური	udaburi

suntan	ნამზეური	namzeuri
to get a tan	მზეზე გაშავება	mzeze gashaveba
tan (adj)	მზემოკიდებული	mzemokidebuli
sunscreen	ნამზეურის კრემი	namzeuris kremi

bikini	ბიკინი	bikini
bathing suit	საბანაო კოსტიუმი	sabanao kostiumi
swim briefs	საბანაო ტრუსი	sabanao trusi

swimming pool	აუზი	auzi
to swim (vi)	ცურვა	curva
shower	შხაპი	shkhapi
to change (one's clothes)	გამოცვლა	gamocvla
towel	პირსახოცი	pirsakhoci

boat	ნავი	navi
motorboat	კატერი	kateri

water ski	წყლის თხილამურები	ts'q'lis t'khilamurebi
paddle boat	წყლის ველოსიპედი	ts'q'lis velosipedi
surfing	სერფინგი	serp'ingi
surfer	სერფინგისტი	serp'ingisti

scuba set	აკვალანგი	akvalangi
flippers (swimfins)	ლასტები	lastebi
mask	ნიღაბი	nighabi
diver	მყვინთავი	mq'vint'avi
to dive (vi)	ყვინთვა	q'vint'va
underwater (adv)	წყლის ქვეშ	ts'k'lis k'vesh

beach umbrella	ქოლგა	k'olga
beach chair	შეზლონგი	shezlongi
sunglasses	სათვალე	sat'vale
air mattress	საცურაო ლეიბი	sacurao leibi

to play (amuse oneself)	თამაში	t'amashi
to go for a swim	ბანაობა	banaoba
beach ball	ბურთი	burt'i

to inflate (vt)	გაბერვა	gaberva
inflatable, air (adj)	გასაბერი	gasaberi
wave	ტალღა	talgha
buoy	ტივტივა	tivtiva
to drown (ab. person)	დახრჩობა	dakhrchoba
to save, to rescue	შველა	shvela
life vest	მაშველი ჟილეტი	mashveli zhileti
to observe, to watch	თვალყურის დევნება	t'valq'uris devneba
lifeguard	მაშველი	mashveli

TECHNICAL EQUIPMENT. TRANSPORTATION

Technical equipment

165. Computer

computer	კომპიუტერი	kompiuteri
notebook, laptop	ნოუთბუქი	nout'buki
to switch on	ჩართვა	chart'va
to turn off	გამორთვა	gamort'va
keyboard	კლავიატურა	klaviatura
key	კლავიში	klavishi
mouse	თაგუნა	t'aguna
mouse pad	ქვეშსადები	k'veshsadebi
button	ღილაკი	ghilaki
cursor	კურსორი	kursori
monitor	მონიტორი	monitori
screen	ეკრანი	ekrani
hard disk	მყარი დისკი	mq'ari diski
hard disk volume	მყარი დისკის მოცულობა	mq'ari diskis moculoba
memory	მეხსიერება	mekhsiereba
random access memory	ოპერატიული მეხსიერება	operatiuli mekhsiereba
file	ფაილი	p'aili
folder	საქაღალდე	sak'aghalde
to open (vt)	გახსნა	gakhsna
to close (vt)	დახურვა	dakhurva
to save (vt)	შენახვა	shenakhva
to delete (vt)	წაშლა	ts'ashla
to copy (vt)	კოპირება	kopireba
to sort (vt)	სორტირება	sortireba
to transfer (copy)	გადაწერა	gadats'era
program	პროგრამა	programa
software	პროგრამული უზრუნველყოფა	programuli uzrunvelq'op'a
programmer	პროგრამისტი	programisti
to program (vt)	პროგრამირება	programireba
hacker	ჰაკერი	h'akeri

password	პაროლი	paroli
virus	ვირუსი	virusi
to find, to detect	აღმოჩენა	aghmochena
byte	ბაიტი	baiti
megabyte	მეგაბაიტი	megabaiti
data	მონაცემები	monacemebi
database	მონაცემთა ბაზა	monacemt'a baza
cable (wire)	კაბელი	kabeli
to disconnect (vt)	მოცილება	mocileba
to connect (sth to sth)	შეერთება	sheert'eba

166. Internet. E-mail

Internet	ინტერნეტი	interneti
browser	ბრაუზერი	brauzeri
search engine	საძიებო რესურსი	sadziebo resursi
provider	პროვაიდერი	provaideri
web master	ვებ-მასტერი	vebmasteri
website	ვებ-საიტი	vebsaiti
web page	ვებ-გვერდი	vebgverdi
address	მისამართი	misamart'i
address book	სამისამართო წიგნაკი	samisamart'o ts'ignaki
mailbox	საფოსტო ყუთი	sap'osto q'ut'i
mail	ფოსტა	p'osta
full (adj)	გავსებული	gavsebuli
message	შეტყობინება	shetq'obineba
incoming messages	შემავალი შეტყობინებები	shemavali shetq'obinebebi
outgoing messages	გამავალი შეტყობინებები	gamavali shetq'obinebebi
sender	გამგზავნი	gamgzavni
to send (vt)	გაგზავნა	gagzavna
sending (of mail)	გაგზავნა	gagzavna
receiver	მიმღები	mimghebi
to receive (vt)	მიღება	migheba
correspondence	მიმოწერა	mimots'era
to correspond (vi)	მიმოწერის ქონა	mimots'eris k'ona
file	ფაილი	p'aili
to download (vt)	ჩამოტვირთვა	chamotvirt'va
to create (vt)	შექმნა	shek'mna
to delete (vt)	წაშლა	ts'ashla

deleted (adj)	წაშლილი	ts'ashlili
connection (ADSL, etc.)	კავშირი	kavshiri
speed	სიჩქარე	sichk'are
modem	მოდემი	modemi
access	შეღწევა	sheghts'eva
port (e.g., input ~)	პორტი	porti
connection (make a ~)	ჩართვა	chart'va
to connect (vi)	ჩართვა	chart'va
to select (vt)	არჩევა	archeva
to search (for ...)	ძებნა	dzebna

167. Electricity

electricity	ელექტრობა	elek'troba
electrical (adj)	ელექტრული	elek'truli
electric power station	ელექტროსადგური	elek'trosadguri
energy	ენერგია	energia
electric power	ელექტროენერგია	elek'troenergia
light bulb	ნათურა	nat'ura
flashlight	ფარანი	p'arani
street light	ფარანი	p'arani
light	შუქი	shuk'i
to turn on	ჩართვა	chart'va
to turn off	გამორთვა	gamort'va
to turn off the light	შუქის ჩაქრობა	shuk'is chak'roba
to burn out (vi)	გადაწვა	gadats'va
short circuit	მოკლე ჩართვა	mokle chart'va
broken wire	გაწყვეტა	gats'q'veta
contact	კონტაქტი	kontak'ti
light switch	ამომრთველი	amomrt'veli
wall socket	როზეტი	rozeti
plug	ჩანგალი	changali
extension cord	დამაგრძელებელი	damagrdzelebeli
fuse	დამცველი	damcveli
cable, wire	სადენი	sadeni
wiring	გაყვანილობა	gaq'vaniloba
ampere	ამპერი	amperi
amperage	დენის ძალა	denis dzala
volt	ვოლტი	volti
voltage	ძაბვა	dzabva
electrical device	ელექტროხელსაწყო	elek'trokhelsats'k'o
indicator	ინდიკატორი	indikatori

electrician	ელექტრიკოსი	elek'trikosi
to solder (vt)	რჩილვა	rchilva
soldering iron	სარჩილავი	sarchilavi
electric current	დენი	deni

168. Tools

tool, instrument	ხელსაწყო	khelsats'q'o
tools	ხელსაწყოები	khelsats'q'oebi
equipment (factory ~)	მოწყობილობა	mots'q'obiloba

hammer	ჩაქუჩი	chak'uchi
screwdriver	სახრახნისი	sakhrakhnisi
ax	ნაჯახი	najakhi

saw	ხერხი	kherkhi
to saw (vt)	ხერხვა	kherkhva
plane (tool)	შალაშინი	shalashini
to plane (vt)	გაშალაშინება	gashalashineba
soldering iron	სარჩილავი	sarchilavi
to solder (vt)	რჩილვა	rchilva

file (for metal)	ქლიბი	k'libi
carpenter pincers	გაზი	gazi
lineman's pliers	ბრტყელტუჩა	brtq'eltucha
chisel	ხვეწი	khvets'i

drill bit	ბურღი	burghi
electric drill	დრელი	dreli
to drill (vi, vt)	გაბურღვა	gaburghva

knife	დანა	dana
pocket knife	ჯიბის დანა	jibis dana
folding (knife, etc.)	საკეცი	sakeci
blade	პირი	piri

sharp (blade, etc.)	მჭრელი	mch'reli
blunt (adj)	ბლაგვი	blagvi
to become blunt	დაბლაგვება	dablagveba
to sharpen (vt)	ლესვა	lesva

bolt	ჭანჭიკი	ch'anch'iki
nut	ქანჩი	k'anchi
thread (of a screw)	კუთხვილი	kut'khvili
wood screw	სჭვალი	sch'vali

nail	ლურსმანი	lursmani
nailhead	თავი	t'avi
ruler (for measuring)	სახაზავი	sakhazavi
tape measure	რულეტი	ruleti

spirit level	თარაზო	t'arazo
magnifying glass	ლუპა	lupa
measuring instrument	საზომი ხელსაწყო	sazomi khelsats'q'o
to measure (vt)	გაზომვა	gazomva
scale (of thermometer, etc.)	შკალა	shkala
readings	ჩვენება	chveneba
compressor	კომპრესორი	kompresori
microscope	მიკროსკოპი	mikroskopi
pump (e.g., water ~)	ტუმბო	tumbo
robot	რობოტი	roboti
laser	ლაზერი	lazeri
wrench	ქანჩის გასაღები	k'anchis gasaghebi
adhesive tape	სკოტჩის ლენტი	skotchis lenti
glue	წებო	ts'ebo
emery paper	ზუმფარის ქაღალდი	zump'aris k'aghaldi
spring	ზამბარა	zambara
magnet	მაგნიტი	magniti
gloves	ხელთათმანები	khelt'at'manebi
rope	თოკი	t'oki
cord	ზონარი	zonari
wire (e.g., telephone ~)	სადენი	sadeni
cable	კაბელი	kabeli
sledgehammer	სანგი	sangi
crowbar	ძალაყინი	dzalaq'ini
ladder	კიბე	kibe
stepladder	პწკალა	pts'kala
to screw (tighten)	მოჭერა	moch'era
to unscrew (vt)	მოშვება	moshveba
to tighten (vt)	მოჭერა	moch'era
to glue, to stick	მიწებება	mits'ebeba
to cut (vt)	ჭრა	ch'ra
malfunction (fault)	გაუმართაობა	gaumart'aoba
repair (mending)	შეკეთება	sheket'eba
to repair, to mend (vt)	შეკეთება	sheket'eba
to adjust (machine, etc.)	მოწესრიგება	mots'esrigeba
to check (to examine)	შემოწმება	shemots'meba
checking	შემოწმება	shemots'meba
readings	ჩვენება	chveneba
reliable (machine)	საიმედო	saimedo
complicated (adj)	რთული	rt'uli

to rust (vi)	დაჟანგვა	dazhangva
rusty, rusted (adj)	დაჟანგული	dazhanguli
rust	ჟანგი	zhangi

Transportation

169. Airplane

airplane	თვითმფრინავი	t'vit'mp'rinavi
air ticket	ავიაბილეთი	aviabilet'i
airline	ავიაკომპანია	aviakompania
airport	აეროპორტი	aeroporti
supersonic (adj)	ზებგერითი	zebgerit'i
captain	ხომალდის მეთაური	khomaldis met'auri
crew	ეკიპაჟი	ekipazhi
pilot	პილოტი	piloti
flight attendant	სტიუარდესა	stiuardesa
navigator	შტურმანი	shturmani
wings	ფრთები	p'rt'ebi
tail	კუდი	kudi
cockpit	კაბინა	kabina
engine	ძრავი	dzrava
undercarriage	შასი	shasi
turbine	ტურბინა	turbina
propeller	პროპელერი	propeleri
black box	შავი ყუთი	shavi q'ut'i
control column	საჭევრი	satch'ovri
fuel	საწვავი	sats'vavi
safety card	ინსტრუქცია	instruk'cia
oxygen mask	ჟანგბადის ნიღაბი	jangbadis nighabi
uniform	უნიფორმა	unip'orma
life vest	სამაშველო ჟილეტი	samashvelo jileti
parachute	პარაშუტი	parashuti
takeoff	აფრენა	ap'rena
to take off (vi)	აფრენა	ap'rena
runway	ასაფრენი ზოლი	asap'reni zoli
visibility	ხილვადობა	khilvadoba
flight (act of flying)	ფრენა	p'rena
altitude	სიმაღლე	simaghle
air pocket	ჰაერის ორმო	h'aeris ormo
seat	ადგილი	adgili
headphones	საყურისი	saq'urisi
folding tray	გადასაწევი მაგიდა	gadasats'evi magida

| airplane window | ილუმინატორი | iluminatori |
| aisle | გასასვლელი | gasasvleli |

170. Train

train	მატარებელი	matarebeli
suburban train	ელექტრომატარებელი	elek'tromatarebeli
fast train	ჩქაროსნული მატარებელი	chk'arosnuli matarebeli
diesel locomotive	თბომავალი	t'bomavali
steam engine	ორთქლმავალი	ort'k'lmavali

| passenger car | ვაგონი | vagoni |
| dining car | ვაგონი-რესტორანი | vagoni-restorani |

rails	რელსი	relsi
railroad	რკინიგზა	rkinigza
railway tie	შპალი	shpali

platform (railway ~)	პლატფორმა	plat'p'orma
track (~ 1, 2, etc.)	ლიანდაგი	liandagi
semaphore	სემაფორი	semap'ori
station	სადგური	sadguri

engineer	მემანქანე	memank'ane
porter (of luggage)	მებარგული	mebarguli
train steward	გამყოლი	gamq'oli
passenger	მგზავრი	mgzavri
conductor	კონტროლიორი	kontroliori

| corridor (in train) | დერეფანი | derep'ani |
| emergency break | სტოპ-კრანი | stop-krani |

compartment	კუპე	kupe
berth	თარო	t'aro
upper berth	ზედა თარო	zeda t'aro
lower berth	ქვედა თარო	k'veda t'aro
linen	თეთრეული	t'et'reuli

ticket	ბილეთი	bilet'i
schedule	განრიგი	ganrigi
information display	ტაბლო	tablo

to leave, to depart	გასვლა	gasvla
departure (of train)	გამგზავრება	gamgzavreba
to arrive (ab. train)	ჩამოსვლა	chamosvla
arrival	ჩამოსვლა	chamosvla

| to arrive by train | მატარებლით მოსვლა | matareblit' mosvla |
| to get on the train | მატარებელში ჩაჯდომა | matarebelshi chadjdoma |

to get off the train	მატარებლიდან ჩამოსვლა	matareblidan chamosvla
train wreck	მარცხი	marckhi
to be derailed	რელსებიდან გადასვლა	relsebidan gadasvla
steam engine	ორთქლმავალი	ort'k'lmavali
stoker, fireman	ცეცხლფარეში	ceckhlp'areshi
firebox	საცეცხლე	saceckhle
coal	ნახშირი	nakhshiri

171. Ship

ship	გემი	gemi
vessel	ხომალდი	khomaldi
steamship	ორთქლმავალი	ort'k'lmavali
riverboat	თბომავალი	t'bomavali
ocean liner	ლაინერი	laineri
cruiser	კრეისერი	kreiseri
yacht	იახტა	iakhta
tugboat	ბუქსირი	buk'siri
barge	ბარჟა	barja
ferry	ბორანი	borani
sailing ship	იალქნიანი გემი	ialk'niani gemi
brigantine	ბრიგანტინა	brigantina
ice breaker	ყინულმჭრელი	q'inulmtch'reli
submarine	წყალქვეშა ნავი	ts'ghalk'vesha navi
boat (flat-bottomed ~)	ნავი	navi
dinghy	კანჯო	kandjo
lifeboat	მაშველი კანჯო	mashveli kandjo
motorboat	კატარღა	katargha
captain	კაპიტანი	kapitani
seaman	მატროსი	matrosi
sailor	მეზღვაური	mezghvauri
crew	ეკიპაჟი	ekipazhi
boatswain	ბოცმანი	bocmani
ship's boy	იუნგა	iunga
cook	კოკი	koki
ship's doctor	გემის ექიმი	gemis ek'imi
deck	გემბანი	gembani
mast	ანძა	andzi
sail	იალქანი	ialk'ani
hold	ტრიუმი	triumi
bow (prow)	ცხვირი	ckhviri
stern	კიჩო	kicho

oar	**ნიჩაბი**	nichabi
propeller	**ხრახნი**	khrakhni
cabin	**კაიუტა**	kaiuta
wardroom	**კაიუტკომპანია**	kaiutkompania
engine room	**სამანქანო განყოფილება**	samank'ano ganq'op'ileba
the bridge	**კაპიტნის ხიდურა**	kapitnis khidura
radio room	**რადიოჯიხური**	radiodjikhuri
wave (radio)	**ტალღა**	talgha
logbook	**გემის ჟურნალი**	gemis jurnali
spyglass	**ჭოგრი**	tch'ogri
bell	**ზარი**	zari
flag	**დროშა**	drosha
rope (mooring ~)	**ბაგირი**	bagiri
knot (bowline, etc.)	**კვანძი**	kvandzi
handrail	**სახელური**	sakheluri
gangway	**ტრაპი**	trapi
anchor	**ღუზა**	ghuza
to weigh anchor	**ღუზის ამოწევა**	ghuzis amots'eva
to drop anchor	**ღუზის ჩაშვება**	ghuzis chashveba
anchor chain	**ღუზის ჯაჭვი**	ghuzis djatch'vi
port (harbor)	**ნავსადგური**	navsadguri
wharf, quay	**მისადგომი**	misadgomi
to berth (moor)	**მიდგომა**	midgoma
to cast off	**ნაპირს მოცილება**	napirs mocileba
trip, voyage	**მოგზაურობა**	mogzauroba
cruise (sea trip)	**კრუიზი**	kruizi
course (route)	**კურსი**	kursi
route (itinerary)	**მარშრუტი**	marshruti
fairway	**ფარვატერი**	p'arvateri
shallows (shoal)	**თავთხელი**	t'avt'kheli
to run aground	**თავთხელზე დაჯდომა**	t'avt'khelze dadjdoma
storm	**ქარიშხალი**	k'arishkhali
signal	**სიგნალი**	signali
to sink (vi)	**ჩაძირვა**	chadzirva
Man overboard!	**ადამიანი ბორტს იქით!**	adamiani borts ik'it'!
SOS	**სოს**	sos!
ring buoy	**საშველი რგოლი**	sashveli rgoli

172. Airport

airport	**აეროპორტი**	aeroporti
airplane	**თვითმფრინავი**	t'vit'mp'rinavi

airline	ავიაკომპანია	aviakompania
air-traffic controller	დისპეჩერი	dispecheri
departure	გაფრენა	gap'rena
arrival	მოფრენა	mop'rena
to arrive (by plane)	მოფრენა	mop'rena
departure time	გაფრენის დრო	gap'renis dro
arrival time	მოფრენის დრო	mop'renis dro
to be delayed	დაგვიანება	dagvianeba
flight delay	გაფრენის დაგვიანება	gap'renis dagvianeba
information board	საინფორმაციო ტაბლო	sainp'ormacio tablo
information	ინფორმაცია	inp'ormacia
to announce (vt)	გამოცხადება	gamockhadeba
flight (e.g., next ~)	რეისი	reisi
customs	საბაჟო	sabazho
customs officer	მებაჟე	mebazhe
customs declaration	დეკლარაცია	deklaracia
to fill out the declaration	დეკლარაციის შევსება	deklaraciis shevseba
passport control	საპასპორტო კონტროლი	sapasporto kontroli
luggage	ბარგი	bargi
hand luggage	ხელის ბარგი	khelis bargi
Lost Luggage Desk	ბარგის ძებნა	bargis dzebna
luggage cart	ურიკა	urika
landing	დაჯდომა	dadjdoma
landing strip	დასაფრენი ზოლი	dasap'reni zoli
to land (vi)	დაჯდომა	dadjdoma
airstairs	ტრაპი	trapi
check-in	რეგისტრაცია	registracia
check-in desk	სარეგისტრაციო დგარი	saregistracio dgari
to check-in (vi)	დარეგისტრირება	daregistrireba
boarding pass	ჩასაჯდომი ტალონი	chasadjdomi taloni
departure gate	გასვლა	gasvla
transit	ტრანზიტი	tranziti
to wait (vt)	ლოდინი	lodini
departure lounge	მოსაცდელი დარბაზი	mosacdeli darbazi
to see off	გაცილება	gacileba
to say goodbye	გამომშვიდობება	gamomshvidobeba

173. Bicycle. Motorcycle

bicycle	ველოსიპედი	velosipedi
scooter	მოტოროლერი	motoroleri

motorcycle, bike	მოტოციკლი	motocikli
to go by bicycle	ველოსიპედით სიარული	velosipedit' siaruli
handlebars	საჭე	satch'e
pedal	პედალი	pedali
brakes	მუხრუჭები	mukhrutch'ebi
bicycle seat	საჯდომი	sadjdomi
pump	ტუმბო	tumbo
luggage rack	საბარგული	sabarguli
front lamp	ფარანი	p'arani
helmet	ჩაფხუტი	chap'khuti
wheel	ბორბალი	borbali
fender	ფრთა	p'rt'a
rim	ფერსო	p'erso
spoke	მანა	mana

Cars

174. Types of cars

automobile, car	ავტომობილი	avtomobili
sports car	სასპორტო ავტომობილი	sasporto avtomobili
limousine	ლიმუზინი	limuzini
off-road vehicle	ყველგანმავალი	q'velganmavali
convertible	კაბრიოლეტი	kabrioleti
minibus	მიკროავტობუსი	mikroavtobusi
ambulance	სასწრაფო დახმარება	sasts'rap'o dakhmareba
snowplow	თოვლსაღები მანქანა	t'ovlisaghebi mank'ana
truck	სატვირთო მანქანა	satvirt'o mank'ana
tank truck	ბენზინმზიდი	benzinმზიდი
van (small truck)	ფურგონი	p'urgoni
road tractor	საწევრი	sats'evri
trailer	მისაბმელი	misabmeli
comfortable (adj)	კომფორტული	komp'ortuli
second hand (adj)	ნახმარი	nakhmari

175. Cars. Bodywork

hood	კაპოტი	kapoti
fender	ფრთა	p'rt'a
roof	სახურავი	sakhuravi
windshield	საქარე მინა	sak'are mina
rear-view mirror	უკანა ხედის სარკე	ukana khedis sarke
windshield washer	გამრეცხი	gamreckhi
windshield wipers	მინასაწმენდი	minasats'mendi
side window	გვერდითი მინა	gverdit'I mina
window lift	მინის ამწევი	minis amts'evi
antenna	ანტენა	antena
sun roof	ლიუკი	liuki
bumper	ბამპერი	bamperi
trunk	საბარგული	sabarguli
door	კარი	kari
door handle	სახელური	sakheluri

door lock	კლიტე	klite
license plate	ნომერი	nomeri
muffler	მაყუჩი	maq'uchi
gas tank	ბენზინის ავზი	benzinis avzi
tail pipe	გამოსაბოლქვი მილი	gamosabolk'vi mili

gas, accelerator	გაზი	gazi
pedal	სატერფული	saterp'uli
gas pedal	გაზის სატერფული	gazis saterp'uli

brake	მუხრუჭი	mukhrutch'i
brake pedal	მუხრუჭის სატერფული	mukhrutch'is saterp'uli
to slow down (to brake)	დამუხრუჭება	damukhrutch'eba
parking brake	სადგომი მუხრუჭი	sadgomi mukhrutch'i

clutch	გადაბმულობა	gadabmuloba
clutch pedal	გადაბმულობის სატერფული	gadabmulobis saterp'uli
clutch plate	გადაბმულობის დისკი	gadabmulobis diski
shock absorber	ამორტიზატორი	amortizatori

wheel	ბორბალი	borbali
spare tire	სათადარიგო ბორბალი	sat'adarigo borbali
tire	საბურავი	saburavi
hubcap	ხუფი	khup'i

| driving wheels | წამყვანი ბორბალი | ts'amq'vani borbali |
| front-wheel drive (as adj) | წინა მძრავიანი | ts'ina mdzraviani |

| rear-wheel drive (as adj) | უკანა მძრავიანი | ukana mdzraviani |
| all-wheel drive (as adj) | სრულ მძრავიანი | srul mdzravianill |

| gearbox | გადაცემათა კოლოფი | gadacemat'a kolop'i |
| automatic (adj) | ავტომატური | avtomaturi |

| mechanical (adj) | მექანიკური | mek'anikuri |
| gear shift | გადაცემათა კოლოფის ბერკეტი | gadacemat'a kolop'is berketi |

| headlight | ფარა | p'ara |
| headlights | ფარები | p'arebi |

low beam	ახლო განათება	akhlo ganat'eba
high beam	შორი განათება	shori ganat'eba
brake light	სტოპ-სიგნალი	stop-signali

parking lights	გაბარიტული განათება	gabarituli ganat'eba
hazard lights	ავარიული განათება	avariuli ganat'eba
fog lights	ნისლსაწინააღმდეგო ფარები	nislsats'inaaghmdego p'arebi
turn signal	„მოხვევის ნიშანი"	mokhvevis nishani
back-up light	„უკუსვლა"	ukusvla

176. Cars. Passenger compartment

car inside	სალონი	saloni
leather (as adj)	ტყავის	tq'avis
velour (as adj)	ველიურის	veliuris
upholstery	გადასაკრავი	gadasakravi
instrument (gage)	ხელსაწყო	khelsats'q'o
dashboard	ხელსაწყოს დაფა	khelsats'q'os dap'a
speedometer	სპიდომეტრი	spidometri
needle (pointer)	ისარი	isari
odometer	მრიცხველი	mrickhveli
indicator	გადამწოდი	gadamts'odi
level	დონე	done
warning light	ნათურა	nat'ura
steering wheel	საჭე, საჭის ბორბალი	satche', satch'is borbali
horn	სიგნალი	signali
button	ღილაკი	ghilaki
switch	გადამრთველი	gadamrt'veli
seat	საჯდომი	sadjdomi
seat back	ზურგი	zurgi
headrest	თავმისადები	t'avmisadebi
seat belt	უსაფრთხოების ღვედი	usap'rt'khoebis ghvedi
to fasten the belt	ღვედების შეკვრა	ghvedebis shekvra
adjustment (of seats)	რეგულირება	regulireba
airbag	საჰაერო ბალიში	sah'aero balish'i
air-conditioner	კონდიციონერი	kondicioneri
radio	რადიო	radio
CD player	CD–საკრავი	sidi-sakravi
to turn on	ჩართვა	chart'va
antenna	ანტენა	antena
glove box	პატარა საბარგული	patara sabarguli
ashtray	საფერფლე	sap'erp'le

177. Cars. Engine

engine, motor	ძრავა	dzrava
diesel (as adj)	დიზელის	dizelis
gasoline (as adj)	ბენზინის	benzinis
engine volume	ძრავის მოცულობა	dzravis moculoba
power	სიმძლავრე	simdzlavre
horsepower	ცხენის ძალა	ckhenis dzala
piston	დგუში	dgushi

cylinder	ცილინდრი	cilindri
valve	სარქველი	sark'eli
injector	ინჟექტორი	injek'tori
generator	გენერატორი	generatori
carburetor	კარბიურატორი	karbiuratori
engine oil	ძრავის ზეთი	dzravis zet'i
radiator	რადიატორი	radiatori
coolant	მაცივებელი სითხე	macivebeli sit'khe
cooling fan	ვენტილატორი	ventilatori
battery (accumulator)	აკუმულატორი	akumulatori
starter	სტარტერი	starteri
ignition	ანთება	ant'eba
spark plug	ამნთები სანთელი	amnt'ebi sant'eli
terminal (of battery)	კლემა	klema
positive terminal	პლიუსი	pliusi
negative terminal	მინუსი	minusi
fuse	მცველი	mcveli
air filter	საჰაერო ფილტრი	sah'aero p'iltri
oil filter	ზეთის ფილტრი	zet'is p'iltri
fuel filter	საწვავის ფილტრი	sats'vavis p'iltri

178. Cars. Crash. Repair

car accident	ავარია	avaria
road accident	საგზაო შემთხვევა	sagzao shemt'khveva
to run into ...	შეჯახება	shedjakheba
to have an accident	დამტვრევა	damtvreva
damage	დაზიანება	dazianeba
intact (adj)	დაუზიანებელი	dauzianebeli
breakdown	ავარია	avaria
to break down (vi)	დამტვრევა	damtvreva
towrope	საბუქსირო ტროსი	sabuk'siro trosi
puncture	გახვრეტა	gakhvreta
to be flat	ჩაფუშვა	chap'ushva
to pump up	დატუმბვა	datumbva
pressure	წნევა	ts'neva
to check (to examine)	შემოწმება	shemots'meba
repair	რემონტი	remonti
auto repair shop	სარემონტო სახელოსნო	saremonto sakhelosno
spare part	სათადარიგო ნაწილი	sat'adarigo nat'ts'ili
part	დეტალი	detali
bolt	ჭანჭიკი	ch'anch'iki

screw bolt	ხრახნი	khrakhni
nut	ქანჩი	k'anchi
washer	საყელური	saq'eluri
bearing	საკისარი	sakisari
tube	მილი	mili
gasket, washer	შუასადები	shuasadebi
cable, wire	მავთული	mavt'uli
jack	დომკრატი	domkrati
wrench	ქანჩის გასაღები	k'anchis gasaghebi
hammer	ჩაქუჩი	chak'uchi
pump	ტუმბო	tumbo
screwdriver	სახრახნისი	sakhrakhnisi
fire extinguisher	ცეცხლსაქრობი	ceckhlsak'robi
warning triangle	საავარიო სამკუთხედი	saavario samkut'khedi
to stall (vi)	ჩაქრობა	chak'roba
stalling	გაჩერება	gachereba
to be broken	დაიმტვრეს	daimtvres
to overheat (vi)	გადახურება	gadakhureba
to be clogged up	გაჭედვა	gach'edva
to freeze up (pipes, etc.)	გაყინვა	gaq'inva
to burst (vi)	გახეთქვა	gakhet'k'va
pressure	წნევა	ts'neva
level	დონე	done
slack (~ belt)	სუსტი	susti
dent	შეჭყლეტილი	shetch'q'letili
abnormal noise (motor)	კაკუნი	kakuni
crack	ბზარი	bzari
scratch	ნაკაწრი	nakats'ri

179. Cars. Road

road	გზა	gza
highway	ავტომაგისტრალი	avtomagistrali
freeway	გზატკეცილი	gzatkecili
direction (way)	მიმართულება	mimart'uleba
distance	მანძილი	mandzili
bridge	ხიდი	khidi
parking lot	პარკინგი	parkingi
square	მოედანი	moedani
interchange	კვანძი	kvandzi
tunnel	გვირაბი	gvirabi
gas station	ავტოგასამართი	avtogasamart'i

parking lot	ავტოსადგომი	avtosadgomi
gas pump	ბენზინგასამართი	benzingasamart'i
auto repair shop	გარაჟი	garaji
to get gas	შევსება	shevseba
fuel	საწვავი	sats'vavi
jerrycan	კანისტრა	kanistra
asphalt	ასფალტი	asp'alti
road markings	მონიშვნა	monishvna
curb	ბორდიური	bordiuri
guardrail	შემოღობვა	shemoghobva
ditch	კიუვეტი	kiuveti
roadside	გზისპირი	gzispiri
lamppost	სვეტი	sveti
to drive (a car)	მართვა	mart'va
to turn (~ to the left)	მობრუნება	mobruneba
to make a U-turn	მობრუნება	mobruneba
reverse	უკუსვლა	ukesvla
to honk (vi)	დასიგნალება	dasignaleba
honk (sound)	ხმოვანი სიგნალი	khmovani signali
to get stuck	გაჭედვა	gach'edva
to spin (in mud)	ბუქსაობა	buk'saoba
to cut, to turn off	ჩაქრობა	chak'roba
speed	სიჩქარე	sichk'are
to exceed the speed limit	სიჩქარის გადაჭარბება	sichk'aris gadatch'arbeba
to give a ticket	დაჯარიმება	dajarimeba
traffic lights	შუქნიშანი	shuk'nishani
driver's license	მართვის მოწმობა	mart'vis mots'moba
grade crossing	გადასასვლელი	gadasasvleli
intersection	გზაჯვარედინი	gzadjvaredini
crosswalk	საქვეითო გადასასვლელი	sak'veit'o gadasasvleli
turn (curve in road)	შესახვევი	shesakhvevi
pedestrian zone	საქვეითო ზონა	sak'veit'o zona

180. Traffic signs

rules of the road	საგზაო მოძრაობის წესები	sagzao modzraobis ts'esebi
traffic sign	ნიშანი	nishani
passing (overtaking)	გასწრება	gasts'reba
curve	შეხვევა	shekhveva
U-turn	მობრუნება	mobruneba
traffic circle	წრიული მოძრაობა	ts'riuli modzraoba
No entry	შესვლა აკრძალულია	shesvla akrdzalulia
No vehicles allowed	მოძრაობა აკრძალულია	modzraoba akrdzalulia

No passing	გასწრება აკრძალულია	gasts'reba akrdzalulia
No parking	დგომა აკრძალულია	dgoma akrdzalulia
No stopping	გაჩერება აკრძალულია	gachereba akrdzalulia
dangerous turn	ციცაბო შესახვევი	cicabo shesakhvevi
steep descent	ციცაბო დაღმართი	cicabo daghmart'i
one-way traffic	ცალმხრივი მოძრაობა	calmkhrivi modzraoba
crosswalk	საქვეითო გადასასვლელი	sak'veit'o gadasasvleli
slippery road	მოლიპული გზა	molipuli gza
YIELD	დაუთმე გზა	daut'me gza

PEOPLE. LIFE EVENTS

Life events

181. Holidays. Event

celebration, holiday	დღესასწაული	dghesasts'auli
national day	ნაციონალური დღესასწაული	nacionaluri dghesasts'auli
public holiday	სადღესასწაულო დღე	sadghesasts'aulo dghe
to fete (celebrate)	ზეიმობა	zeimoba
event (happening)	მოვლენა	movlena
event (organized activity)	ღონისძიება	ghonisdzieba
banquet (party)	ბანკეტი	banketi
reception (formal party)	მიღება	migheba
feast	ლხინი	lkhini
anniversary	წლისთავი	ts'list'avi
jubilee	ზეიმობა	zeimoba
to celebrate (vt)	აღნიშვნა	aghnishvna
New Year	ახალი წელი	akhali ts'eli
Happy New Year!	გილოცავთ ახალ წელს	gilocavt' akhal t'ts'els!
Christmas	შობა	shoba
Merry Christmas!	მხიარულ შობას გისურვებთ!	mkhiarul shobas gisurvebt'!
Christmas tree	საშობაო ნაძვის ხე	sashobao nadzvis khe
fireworks	სალიუტი	saliuti
wedding	ქორწილი	k'orts'ili
groom	საქმრო	sak'mro
bride	პატარძალი	patardzali
to invite (vt)	დაპატიჟება	dapatijeba
invitation card	მოწვევა	mots'veva
guest	სტუმარი	stumari
to visit (with sb)	სტუმრად წასვლა	stumrad ts'asvla
to greet the guests	სტუმრების დახვედრა	stumrebis dakhvedra
gift, present	საჩუქარი	sachuk'ari
to give (sth as present)	ჩუქება	chuk'eba
to receive gifts	საჩუქრების მიღება	sachuk'rebis migheba

bouquet (of flowers)	თაიგული	t'aiguli
greetings (New Year ~)	მილოცვა	milocva
to congratulate (vt)	მილოცვა	milocva

greeting card	მისალოცი ბარათი	misaloci barat'i
to send a postcard	ბარათის გაგზავნა	barat'is gagzavna
to get a postcard	ბარათის მიღება	barat'is migheba

toast	სადღეგრძელო	sadghegrdzelo
to offer (a drink, etc.)	გამასპინძლება	gamaspindzleba
champagne	შამპანური	shampanuri

to have fun	მხიარულობა	mkhiaruloba
fun, merriment	მხიარულება	mkhiaruleba
joy (emotion)	სიხარული	sikharuli

| dance | ცეკვა | cekva |
| to dance (vi, vt) | ცეკვა | cekva |

| waltz | ვალსი | valsi |
| tango | ტანგო | tango |

182. Funerals. Burial

cemetery	სასაფლაო	sasap'lao
grave, tomb	სამარე	samare
cross	ჯვარი	djvari
gravestone	საფლავი	sap'lavi
fence	ზღუდე	zghurbli
chapel	სამლოცველო	samlocvelo

death	სიკვდილი	sikvdili
to die (vi)	გარდაცვალება	gardacvaleba
the deceased	მიცვალებული	micvalebuli
mourning	გლოვა	glova

to bury (vt)	დაკრძალვა	dakrdzalva
funeral home	დამკრძალავი ბიურო	damkrdzalavi biuro
funeral	დასაფლავება	dasap'laveba
wreath	გვირგვინი	gvirgvini
casket	კუბო	kubo
hearse	კატაფალკი	katap'alki
shroud	სუდარა	sudara

| cremation urn | სამარხი ურნა | samarkhi urna |
| crematory | კრემატორიუმი | krematoriumi |

obituary	ნეკროლოგი	nekrologi
to cry (weep)	ტირილი	tirili
to sob (vi)	ქვითინი	k'vit'ini

183. War. Soldiers

platoon	ოცეული	oceuli
company	ასეული	aseuli
regiment	პოლკი	polki
army	არმია	armia
division	დივიზიონი	divizioni
detachment	რაზმი	razmi
host (army)	ჯარი	djari
soldier	ჯარისკაცი	jariskaci
officer	ოფიცერი	op'iceri
private	რიგითი	rigit'i
sergeant	სერჟანტი	serzhanti
lieutenant	ლეიტენანტი	leitenanti
captain	კაპიტანი	kapitani
major	მაიორი	maiori
colonel	პოლკოვნიკი	polkovniki
general	გენერალი	generali
sailor	მეზღვაური	mezghvauri
captain	კაპიტანი	kapitani
boatswain	ბოცმანი	bocmani
artilleryman	არტილერისტი	artileristi
paratrooper	მედესანტე	medesante
pilot	მფრინავი	mp'rinavi
navigator	შტურმანი	shturmani
mechanic	მექანიკოსი	mek'anikosi
pioneer (sapper)	მესანგრე	mesangre
parachutist	პარაშუტისტი	parashutisti
scout	მზვერავი	mzveravi
sniper	სნაიპერი	snaiperi
patrol (group)	პატრული	patruli
to patrol (vt)	პატრულირება	patrulireba
sentry, guard	გუშაგი	gushagi
warrior	მეომარი	meomari
hero	გმირი	gmiri
heroine	გმირი	gmiri
patriot	პატრიოტი	patrioti
traitor	მოღალატე	moghalate
deserter	დეზერტირი	dezertiri
to desert (vi)	დეზერტირობა	dezertiroba
mercenary	დაქირავებული	dak'iravebuli
recruit	ახალწვეული	akhalts'veuli

volunteer	მოხალისე	mokhalise
dead	მოკლული	mokluli
wounded (n)	დაჭრილი	datch'rili
prisoner of war	ტყვე	tkve

184. War. Military actions. Part 1

war	ომი	omi
to be at war	ბრძოლა	brdzola
civil war	სამოქალაქო ომი	samok'alak'o omi

treacherously (adv)	ვერაგულად	veragulad
declaration of war	გამოცხადება	gamockhadeba
to declare (~ war)	გამოცხადება	gamockhadeba
aggression	აგრესია	agresia
to attack (invade)	თავდასხმა	t'avdaskhma

to invade (vt)	შეპყრობა	shepq'roba
invader	დამპყრობელი	dampq'robeli
conqueror	დამპყრობელი	dampq'robeli

defense	თავდაცვა	t'avdacva
to defend (a country, etc.)	დაცვა	dacva
to defend oneself	თავის დაცვა	t'avis dacva

enemy	მტერი	mteri
foe, adversary	მოწინააღმდეგე	mots'inaaghmdege
enemy (as adj)	მტრის	mtris

| strategy | სტრატეგია | strategia |
| tactics | ტაქტიკა | tak'tika |

order	ბრძანება	brdzaneba
command (order)	ბრძანება	brdzaneba
to order (vt)	ბრძანების გაცემა	brdzanebis gacema
mission	დავალება	davaleba
secret (adj)	საიდუმლო	saidumlo

battle, combat	ბრძოლა	brdzola
attack	შეტევა	sheteva
storming (assault)	იერიში	ierishi
to storm (vt)	იერიშის მიტანა	ierishis mitana
siege (to be under ~)	ალყა	alq'a

| offensive (n) | შეტევა იერიში | sheteva ierishi |
| to go on the offensive | შეტევაზე გადასვლა | shetevaze gadasvla |

retreat	უკუქცევა	ukuk'ceva
to retreat (vi)	უკან დახევა	ukan dakheva
encirclement	ალყა	alq'a

to encircle (vt)	გარშემორტყმა	garshemortq'ma
bombing (by aircraft)	დაბომბვა	dabombva
to drop a bomb	ბომბის ჩამოგდება	bombis chamogdeba
to bomb (vt)	ბომბვა	bombva
explosion	აფეთქება	ap'et'k'eba
shot	გასროლა	gasrola
to fire a shot	გასროლა	gasrola
shooting	სროლა	srola
to take aim (at …)	დამიზნება	damizneba
to point (a gun)	დამიზნება	damizneba
to hit (the target)	მოარტყა	moartka
to sink (~ a ship)	ჩაძირვა	chadzirva
hole (in a ship)	ნახვრეტი	nakhvreti
to founder, to sink (vi)	ფსკერისკენ წასვლა	p'skerisken ts'asvla
front (at war)	ფრონტი	p'ronti
rear (homefront)	ზურგი	zurgi
evacuation	ევაკუაცია	evakuacia
to evacuate (vt)	ევაკუირება	evakuireba
barbwire	ეკლიანი მავთული	ekliani mavt'uli
barrier (anti tank ~)	გადაღობვა	gadaghobva
watchtower	კოშკურა	koshkura
hospital	ჰოსპიტალი	h'ospitali
to wound (vt)	დაჭრა	datch'ra
wound	ჭრილობა	tch'riloba
wounded (n)	დაჭრილი	datch'rili
to be injured	ჭრილობის მიღება	tch'rilobis migheba
serious (wound)	მძიმე	mdzime

185. War. Military actions. Part 2

captivity	ტყვე	tkve
to take captive	ტყვედ აყვანა	tq'ved aq'vana
to be in captivity	ტყვედ ყოფნა	tq'ved q'op'na
to be taken prisoner	ტყვედ ჩავარდნა	tq'ved chavardna
concentration camp	საკონცენტრაციო ბანაკი	sakoncentracio banaki
prisoner of war	ტყვე	tkve
to escape (vi)	გაქცევა	gak'ceva
to betray (vt)	გაცემა	gacema
betrayer	მოღალატე	moghalate
betrayal	გამცემლობა	gamcemloba
to execute (shoot)	დახვრეტა	dakhvreta
execution (shooting)	დახვრეტა	dakhvreta

equipment (uniform, etc.)	ფორმის ტანსაცმელი	p'ormis tansacmeli
shoulder board	სამხრეული	samkhreuli
gas mask	აირწინაღი	airts'inaghi
radio transmitter	რაცია	racia
cipher, code	შიფრი	ship'ri
conspiracy	კონსპირაცია	konspiracia
password	პაროლი	paroli
land mine	ნაღმი	naghmi
to mine (road, etc.)	დანაღმვა	danaghmva
minefield	დანაღმული მინდორი	danaghmuli mindori
air-raid warning	საჰაერო განგაში	sah'aero gangash'i
alarm (warning)	განგაში	gangashi
signal	სიგნალი	signali
signal flare	სასიგნალო რაკეტა	sasignalo raketa
headquarters	შტაბი	shtabi
reconnaissance	დაზვერვა	dazverva
situation	ვითარება	vit'areba
report	ანგარიში	angarishi
ambush	საფარი	sap'ari
reinforcement (of army)	გამაგრება	gamagreba
target	მიზანი	mizani
proving ground	პოლიგონი	poligoni
military exercise	მანევრები	manevrebi
panic	თავზარი	t'avzari
devastation	დაქცევა	dak'ceva
destruction, ruins	ნგრევა	ngreva
to destroy (vt)	დანგრევა	dangreva
to survive (vi, vt)	გადარჩენა	gadarchena
to disarm (vt)	განაიარაღება	ganaiaragheba
to handle (~ a gun)	მოპყრობა	mopkroba
Attention!	სმენა!	smena
At ease!	თავისუფლად!	t'avisup'lad
feat (of courage)	გმირობა	gmiroba
oath (vow)	ფიცი	p'ici
to swear (an oath)	დაფიცება	dap'iceba
decoration (medal, etc.)	ჯილდო	djildo
to award (give medal to)	დაჯილდოვება	dadjildoveba
medal	მედალი	medali
order (e.g., ~ of Merit)	ორდენი	ordeni
victory	გამარჯვება	gamarjveba
defeat	დამარცხება	damarckheba

armistice	ზავი	zavi
banner (flag)	დროშა	drosha
glory (honor, fame)	დიდება	dideba
parade	აღლუმი	aghlumi
to march (on parade)	მარშით სვლა	marshit' svla

186. Weapons

weapons	იარაღი	iaraghi
firearm	ცეცხლსასროლი იარაღი	tsetskhlsasroli iaraghi
cold weapons (knives, etc.)	ცივი იარაღი	civi iaraghi
chemical weapons	ქიმიური იარაღი	k'imiuri iaraghi
nuclear (adj)	ატომური	atomuri
nuclear weapons	ატომური იარაღი	atomuri iaraghi
bomb	ბომბი	bombi
atomic bomb	ატომური ბომბი	atomuri bombi
pistol (gun)	პისტოლეტი	pistoleti
rifle	თოფი	t'op'i
submachine gun	ავტომატი	avtomati
machine gun	ტყვიამფრქვევი	tk'viamp'rk'vevi
muzzle	ლულა	lula
barrel	ლულა	lula
caliber	კალიბრი	kalibri
trigger	ჩახმახი	chakhmakhi
sight (aiming device)	სამიზნე	samizne
magazine	სავაზნე კოლოფი	savazne kolop'i
butt (of rifle)	კონდახი	kondakhi
hand grenade	ყუმბარა	kumbara
explosive	ასაფეთქებელი	asap'et'k'ebeli
bullet	ტყვია	tq'via
cartridge	ვაზნა	vazna
charge	მუხტი	mukhti
ammunition	საბრძოლო მასალა	sabrdzolo masala
bomber (aircraft)	ბომბდამშენი	bombdamsheni
fighter	გამანადგურებელი	gamanadgurebeli
helicopter	ვერტმფრენი	vertmp'reni
anti-aircraft gun	საზენიტო იარაღი	sazenito iaraghi
tank	ტანკი	tanki
tank gun	ქვემეხი	k'vemekhi
artillery	არტილერია	artileria

to lay (a gun)	დამიზნება	damizneba
shell (projectile)	ჭურვი	tch'urvi
mortar bomb	ნაღმი	naghmi
mortar	ნაღმტყორცნი	naghmtq'ortsni
splinter (of shell)	ნამტვრევი	namtvrevi
submarine	წყალქვეშა ნავი	ts'ghalk'vesha navi
torpedo	წყალქვეშა ნაღმი	ts'ghalk'vesha nagh'mi
missile	რაკეტა	raketa
to load (gun)	დატენვა	datenva
to shoot (vi)	სროლა	srola
to take aim (at ...)	დამიზნება	damizneba
bayonet	ხიშტი	khishti
epee	დაშნა	dashna
saber (e.g., cavalry ~)	ხმალი	khmali
spear (weapon)	შუბი	shubi
bow	მშვილდი	mshvildi
arrow	ისარი	isari
musket	მუშკეტი	mushketi
crossbow	არბალეტი	arbaleti

187. Ancient people

primitive (prehistoric)	პირველყოფილი	pirvelq'op'ili
prehistoric (adj)	წინაისტორიული	ts'inaistoriuli
ancient (~ civilization)	ძველი	dzveli
Stone Age	ქვის ხანა	k'vis khana
Bronze Age	ბრინჯაოს ხანა	brinjaos khana
Ice Age	გამყინვარების პერიოდი	gamq'invarebis periodi
tribe	ტომი	tomi
cannibal	კაციჭამია	kacitch'amia
hunter	მონადირე	monadire
to hunt (vi, vt)	ნადირობა	nadiroba
mammoth	მამონტი	mamonti
cave	გამოქვაბული	gamok'vabuli
fire	ცეცხლი	ceckhli
campfire	კოცონი	koconi
rock painting	კლდეზე ნახატი	kldeze nakhati
tool (e.g., stone ax)	შრომის იარაღი	shromis iaraghi
spear	შუბი	shubi
stone ax	ქვის ნაჯახი	k'vis nadjakhi
to be at war	ბრძოლა	brdzola
to domesticate (vt)	მოშინაურება	moshinaureba
idol	კერპი	kerpi

to worship (vt)	თაყვანისცემა	t'aq'vaniscema
superstition	ცრურწმენა	crurts'mena
evolution	ევოლუცია	evolucia
development	განვითარება	ganvit'areba
disappearance	გაუჩინარება	gauchinareba
to adapt oneself	შეგუება	shegueba
archeology	არქეოლოგია	ark'eologia
archeologist	არქეოლოგი	ark'eologi
archeological (adj)	არქეოლოგიური	ark'eologiuri
excavation site	გათხრები	gat'khrebi
excavations	გათხრები	gat'khrebi
find (object)	აღმოჩენა	aghmochena
fragment	ფრაგმენტი	p'ragmenti

188. Middle Ages

people (population)	ხალხი	khalkhi
peoples	ხალხები	khalkhebi
tribe	ტომი	tomi
tribes	ტომები	tomebi
barbarians	ბარბაროსები	barbarosebi
Gauls	გალები	galebi
Goths	გოთები	got'ebi
Slavs	სლავები	slavebi
Vikings	ვიკინგები	vikingebi
Romans	რომაელები	romaelebi
Roman (adj)	რომაული	romauli
Byzantines	ბიზანტიელები	bizantielebi
Byzantium	ბიზანტია	bizantia
Byzantine (adj)	ბიზანტიური	bizantiuli
emperor	იმპერატორი	imperatori
leader, chief	ბელადი	beladi
powerful (~ king)	ძლევამოსილი	dzlevamosili
king	მეფე	mep'e
ruler (sovereign)	მართველი	mart'veli
knight	რაინდი	raindi
knightly (adj)	რაინდული	rainduli
feudal lord	ფეოდალი	p'eodali
feudal (adj)	ფეოდალური	p'eodaluri
vassal	ვასალი	vasali
duke	ჰერცოგი	h'ercogi
earl	გრაფი	grap'i

baron	ბარონი	baroni
bishop	ეპისკოპოსი	episkoposi
armor	ჯავშანი	djavshani
shield	ფარი	p'ari
sword	მახვილი	makhvili
visor	ჩაფხუტი	chap'khuti
chain armor	ჯაჭვის პერანგი	djatch'vis perangi
crusade	ჯვაროსნული ლაშქრობა	djvarosnuli lashk'roba
crusader	ჯვაროსანი	djvarosani
territory	ტერიტორია	teritoria
to attack (invade)	თავდასხმა	t'avdaskhma
to conquer (vt)	დაპყრობა	dapq'roba
to occupy (invade)	მიტაცება	mitaceba
siege (to be under ~)	ალყა	alq'a
besieged (adj)	ალყაშემორტყმული	alkhashemortq'muli
to besiege (vt)	ალყის შემორტყმა	alkq'is shemortq'ma
inquisition	ინკვიზიცია	inkvizicia
inquisitor	ინკვიზიტორი	inkvizitori
torture	წამება	ts'ameba
cruel (adj)	სასტიკი	sastiki
heretic	ერეტიკოსი	eretikosi
heresy	მწვალებლობა	mts'valebloba
seafaring	ზღვაოსნობა	zghvaosnoba
pirate	მეკობრე	mekobre
piracy	მეკობრეობა	mekobreoba
boarding (attack)	აბორდაჟი	abordaji
loot, booty	საშოვარი	sashovari
treasures	განძი	gandzi
discovery	აღმოჩენა	aghmochena
to discover (new land, etc.)	გაღება	gagheba
expedition	ექსპედიცია	ek'spedicia
musketeer	მუშკეტერი	mushketeri
cardinal	კარდინალი	kardinali
heraldry	ჰერალდიკა	h'eraldika
heraldic (adj)	ჰერალდიკური	h'eraldikuri

189. Leader. Chief. Authorities

king	მეფე	mep'e
queen	დედოფალი	dedop'ali
royal (adj)	მეფური	mep'uri
kingdom	სამეფო	samep'o

prince	უფლისწული	up'lists'uli
princess	სეფექალი	sep'ek'ali
president	პრეზიდენტი	prezidenti
vice-president	ვიცე-პრეზიდენტი	vice-prezidenti
senator	სენატორი	senatori
monarch	მონარქი	monark'i
ruler (sovereign)	მართველი	mart'veli
dictator	დიქტატორი	dik'tatori
tyrant	ტირანი	tirani
magnate	მაგნატი	magnati
director	დირექტორი	direk'tori
chief	უფროსი	up'rosi
manager (director)	მართველი	mart'veli
boss	ბოსი	bosi
owner	მეპატრონე	mepatrone
head (~ of delegation)	მეთაური	met'auri
authorities	ხელისუფლება	khelisup'leba
superiors	უფროსობა	up'rosoba
governor	გუბერნატორი	gubernatori
consul	კონსული	konsuli
diplomat	დიპლომატი	diplomati
mayor	მერი	meri
sheriff	შერიფი	sherip'i
emperor	იმპერატორი	imperatori
tsar, czar	მეფე	mep'e
Pharaoh	ფარაონი	p'araoni
khan	ხანი	khani

190. Road. Way. Directions

road	გზა	gza
way (direction)	გზა	gza
freeway	გზატკეცილი	gzatkecili
highway	ავტომაგისტრალი	avtomagistrali
interstate	ნაციონალური გზა	nacionaluri gza
main road	მთავარი გზა	mt'avari gza
dirt road	სასოფლო გზა	sasop'lo gza
pathway	ბილიკი	biliki
footpath	პატარა ბილიკი	patara biliki
Where?	სად?	sad?
Where (to)?	საითკენ?	sait'ken?

Where ... from?	საიდან?	saidan?
direction (way)	მიმართულება	mimart'uleba
to point (~ the way)	მიმართულების ჩვენება	mimart'ulebis chveneba
to the left	მარცხნივ	marckhniv
to the right	მარჯვნივ	mardjvniv
straight ahead (adv)	პირდაპირ	pirdapir
back (e.g., to turn ~)	უკან	ukan
turn, curve	შესახვევი	shesakhvevi
to turn (~ to the left)	მობრუნება	mobruneba
to make a U-turn	მოტრიალება	motrialeba
to be visible	მოჩანს	mochans
to appear (come into view)	გამოჩენა	gamochena
stop, halt (in journey)	გაჩერება	gachereba
to rest, to halt (vi)	დასვენება	dasveneba
rest (pause)	დასვენება	dasveneba
to lose one's way	გზის დაბნევა	gzis dabneva
to lead to ... (ab. road)	გზისკენ წასვლა	gzisken ts'asvla
to arrive at ...	გზაზე გასვლა	gzaze gasvla
stretch (of road)	მონაკვეთი	monakvet'i
asphalt	ასფალტი	asp'alti
curb	ბორდიური	bordiuri
ditch	თხრილი	t'khrili
manhole	საძვრენი	sadzvreni
roadside	გზისპირი	gzispiri
pit, pothole	ორმო	ormo
to go (on foot)	წასვლა	ts'asvla
to pass (overtake)	გასწრება	gasts'reba
step (footstep)	ნაბიჯი	nabidji
on foot (adv)	ფეხით	p'ekhit'
to block (road)	გადაკეტვა	gadaketva
boom barrier	შლაგბაუმი	shlagbaumi
dead end	ჩიხი	chikhi

191. Breaking the law. Criminals. Part 1

bandit	ყაჩაღი	q'achaghi
crime	დანაშაული	danashauli
criminal (person)	დამნაშავე	damnashave
thief	ქურდი	k'urdi
to steal (vi, vt)	იქურდო	ik'urdo

stealing (larceny)	ქურდობა	k'urdoba
theft	მოპარვა	moparva
to kidnap (vt)	მოიტაცო	moitaco
kidnapping	გატაცება	gataceba
kidnapper	გამტაცებელი	gamtacebeli
ransom	გამოსასყიდი	gamosaskhidi
to demand ransom	გამოსასყიდის მოთხოვნა	gamosaskhidis mot'khovna
to rob (vt)	ძარცვა	dzarcva
robber	მძარცველი	mdzascveli
to extort (vt)	გამოძალვა	gamodzalva
extortionist	გამომძალველი	gamomdzalveli
extortion	გამომძალველობა	gamomdzalveloba
to murder, to kill	მოკვლა	mokvla
murder	მკვლელობა	mkvleloba
murderer	მკვლელი	mkvleli
gunshot	სროლა	srola
to fire a shot	გასროლა	gasrola
to shoot down	დახვრეტა	dakhvreta
to shoot (vi)	სროლა	srola
shooting	სროლა	srola
incident (fight, etc.)	შემთხვევა	shemt'khveva
fight, brawl	ჩხუბი	chkhubi
victim	მსხვერპლი	mckhverpli
to damage (vt)	დაზიანება	dazianeba
damage	ზარალი	zarali
dead body	გვამი	gvami
grave (~ crime)	მძიმე	mdzime
to attack (vt)	თავდასხმა	t'avdaskhma
to beat (dog, person)	დარტყმა	dartq'ma
to beat up	ცემა	cema
to take (snatch)	წართმევა	t'ts'art'meva
to stab to death	დაკვლა	dakvla
to maim (vt)	დამახინჯება	damakhinjeba
to wound (vt)	დაჭრა	datch'ra
blackmail	შანტაჟი	shantaji
to blackmail (vt)	დაშანტაჟება	dashantajeba
blackmailer	შანტაჟისტი	shantajisti
protection racket	რეკეტი	reketi
racketeer	რეკეტირი	reketiri
gangster	განქსტერი	gank'steri

mafia, Mob	მაფია	map'ia
pickpocket	ჯიბის ქურდი	djibis k'urdi
burglar	გამტეხელი	gamtekheli
smuggling	კონტრაბანდა	kontrabanda
smuggler	კონტრაბანდისტი	kontrabandisti
forgery	ყალბი	q'albi
to forge (counterfeit)	გაყალბება	gaq'albeba
fake (forged)	ყალბი	q'albi

192. Breaking the law. Criminals. Part 2

rape	გაუპატიურება	gaupatiureba
to rape (vt)	გაუპატიურება	gaupatiureba
rapist	მოძალადე	modzalade
maniac	მანიაკი	maniaki
prostitute (fem.)	მეძავი	medzavi
prostitution	პროსტიტუცია	prostitucia
pimp	სუტენიორი	suteniori
drug addict	ნარკომანი	narkomani
drug dealer	ნარკოტიკებით მოვაჭრე	narkotikebit' movach're
to blow up (bomb)	აფეთქება	ap'et'k'eba
explosion	აფეთქება	ap'et'k'eba
to set fire	ცეცხლის წაკიდება	ceckhlis ts'akideba
incendiary (arsonist)	ცეცხლის წამკიდებელი	ceckhlis ts'amkidebeli
terrorism	ტერორიზმი	terorizmi
terrorist	ტერორისტი	teroristi
hostage	მძევალი	mdzevali
to swindle (vt)	მოტყუება	motq'ueba
swindle	ტყუილი	tq'uili
swindler	თაღლითი	t'aghlit'i
to bribe (vt)	გადაბირება	gadabireba
bribery	მოსყიდვა	mosq'idva
bribe	ქრთამი	k'rt'ami
poison	შხამი	shkhami
to poison (vt)	მოწამვლა	mots'amvla
to poison oneself	თავის მოწამვლა	t'avis mot'ts'amvla
suicide (act)	თვითმკვლელობა	t'vit'mkvleloba
suicide (person)	თვითმკვლელი	t'vit'mkvleli
to threaten (vt)	დამუქრება	damuk'reba
threat	მუქარა	muk'ara

| to make an attempt | ხელყოფა | khelkhop'a |
| attempt (attack) | ხელყოფა | khelkhop'a |

| to steal (a car) | გატაცება | gataceba |
| to hijack (a plane) | გატაცება | gataceba |

| revenge | შურისძიება | shurisdzieba |
| to avenge (vt) | შურისძიება | shurisdzieba |

to torture (vt)	წამება	ts'ameba
torture	წამება	ts'ameba
to abuse (treat cruelly)	წვალება	ts'valeba

pirate	მეკობრე	mekobre
hooligan	ხულიგანი	khuligani
armed (adj)	შეიარაღებული	sheiaraghebuli
violence	ძალადობა	dzaladoba

| spying (n) | შპიონაჟი | shpionaji |
| to spy (vi) | ჯაშუშობა | djashushoba |

193. Police. Law. Part 1

| justice | სასამართლო | sasamart'lo |
| court (court room) | სასამართლო | sasamart'lo |

judge	მოსამართლე	mosamart'le
jurors	ნაფიცი მსაჯული	nap'ici msadjuli
jury trial	ნაფიც მსაჯულთა სასამართლო	nap'ic msadjult'a sasamart'lo
to judge (vt)	გასამართლება	gasamart'leba

lawyer, attorney	ადვოკატი	advokati
accused	ბრალდებული	braldebuli
dock	ბრალდებულთა სკამი	braldebult'a skami

| charge | ბრალდება | braldeba |
| accused | ბრალდებული | braldebuli |

| sentence | განაჩენი | ganacheni |
| to sentence (vt) | განაჩენის გამოტანა | ganachenis gamotana |

guilty (culprit)	დამნაშავე	damnashave
to punish (vt)	დასჯა	dasdja
punishment	სასჯელი	sasdjeli

fine (penalty)	ჯარიმა	djarima
life imprisonment	სამუდამო პატიმრობა	samudamo patimroba
death penalty	სიკვდილით დასჯა	sikvdilit' dasdja
electric chair	ელექტრო სკამი	elek'troskami

gallows	სახრჩობელა	sakhrchobela
to execute (vt)	დასჯა	dasdja
execution	სასჯელი	sasdjeli

prison, jail	ციხე	cikhe
cell	საკანი	sakani

escort	ბადრაგი	badragi
prison guard	ზედამხედველი	zedamkhedveli
prisoner	პატიმარი	patimari

handcuffs	ხელბორკილები	khelkborkilebi
to handcuff (vt)	ხელბორკილის დადება	khelborkilebis dadeba

prison break	გაქცევა	gak'ceva
to break out (vi)	გაქცევა	gak'ceva
to disappear (vi)	გადაკარგვა	gadakargva
to release (from prison)	განთავისუფლება	gant'avisup'leba
amnesty	ამნისტია	amnistia

police	პოლიცია	policia
policeman	პოლიციელი	policieli
police station	პოლიციის უბანი	policiis ubani
billy club	რეზინის ხელკეტი	rezinis khelketi
bullhorn	ხმადიდი	khmadidi

patrol car	საპატრულო მანქანა	sapatrulo mank'ana
siren	საყვირი	saq'viri
to turn on the siren	საყვირის ჩართვა	saq'viris chart'va
siren call	საყვირის ხმა	saq'viris khma

scene of the crime	შემთხვევის ადგილი	shemt'khvevis adgili
witness	მოწმე	mots'me
freedom	თავისუფლება	t'avisup'leba
accomplice	თანამზრახველი	t'anamzrakhveli
to flee (vi)	მიმალვა	mimalva
trace (to leave a ~)	კვალი	kvali

194. Police. Law. Part 2

search (for a criminal)	ძებნა	dzebna
to look for ...	ძებნა	dzebna
suspicion	ეჭვი	etch'vi
suspicious (suspect)	საეჭვო	saetch'vo
to stop (cause to halt)	გაჩერება	gachereba
to detain (keep in custody)	დაკავება	dakaveba

case (lawsuit)	საქმე	sak'me
investigation	ძიება	dzieba
detective	დეტექტივი	detek'tivi

investigator	გამომძიებელი	gamomdziebeli
version	ვერსია	versia
motive	მოტივი	motivi
interrogation	დაკითხვა	dakit'khva
to interrogate (vt)	დაკითხვა	dakit'khva
to question (vt)	გამოკითხვა	gamokit'khva
checking (police ~)	შემოწმება	shemots'meba
round-up	ალყა	alq'a
search (~ warrant)	ჩხრეკა	chkhreka
chase (pursuit)	დადევნება	dadevneba
to pursue, to chase	დევნა	devna
to track (a criminal)	თვალთვალი	t'valt'vali
arrest	პატიმრობა	patimroba
to arrest (sb)	დაპატიმრება	dapatimreba
to catch (thief, etc.)	დაკავება	dakaveba
capture	დაჭერა	datch'era
document	დოკუმენტი	dokumenti
proof (evidence)	მტკიცებულება	mtkicebuleba
to prove (vt)	დამტკიცება	damtkiceba
footprint	ნაფეხური	nafekhuri
fingerprints	თითის ანაბეჭდი	t'it'is anabetch'di
piece of evidence	სამხილი	samkhili
alibi	ალიბი	alibi
innocent (not guilty)	უდანაშაულო	udanashaulo
injustice (unjust act)	უსამართლობა	usamart'loba
unjust, unfair (adj)	უსამართლობა	usamart'loba
crime (adj)	კრიმინალური	kriminaluri
to confiscate (vt)	კონფისკაცია	konp'iskacia
drug (illegal substance)	ნარკოტიკი	narkotiki
weapon, gun	იარაღი	iaraghi
to disarm (vt)	განიარაღება	ganiaragheba
to order (command)	ბრძანება	brdzaneba
to disappear (vi)	გაქრობა	gak'roba
law	კანონი	kanoni
legal (adj)	კანონიერი	kanonieri
illegal (adj)	უკანონო	ukanono
responsibility	პასუხისმგებლობა	pasukhismgebloba
responsible (adj)	პასუხისმგებელი	pasukhismgebeli

NATURE

The Earth. Part 1

195. Outer space

cosmos	კოსმოსი	kosmosi
space (as adj)	კოსმოსური	kosmosuri
outer space	კოსმოსური სივრცე	kosmosuri sivrce
world	მსოფლიო	msop'lio
universe	სამყარო	samq'aro
galaxy	გალაქტიკა	galak'tika
star	ვარსკვლავი	varskvlavi
constellation	თანავარსკვლავედი	t'anavarskvlavedi
planet	პლანეტა	planeta
satellite	თანამგზავრი	t'anamgzavri
meteorite	მეტეორიტი	meteoriti
comet	კომეტა	kometa
asteroid	ასტეროიდი	asteroidi
orbit	ორბიტა	orbita
to rotate (vi)	ბრუნვა	brunva
atmosphere	ატმოსფერო	atmosp'ero
the Sun	მზე	mze
solar system	მზის სისტემა	mzis sistema
solar eclipse	მზის დაბნელება	mzis dabneleba
the Earth	დედამიწა	dedamits'a
the Moon	მთვარე	mt'vare
Mars	მარსი	marsi
Venus	ვენერა	venera
Jupiter	იუპიტერი	iupiteri
Saturn	სატურნი	saturni
Mercury	მერკური	merkuri
Uranus	ურანი	urani
Neptune	ნეპტუნი	neptuni
Pluto	პლუტონი	plutoni
Milky Way	ირმის ნახტომი	irmis nakhtomi
Great Bear	დიდი დათვი	didi dat'vi

North Star	პოლარული ვარსკვლავი	polaruli varskvlavi
Martian	მარსიელი	marsieli
extraterrestrial	უცხოპლანეტელი	uckhoplaneteli
alien	სხვა სამყაროდან ჩამოსული	skhva samkharodan chamosuli
flying saucer	მფრინავი თეფში	mp'rinavi t'ep'shi
spaceship	კოსმოსური ხომალდი	kosmosuri khomaldi
space station	ორბიტალური სადგური	orbitaluri sadguri
blast-off	სტარტი	starti
engine	ძრავა	dzrava
nozzle	სა'ქშენი	sak'sheni
fuel	საწვავი	sats'vavi
cockpit, flight deck	კაბინა	kabina
antenna	ანტენა	antena
porthole	ილუმინატორი	iluminatori
solar battery	მზის ბატარეა	mzis batarea
spacesuit	სკაფანდრი	skap'andri
weightlessness	უწონადობა	uts'onadoba
oxygen	ჟანგბადი	jangbadi
docking (in space)	შეერთება	sheert'eba
to dock (vi, vt)	შეერთების წარმოება	sheert'ebis t'ts'armoeba
observatory	ობსერვატორია	observatoria
telescope	ტელესკოპი	teleskopi
to observe (vt)	დაკვირვება	dakvirveba
to explore (vt)	გამოკვლევა	gamokvleva

196. The Earth

the Earth	დედამიწა	dedamits'a
globe (the Earth)	დედამიწის სფერო	dedamits'is sp'ero
planet	პლანეტა	planeta
atmosphere	ატმოსფერო	atmosp'ero
geography	გეოგრაფია	geograp'ia
nature	ბუნება	buneba
globe (table ~)	გლობუსი	globusi
map	რუქა	ruk'a
atlas	ატლასი	atlasi
Europe	ევროპა	evropa
Asia	აზია	azia
Africa	აფრიკა	ap'rika
Australia	ავსტრალია	avstralia

America	ამერიკა	amerika
North America	ჩრდილოეთ ამერიკა	chrdiloet' amerika
South America	სამხრეთ ამერიკა	samkhret' amerika
Antarctica	ანტარქტიდა	antark'tida
the Arctic	არქტიკა	ark'tika

197. Cardinal directions

north	ჩრდილოეთი	chrdiloet'i
to the north	ჩრდილოეთისკენ	chrdiloet'isken
in the north	ჩრდილოეთში	chrdiloet'shi
northern (adj)	ჩრდილოეთის	chrdiloet'is

south	სამხრეთი	samkhret'i
to the south	სამხრეთისკენ	samkhret'isken
in the south	სამხრეთში	samkhret'shi
southern (adj)	სამხრეთის	samkhret'is

west	დასავლეთი	dasavlet'i
to the west	დასავლეთისკენ	dasavlet'isken
in the west	დასავლეთში	dasavlet'shi
western (adj)	დასავლეთის	dasavlet'is

east	აღმოსავლეთი	aghmosavlet'i
to the east	აღმოსავლეთისკენ	aghmocavlet'isken
in the east	აღმოსავლეთში	aghmocavlet'shi
eastern (adj)	აღმოსავლეთის	aghmocavlet'is

198. Sea. Ocean

sea	ზღვა	zghva
ocean	ოკეანე	okeane
gulf (bay)	ყურე	q'ure
straits	სრუტე	srute

continent (mainland)	მატერიკი	materiki
island	კუნძული	kundzuli
peninsula	ნახევარკუნძული	nakhevarkundzuli
archipelago	არქიპელაგი	ark'ipelagi

bay	ყურე	q'ure
harbor	ნავსადგური	navsadguri
lagoon	ლაგუნა	laguna
cape	კონცხი	konckhi

| atoll | ატოლი | atoli |
| reef | რიფი | rip'i |

coral	მარჯანი	mardjani
coral reef	მარჯნის რიფი	mardjnis rip'i
deep (adj)	ღრმა	ghrma
depth (deep water)	სიღრმე	sighrme
abyss	უფსკრული	up'skruli
trench (e.g., Mariana ~)	ღრმული	ghrmuli
current, stream	დინება	dineba
to surround (bathe)	გაბანა	gabana
shore	ნაპირი	napiri
coast	სანაპირო	sanapiro
high tide	მოქცევა	mok'ceva
low tide	მიქცევა	mik'ceva
sandbank	მეჩეჩი	mechechi
bottom	ფსკერი	p'skeri
wave	ტალღა	talgha
crest (~ of a wave)	ტალღის ქოჩორი	talghis k'ochori
froth (foam)	ქაფი	k'ap'i
hurricane	გრიგალი	grigali
tsunami	ცუნამი	cunami
calm (dead ~)	მყუდროება	mq'udroeba
quiet, calm (adj)	წყნარი	ts'q'nari
pole	პოლუსი	polusi
polar (adj)	პოლარული	polaruli
latitude	განედი	ganedi
longitude	გრძედი	grdzedi
parallel	პარალელი	paraleli
equator	ეკვატორი	ekvatori
sky	ცა	ca
horizon	ჰორიზონტი	h'orizonti
air	ჰაერი	h'aeri
lighthouse	შუქურა	shuk'ura
to dive (vi)	ყვინთვა	q'vint'va
to sink (ab. boat)	ჩაძირვა	chadzirva
treasures	განძი	gandzi

199. Seas' and Oceans' names

Atlantic Ocean	ატლანტის ოკეანე	atlantis okeane
Indian Ocean	ინდოეთის ოკეანე	indoet'is okeane
Pacific Ocean	წყნარი ოკეანე	ts'q'nari okeane

Arctic Ocean	ჩრდილოეთის ყინულოვანი ოკეანე	chrdiloet'is q'inulovani okeane
Black Sea	შავი ზღვა	shavi zghva
Red Sea	წითელი ზღვა	ts'it'eli zghva
Yellow Sea	ყვითელი ზღვა	q'vit'eli zghva
White Sea	თეთრი ზღვა	t'et'ri zghva
Caspian Sea	კასპიის ზღვა	kaspiis zghva
Dead Sea	მკვდარი ზღვა	mkvdari zghva
Mediterranean Sea	ხმელთაშუა ზღვა	khmelt'ashua zghkhva
Aegean Sea	ეგეოსის ზღვა	egeosis zghva
Adriatic Sea	ადრიატიკის ზღვა	adriatikis zghva
Arabian Sea	არავიის ზღვა	araviis zghva
Sea of Japan	იაპონიის ზღვა	iaponiis zghva
Bering Sea	ბერინგის ზღვა	beringis zghva
South China Sea	სამხრეთ-ჩინეთის ზღვა	samxret'-chinet'is zghva
Coral Sea	მარჯნის ზღვა	mardjnis zghva
Tasman Sea	ტასმანიის ზღვა	tasmaniis zghva
Caribbean Sea	კარიბის ზღვა	karibis zghva
Barents Sea	ბარენცის ზღვა	barencis zghva
Kara Sea	კარსის ზღვა	karsis zghva
North Sea	ჩრდილოეთის ზღვა	chrdiloet'is zghva
Baltic Sea	ბალტიის ზღვა	baltiis zghva
Norwegian Sea	ნორვეგიის ზღვა	nervegiis zghva

200. Mountains

mountain	მთა	mt'a
mountain range	მთების ჯაჭვი	mt'ebis djat'ch'vi
mountain ridge	მთის ქედი	mt'is k'edi
summit, top	მწვერვალი	mts'vervali
peak	პიკი	piki
foot (of mountain)	მთის ძირი	mt'is dziri
slope (mountainside)	ფერდობი	p'erdobi
volcano	ვულკანი	vulkani
active volcano	მოქმედი ვულკანი	mok'medi vulkani
dormant volcano	ჩამქრალი ვულკანი	chamk'rali vulkani
eruption	ამოფრქვევა	amop'rk'veva
crater	კრატერი	krateri
magma	მაგმა	magma
lava	ლავა	lava
molten (~ lava)	გავარვარებული	gavarvarebuli

canyon	კანიონი	kanioni
gorge	ხეობა	kheoba
crevice	ნაპრალი	naprali
pass, col	უღელტეხილი	ugheltexili
plateau	პლატო	plato
cliff	კლდე	klde
hill	ბორცვი	borcvi
glacier	მყინვარი	mq'invari
waterfall	ჩანჩქერი	chanchk'eri
geyser	გეიზერი	geizeri
lake	ტბა	tba
plain	ვაკე	vake
landscape	პეიზაჟი	peizaji
echo	ექო	ek'o
alpinist	ალპინისტი	alpinisti
rock climber	მთასვლელი	mt'asvleli
to conquer (in climbing)	დაპყრობა	dapq'roba
climb (an easy ~)	ასვლა	asvla

201. Mountains names

Alps	ალპები	alpebi
Mont Blanc	მონბლანი	monblani
Pyrenees	პირენეები	pireneebi
Carpathians	კარპატები	karpatebi
Ural Mountains	ურალის მთები	uralis mt'ebi
Caucasus	კავკასია	kavkasia
Elbrus	იალბუზი	ialbuzi
Altai	ალტაი	altai
Tien Shan	ტიან-შანი	tian-shani
Pamir Mountains	პამირი	pamiri
Himalayas	ჰიმალაი	h'imalai
Everest	ევერესტი	everesti
Andes	ანდები	andebi
Kilimanjaro	კილიმანჯარო	kilimandjaro

202. Rivers

river	მდინარე	mdinare
spring (natural source)	წყარო	ts'q'aro
riverbed	კალაპოტი	kalapoti

basin	აუზი	auzi
to flow into ...	ჩადინება	chadineba
tributary	შენაკადი	shenakadi
bank (of river)	ნაპირი	napiri
current, stream	დინება	dineba
downstream (adv)	დინების ქვემოთ	dinebis k'vemot'
upstream (adv)	დინების ზემოთ	dinebis zemot'
flood	წყალდიდობა	ts'q'aldidoba
flooding	წყალდიდობა	ts'q'aldidoba
to overflow (vi)	გადმოსვლა	gadmosvla
to flood (vt)	დატბორვა	datborva
shallows (shoal)	თავთხელი	t'avt'kheli
rapids	ზღურბლი	zghurbli
dam	კაშხალი	kashkhali
canal	არხი	arkhi
artificial lake	წყალსაცავი	ts'q'alsacavi
sluice, lock	რაბი	rabi
water body (pond, etc.)	წყალსატევი	ts'q'alsatevi
swamp, bog	ჭაობი	ch'aobi
marsh	ჭანჭრობი	tchantchrobi
whirlpool	მორევი	morevi
stream (brook)	ნაკადული	nakaduli
drinking (ab. water)	სასმელი	sasmeli
fresh (~ water)	მტკნარი	mtknari
ice	ყინული	q'inuli
to ice over	გაყინვა	gaq'inva

203. Rivers' names

Seine	სენა	sena
Loire	ლუარა	luara
Thames	ტემზა	temza
Rhine	რეინი	reini
Danube	დუნაი	dunai
Volga	ვოლგა	volga
Don	დონი	doni
Lena	ლენა	lena
Yellow River	ხუანხე	khuankhe
Yangtze	იანძი	iandzi

Mekong	მეკონგი	mekongi
Ganges	განგი	gangi
Nile River	ნილოსი	nilosi
Congo	კონგო	kongo
Okavango	ოკავანგო	okavango
Zambezi	ზამბეზი	zambezi
Limpopo	ლიმპოპო	limpopo
Mississippi River	მისისიპი	misisipi

204. Forest

forest	ტყე	tq'e
forest (as adj)	ტყის	tq'is
thick forest	ტევრი	tevri
grove	ჭალა	tch'ala
clearing	მინდორი	mindori
thicket	ბარდები	bardebi
scrubland	ბუჩქნარი	buchk'nari
footpath	ბილიკი	biliki
gully	ხევი	khevi
tree	ხე	khe
leaf	ფოთოლი	p'ot'oli
leaves	ფოთლეული	p'ot'leuli
falling leaves	ფოთოლცვენა	p'ot'olcvena
to fall (ab. leaves)	ცვენა	cvena
top (of the tree)	კენწერო	kents'ero
branch	ტოტი	toti
bough	ნუჯრი	nujri
bud (on shrub, tree)	კვირტი	kvirti
needle (of pine tree)	წიწვი	ts'its'vi
pine cone	გირჩი	girchi
hollow (in a tree)	ფუღურო	p'ughuro
nest	ბუდე	bude
burrow (animal hole)	სორო	soro
trunk	ტანი	tani
root	ფესვი	p'esvi
bark	ქერქი	k'erk'i
moss	ხავსი	khavsi
to uproot (vt)	ამოძირკვა	amodzirkva
to chop down	მოჭრა	motch'ra

to deforest (vt)	გაჩეხვა	gachekhva
tree stump	კუნძი	kundzi
campfire	კოცონი	koconi
forest fire	ხანძარი	khandzari
to extinguish (vt)	ჩაქრობა	chak'roba
forest ranger	მეტყევე	metq'eve
protection	დაცვა	dacva
to protect (~ nature)	დაცვა	dacva
poacher	ბრაკონიერი	brakonieri
trap (e.g., bear ~)	ხაფანგი	khap'angi
to gather, to pick (vt)	კრეფა	krep'a
to lose one's way	გზის დაბნევა	gzis dabneva

205. Natural resources

natural resources	ბუნებრივი რესურსები	bunebrivi resursebi
minerals	სასარგებლო წიაღისეული	sasargeblo ts'iaghiseuli
deposits	საბადო	sabado
field (e.g., oilfield)	საბადო	sabado
to mine (extract)	მოპოვება	mopoveba
mining (extraction)	მოპოვება	mopoveba
ore	მადანი	madani
mine (e.g., for coal)	მადნეული	madneuli
mine shaft, pit	შახტი	shakhti
miner	მაღაროელი	magharoeli
gas	გაზი	gazi
gas pipeline	გაზსადენი	gazsadeni
oil (petroleum)	ნავთობი	navt'obi
oil pipeline	ნავთობსადენი	navt'obsadeni
oil rig	ნავთობის კოშკურა	navt'obis koshkura
derrick	საბურღი კოშკურა	saburghi koshkura
tanker	ტანკერი	tankeri
sand	ქვიშა	k'visha
limestone	კირქვა	kirk'va
gravel	ხრეში	khreshi
peat	ტორფი	torp'i
clay	თიხა	t'ikha
coal	ქვანახშირი	k'vanakhshiri
iron	რკინა	rkina
gold	ოქრო	ok'ro
silver	ვერცხლი	verckhli
nickel	ნიკელი	nikeli

copper	სპილენძი	spilendzi
zinc	თუთია	t'ut'ia
manganese	მარგანეცი	marganeci
mercury	ვერცხლისწყალი	verckhlists'kkhali
lead	ტყვია	tq'via

mineral	მინერალი	minerali
crystal	კრისტალი	kristali
marble	მარმარილო	marmarilo
uranium	ურანი	urani

The Earth. Part 2

206. Weather

weather	ამინდი	amindi
weather forecast	ამინდის პროგნოზი	amindis prognozi
temperature	ტემპერატურა	temperatura
thermometer	თერმომეტრი	t'ermometri
barometer	ბარომეტრი	barometri
humidity	ტენიანობა	tenianoba
heat (of summer)	სიცხე	sickhe
hot (torrid)	ცხელი	ckheli
it's hot	ცხელი	ckheli
it's warm	თბილა	t'bila
warm (moderately hot)	თბილი	t'bili
it's cold	სიცივე	sicive
cold (adj)	ცივი	civi
sun	მზე	mze
to shine (vi)	ანათებს	anat'ebs
sunny (day)	მზიანი	mziani
to come up (vi)	ამოსვლა	amosvla
to set (vi)	ჩასვლა	chasvla
cloud	ღრუბელი	ghrubeli
cloudy (adj)	ღრუბლიანი	ghrubliani
rain cloud	ღრუბელი	ghrubeli
somber (gloomy)	მოღრუბლული	moghrubluli
rain	წვიმა	ts'vima
it's raining	წვიმა მოდის	ts'vima modis
rainy (day)	წვიმიანი	ts'vimiani
to drizzle (vi)	ჟინჟღვლა	jinjghvla
pouring rain	კოკისპირული	kokispiruli
downpour	თავსხმა	t'avskhma
heavy (e.g., ~ rain)	ძლიერი	dzlieri
puddle	გუბე	gube
to get wet (in rain)	დასველება	dasveleba
mist (fog)	ნისლი	nisli
misty (adj)	ნისლიანი	nisliani
snow	თოვლი	t'ovli
it's snowing	თოვლი მოდის	t'ovli modis

207. Severe weather. Natural disasters

thunderstorm	ჭექა	tch'ek'a
lightning (~ strike)	მეხი	mekhi
to flash (vi)	ელვარება	elvareba
thunder	ქუხილი	k'ukhili
to thunder (vi)	ქუხილი	k'ukhili
it's thundering	ქუხს	k'ukhs
hail	სეტყვა	setq'va
it's hailing	სეტყვა მოდის	setq'va modis
to flood (vt)	წალეკვა	ts'alekva
flood	წყალდიდობა	ts'q'aldidoba
earthquake	მიწისძვრა	mits'isdzvra
tremor, quake	ბიძგი	bidzgi
epicenter	ეპიცენტრი	epicentri
eruption	ამოფრქვევა	amop'rk'veva
lava	ლავა	lava
twister	გრიგალი	grigali
tornado	ტორნადო	tornado
typhoon	ტაიფუნი	taip'uni
hurricane	ქარიშხალი	k'arishkhali
storm	ქარიშხალი	k'arishkhali
tsunami	ცუნამი	cunami
cyclone	ციკლონი	cikloni
bad weather	უამინდობა	uamindoba
fire (accident)	ხანძარი	khandzari
disaster	კატასტროფა	katastrop'a
meteorite	მეტეორიტი	meteoriti
avalanche	ზვავი	zvavi
snowslide	ჩამოქცევა	chamok'ceva
blizzard	ქარბუქი	k'arbuk'i
snowstorm	ბუქი	buk'i

208. Noises. Sounds

quiet, silence	სიჩუმე	sichume
sound	ხმა	khma
noise	ხმაური	khmauri
to make noise	ხმაურობა	khmauroba
noisy (adj)	ხმაურიანი	khmauriani

loudly (to speak, etc.)	ხმამაღლა	khmamaghla
loud (voice, etc.)	ხმამაღალი	khmamaghali
constant (continuous)	მუდმივი	mudmivi
shout (n)	ყვირილი	q'virili
to shout (vi)	ყვირილი	q'virili
whisper	ჩურჩული	churchuli
to whisper (vi, vt)	ჩურჩული	churchuli
barking (of dog)	ყეფა	q'ep'a
to bark (vi)	ყეფა	q'ep'a
groan (of pain)	კვნესა	kvnesa
to groan (vi)	კვნესა	kvnesa
cough	ხველა	khvela
to cough (vi)	ხველება	khveleba
whistle	სტვენა	stvena
to whistle (vi)	სტვენა	stvena
knock (at the door)	კაკუნი	kakuni
to knock (at the door)	კაკუნი	kakuni
to crack (vi)	ჭრიალი	tch'riali
crack (plank, etc.)	ჭრიალი	tch'riali
siren	საყვირი	saq'viri
whistle (factory's ~)	საყვირი	saq'viri
to whistle (ship, train)	გუგუნი	guguni
honk (signal)	სიგნალი	signali
to honk (vi)	დასიგნალება	dasignaleba

209. Winter

winter (n)	ზამთარი	zamt'ari
winter (as adj)	ზამთრის	zamt'ris
in winter	ზამთარში	zamt'arshi
snow	თოვლი	t'ovli
it's snowing	თოვლი მოდის	t'ovli modis
snowfall	თოვა	t'ova
snowdrift	თოვლის ნამქერი	t'ovlis namk'eri
snowflake	თოვლის ფიფქი	t'ovlis p'ip'k'i
snowball	თოვლის გუნდა	t'ovlis gunda
snowman	თოვლის კაცი	t'ovlis kaci
icicle	ყინულის ლოლო	q'inulis lolo
December	დეკემბერი	dekemberi
January	იანვარი	ianvari
February	თებერვალი	t'ebervali

heavy frost	**ყინვა**	q'inva
frosty (weather, air)	**ყინვიანი**	q'inviani
below zero (adv)	**ნულს ქვემოთ**	nuls k'vemot'
first frost	**სუსხი**	suskhi
hoarfrost	**თრთვილი**	t'rt'vili
cold (cold weather)	**სიცივე**	sicive
it's cold	**ცივა**	civa
fur coat	**ქურქი**	k'urk'i
mittens	**ხელთათმანი**	khelt'at'mani
to get sick	**ავად გახდომა**	avad gakhdoma
cold (illness)	**გაცივება**	gaciveba
to catch a cold	**გაცივება**	gaciveba
ice	**ყინული**	q'inuli
black ice	**მოლიპული გზა**	molipuli gza
to ice over	**გაყინვა**	gaq'inva
ice floe	**ხორგი**	khorgi
skis	**თხილამურები**	t'khilamurebi
skier	**მოთხილამურე**	mot'khilamure
to ski (vi)	**თხილამურებით სრიალი**	t'khilamurebit' sriali
to skate (vi)	**ციგურებით სრიალი**	cigurebit' sriali

Fauna

210. Mammals. Predators

predator	მტაცებელი	mtacebeli
tiger	ვეფხვი	vep'khvi
lion	ლომი	lomi
wolf	მგელი	mgeli
fox	მელა	mela
jaguar	იაგუარი	iaguari
leopard	ლეოპარდი	leopardi
cheetah	გეპარდი	gepardi
black panther	ავაზა	avaza
puma	პუმა	puma
snow leopard	თოვლის ჯიქი	t'ovlis djik'i
lynx	ფოცხვერი	p'ockhveri
coyote	კოიოტი	koioti
jackal	ტურა	tura
hyena	გიენა	giena

211. Wild animals

animal	ცხოველი	ckhoveli
beast (animal)	მხეცი	mkheci
squirrel	ციყვი	ciq'vi
hedgehog	ზღარბი	zgharbi
hare	კურდღელი	kurdgheli
rabbit	ბოცვერი	bocveri
badger	მაჩვი	machvi
raccoon	ენოტი	enoti
hamster	ზაზუნა	zazuna
marmot	ზაზუნა	zazuna
mole	თხუნელა	t'khunela
mouse	თაგვი	t'agvi
rat	ვირთხა	virt'kha
bat	ღამურა	ghamura
ermine	ყარყუმი	q'aq'umi
sable	სიასამური	siasamuri

marten	კვერნა	kverna
weasel	სინდიოფალა	sindiop'ala
mink	წაულა	ts'aula
beaver	თახვი	t'akhvi
otter	წავი	ts'avi
horse	ცხენი	ckheni
moose	ცხენ-ირემი	ckhen-iremi
deer	ირემი	iremi
camel	აქლემი	ak'lemi
bison	ბიზონი	bizoni
aurochs	დომბა	domba
buffalo	კამეჩი	kamechi
zebra	ზებრა	zebra
antelope	ანტილოპა	antilopa
roe deer	შველი	shveli
fallow deer	ფურ-ირემი	p'ur-iremi
chamois	ქურციკი	k'urciki
wild boar	ტახი	takhi
whale	ვეშაპი	veshapi
seal	სელაპი	selapi
walrus	ლომვეშაპი	lomveshapi
fur seal	ზღვის კატა	zghvis kata
dolphin	დელფინი	delp'ini
bear	დათვი	dat'vi
polar bear	თეთრი დათვი	t'et'ri dat'vi
panda	პანდა	panda
monkey	მაიმუნი	maimuni
chimpanzee	შიმპანზე	shimpanze
orangutan	ორანგუტანი	orangutani
gorilla	გორილა	gorila
macaque	მაკაკა	makaka
gibbon	გიბონი	giboni
elephant	სპილო	spilo
rhinoceros	მარტორქა	martork'a
giraffe	ჟირაფი	jirap'i
hippopotamus	ბეჰემოთი	beh'emot'i
kangaroo	კენგურუ	kenguru
koala (bear)	კოალა	koala
mongoose	მანგუსტი	mangusti
chinchilla	შინშილა	shinshila
skunk	თრითინა	t'rit'ina
porcupine	მაჩვზღარბა	machvzgharba

212. Domestic animals

cat	კატა	kata
tomcat	ხვადი კატა	khvadi kata
horse	ცხენი	ckheni
stallion	ულაყი	ulaq'i
mare	ფაშატი	p'ashati
cow	ძროხა	dzrokha
bull	ხარი	khari
ox	ხარი	khari
sheep	დედალი ცხვარი	dedali ckhvari
ram	ცხვარი	ckhvari
goat	თხა	t'kha
billy goat, he-goat	ვაცი	vaci
donkey	ვირი	viri
mule	ჯორი	djori
pig	ღორი	ghori
piglet	გოჭი	gotch'i
rabbit	ბოცვერი	bocveri
hen (chicken)	ქათამი	k'at'ami
rooster	მამალი	mamali
duck	იხვი	ikhvi
drake	მამალი იხვი	mamali ikhvi
goose	ბატი	bati
tom turkey	ინდაური	indauri
turkey (hen)	დედალი ინდაური	dedali indauri
domestic animals	შინაური ცხოველები	shinauri ckhovelebi
tame (e.g., ~ hamster)	მოშინაურებული	moshinaurebuli
to tame (vt)	მოშინაურება	moshinaureba
to breed (vt)	გამოზრდა	gamozrda
farm	ფერმა	p'erma
poultry	შინაური ფრინველი	shinauri p'rinveli
cattle	საქონელი	sak'oneli
herd (cattle)	ჯოგი	djogi
stable	თავლა	t'avla
pigpen	საღორე	saghore
cowshed	ბოსელი	boseli
rabbit hutch	საკურდღლე	sakurdghle
hen house	საქათმე	sak'at'me

213. Dogs. Dog breeds

dog	ძაღლი	dzaghli
sheepdog	ნაგაზი	nagazi
poodle	პუდელი	pudeli
dachshund	ტაქსა	tak'sa
bulldog	ბულდოგი	buldogi
boxer	ბოქსიორი	bok'siori
mastiff	მასტიფი	mastip'i
rottweiler	როტვეილერი	rotveileri
Doberman	დობერმანი	dobermani
basset	ბასეტი	baseti
bobtail	ბობტეილი	bobteili
Dalmatian	დალმატინელი	dalmatineli
cocker spaniel	კოკერ-სპანიელი	koker-spanieli
Newfoundland	ნიუფაუნდლენდი	niup'aundlendi
Saint Bernard	სენბერნარი	senbernari
husky	ხასკი	khaski
Chow Chow	ჩაუ-ჩაუ	chau-chau
spitz	შპიცი	shpici
pug	მოპსი	mopsi

214. Sounds made by animals

barking (n)	ყეფა	q'ep'a
to bark (vi)	ყეფა	q'ep'a
to meow (vi)	კნავილი	knavili
to purr (vi)	კრუტუნი	krutuni
to moo (vi)	ბღავილი	bghavili
to bellow (bull)	ღმუილი	ghmuili
to growl (vi)	ღრენა	ghrena
howl (n)	ყმუილი	q'muili
to howl (vi)	ყმუილი	q'muili
to whine (vi)	წკმუტუნი	ts'kmutuni
to bleat (sheep)	ბღავილი	bghavili
to oink, to grunt (pig)	ღრუტუნი	ghrutuni
to squeal (vi)	წივილი	ts'ivili
to croak (vi)	ყიყინი	q'iq'ini
to buzz (insect)	ბზუილი	bzuili
to stridulate (vi)	ჭრიჭინი	tch'ritch'ini

215. Young animals

cub	ნაშიერი	nashieri
kitten	კნუტი	knuti
baby mouse	წრუწუნა	ts'ruts'una
pup, puppy	ლეკვი	lekvi
leveret	ბაჭია	batch'ia
baby rabbit	ბაჭია	batch'ia
wolf cub	მგლის ლეკვი	mglis lekvi
fox cub	მელიის ლეკვი	meliis lekvi
bear cub	და'თვის ბე'ლი	dat'vis beli
lion cub	ბოკვერი	bokveri
tiger cub	ბოკვერი	bokveri
elephant calf	სპლიყვი	spliq'vi
piglet	გოჭი	gotch'i
calf (young cow, bull)	ხბო	khbo
kid (young goat)	ციკანი	cikani
lamb	ბატკანი	batkani
fawn (deer)	ნუკრი	nukri
young camel	კოზაკი	kozaki
baby snake	გველის წიწილი	gvelis ts'its'ili
baby frog	ბაყაყი	baq'aq'i
nestling	ბარტყი	bartq'i
chick (of chicken)	წიწილა	ts'its'ila
duckling	იხვის ჭუკი	ikhvis tch'uki

216. Birds

bird	ფრინველი	p'rinveli
pigeon	მტრედი	mtredi
sparrow	ბეღურა	beghura
tit	წიწკანა	ts'its'kana
magpie	კაჭკაჭი	katchkatch'i
raven	ყვავი	q'vavi
crow	ყვავი	q'vavi
jackdaw	ჭკა	tch'ka
rook	ჭილყვავი	tch'iktchiki
duck	იხვი	ikhvi
goose	ბატი	bati
pheasant	ხოხობი	khokhobi
eagle	არწივი	arts'ivi
hawk	ქორი	k'ori

falcon	შევარდენი	shevardeni
vulture	ორბი	orbi
condor	კონდორი	kondori
swan	გედი	gedi
crane	წერო	ts'ero
stork	ყარყატი	q'arq'ati
parrot	თუთიყუში	t'ut'iq'ushi
hummingbird	კოლიბრი	kolibri
peacock	ფარშევანგი	p'arshevangi
ostrich	სირაქლემა	sirak'lema
heron	ყანჩა	q'ancha
flamingo	ფლამინგო	p'lamingo
pelican	ვარხვი	varkhvi
nightingale	ბულბული	bulbuli
swallow	მერცხალი	merckhali
thrush	შაშვი	shashvi
song thrush	შაშვი მგალობელი	shashvi mgalobeli
blackbird	შავი შაშვი	shavi shashvi
swift	ნამგალა	namgala
lark	ტოროლა	torola
quail	მწყერი	mts'q'eri
woodpecker	კოდალა	kodala
cuckoo	გუგული	guguli
owl	ბუ	bulbuli
eagle owl	ჭოტი	tch'oti
wood grouse	ყრუანჩელა	q'ruanchela
black grouse	როჭო	rotch'o
partridge	კაკაბი	kakabi
starling	შოშია	shoshia
canary	იადონი	iadoni
hazel grouse	გნოლქათამა	gnolk'at'ama
chaffinch	სკვინჩა	skvincha
bullfinch	სტვენია	stvenia
seagull	თოლია	t'olia
albatross	ალბატროსი	albatrosi
penguin	პინგვინი	pingvini

217. Birds. Singing and sounds

to sing (vi)	გალობა	galoba
to call (animal, bird)	ყვირილი	q'virili

to crow (rooster)	ყივილი	q'ivili
cock-a-doodle-doo	ყიყლიყო	q'iq'liq'o
to cluck (hen)	კაკანი	kakani
to caw (vi)	ჩხავილი	chkhavili
to quack (duck)	ყიყინი	q'iq'ini
to cheep (vi)	წივილი	ts'ivili
to chirp, to twitter	ჭიკჭიკი	tch'iktchiki

218. Fish. Marine animals

bream	კაპარჭინა	kapartch'ina
carp	კობრი	kobri
perch	ქორჭილა	k'ortch'ila
catfish	ლოქო	lok'o
pike	ქარიყლაპია	k'ariq'lapia
salmon	ორაგული	oraguli
sturgeon	თართი	t'art'i
herring	ქაშაყი	k'ashaq'i
Atlantic salmon	გოჯი	godji
mackerel	სკუმბრია	skumbria
flatfish	კამბალა	kambala
zander, pike perch	ფარგა	p'arga
cod	ვირთევზა	virt'evza
tuna	თინუსი	t'inusi
trout	კალმახი	kalmakhi
eel	გველთევზა	gvelt'evza
electric ray	ელექტრული სკაროსი	elek'truli skarosi
moray eel	მურენა	murena
piranha	პირანია	pirania
shark	ზვიგენი	zvigeni
dolphin	დელფინი	delp'ini
whale	ვეშაპი	veshapi
crab	კიბორჩხალა	kiborchkhala
jellyfish	მედუზა	meduza
octopus	რვაფეხა	rvap'ekha
starfish	ზღვის ვარსკვლავი	zghvis varskvlavi
sea urchin	ზღვის ზღარბი	zghvis zghxarbi
seahorse	ცხენთევზა	ckhent'evza
oyster	ხამანწკა	khamants'ka
shrimp	კრევეტი	kreveti
lobster	ასთაკვი	ast'akvi
spiny lobster	ლანგუსტი	langusti

219. Amphibians. Reptiles

snake	გველი	gveli
venomous (snake)	შხამიანი	shkhamiani
viper	გველგესლა	gvelgesla
cobra	კობრა	kobra
python	პითონი	pit'oni
boa	მახრჩობელა გველი	makhrchobela gveli
grass snake	ანკარა	ankara
rattle snake	ჩხრიალა გველი	chkhriala gveli
anaconda	ანაკონდა	anakonda
lizard	ხვლიკი	khvliki
iguana	იგუანა	iguana
monitor lizard	ვარანი	varani
salamander	სალამანდრა	salamandra
chameleon	ქამელეონი	k'ameleoni
scorpion	მორიელი	morieli
turtle	კუ	ku
frog	ბაყაყი	baq'aq'i
toad	გომბეშო	gombesho
crocodile	ნიანგი	niangi

220. Insects

insect, bug	მწერი	mts'eri
butterfly	პეპელა	pepela
ant	ჭიანჭველა	tch'iantchvela
fly	ბუზი	buzi
mosquito	კოღო	kogho
beetle	ხოჭო	khotch'o
wasp	ბზიკი	bziki
bee	ფუტკარი	p'utkari
bumblebee	კელა	kela
gadfly	კრაზანა	krazana
spider	ობობა	oboba
spider's web	აბლაბუდა	ablabuda
dragonfly	ჭრიჭინა	tch'ritch'ina
grasshopper	კალია	kalia
moth (night butterfly)	ფარვანა	p'arvana
cockroach	აბანოს ჭია	abanos ch'ia
tick	ტკიპა	tkipa

flea	რწყილი	rts'q'ili
midge	ქინქლა	k'ink'la
locust	კალია	kalia
snail	ლოკოკინა	lokokina
cricket	ჭრიჭინა	tch'ritch'ina
lightning bug	ციცინათელა	cicinat'ela
ladybug	ჭია მაია	tch'ia maia
cockchafer	მაისის ხოჭო	maisis khotch'o
leech	წურბელა	ts'urbela
caterpillar	მუხლუხი	mukhlukhi
earthworm	ჭია	tch'ia
larva	მატლი	matli

221. Animals. Body parts

beak	ნისკარტი	niskarti
wings	ფრთები	p'rt'ebi
foot (of bird)	ფეხი	p'ekhi
feathering	ბუმბული	bumbuli
feather	ფრთა	p'rt'a
crest	ბიბილო	bibilo
gill	ლაყუჩები	laq'uchebi
spawn	ქვირითი	k'virit'i
larva	მატლი	matli
fin	ფარფლი	p'arp'li
scales (of fish, reptile)	ქერცლი	k'ercli
fang (of wolf, etc.)	ეშვი	eshvi
paw (e.g., cat's ~)	თათი	t'at'i
muzzle (snout)	თავი	t'avi
mouth (of cat, dog)	ხახა	khakha
tail	კუდი	kudi
whiskers	ულვაში	ulvashi
hoof	ჩლიქი	chlik'i
horn	რქა	rk'a
carapace	ჯავშანი	djavshani
shell (of mollusk)	ნიჟარა	nijara
eggshell	ნაჭუჭი	natch'utch'i
hair (e.g., dog's ~)	ბეწვი	bets'vi
pelt	ტყავი	tq'avi

222. Actions of animals

to fly (vi)	ფრენა	p'rena
to make circles	ტრიალი	triali
to fly away	გაფრენა	gap'rena
to flap (~ the wings)	ქნევა	k'neva
to peck (vi)	კენკვა	kenkva
to brood (vt)	კვერცხებზე ჯდომა	kverckhebze djdoma
to hatch out (vi)	გამოჩეკვა	gamochekva
to build the nest	კეთება	ket'eba
to slither, to crawl	ცოცვა	cocva
to sting, to bite (insect)	კბენა	kbena
to bite (ab. animal)	კბენა	kbena
to sniff (vt)	ყნოსვა	q'nosva
to bark (vi)	ყეფა	q'ep'a
to hiss (snake)	შიშინი	shishini
to scare (vt)	შეშინება	sheshineba
to attack (vt)	თავდასხმა	t'avdaskhma
to gnaw (bone, etc.)	ღრღნა	ghrghna
to scratch (with claws)	დაკაწრვა	dakats'rva
to hide (vi)	დამალვა	damalva
to play (kittens, etc.)	თამაში	t'amashi
to hunt (vi, vt)	ნადირობა	nadiroba
to hibernate (vi)	ძილში ყოფნა	dzilshi q'op'na
to become extinct	გადაშენება	gadasheneba

223. Animals. Habitats

habitat	საცხოვრებელი გარემო	sackhovrebeli garemo
migration	მიგრაცია	migracia
mountain	მთა	mt'a
reef	რიფი	rip'i
cliff	კლდე	klde
forest	ტყე	tq'e
jungle	ჯუნგლები	djunglebi
savanna	სავანა	savana
tundra	ტუნდრა	tundra
steppe	ტრამალი	tramali
desert	უდაბნო	udabno
oasis	ოაზისი	oazisi
sea	ზღვა	zghva

lake	ტბა	tba
ocean	ოკეანე	okeane
swamp	ჭაობი	ch'aobi
freshwater (adj)	მტკნარწყლიანი	mtknarts'q'liani
pond	ტბორი	tbori
river	მდინარე	mdinare
den	ბუნაგი	bunagi
nest	ბუდე	bude
hollow (in a tree)	ფუღურო	p'ughuro
burrow (animal hole)	სორო	soro
anthill	ჭიანჭველების ბუდე	tch'iantchvelebis bude

224. Animal care

zoo	ზოოპარკი	zooparki
nature preserve	ნაკრძალი	nakrdzali
breeder, breed club	სანაშენე	sanashene
open-air cage	ვოლიერი	volieri
cage	გალია	galia
kennel	ხუხულა	khukhula
dovecot	სამტრედე	samtrede
aquarium	აკვარიუმი	akvariumi
dolphinarium	დელფინარიუმი	delp'inariumi
to breed (animals)	გამრავლება	gamravleba
brood, litter	შთამომავლობა	sht'amomavloba
to tame (vt)	მოშინაურება	moshinaureba
feed (for animal)	საკვები	sakvebi
to feed (vt)	გამოკვება	gamokveba
to train (animals)	წვრთნა	ts'vrt'na
pet store	ზოომაღაზია	zoomaghazia
muzzle (for dog)	ალიკაპი	alikapi
collar	საყელური	saq'eluri
name (of animal)	მეტსახელი	metsakheli
pedigree (of dog)	წარმომავლობა	ts'armomavloba

225. Animals. Miscellaneous

pack (wolves)	ხროვა	khrova
flock (birds)	გუნდი	gundi
shoal (fish)	ქარავანი	k'aravani
herd of horses	რემა	rema
male (n)	მამალი	mamali

female (n)	დედალი	dedali
hungry (adj)	მშიერი	mshieri
wild (adj)	გარეული	gareuli
dangerous (adj)	საშიში	sashishi

226. Horses

| horse | ცხენი | ckheni |
| breed (race) | ჯიში | djishi |

| foal (of horse) | კვიცი | kvici |
| mare | ფაშატი | p'ashati |

mustang	მუსტანგი	mustangi
pony (small horse)	პონი	poni
draft horse	ტვირთმზიდავი	tvirt'mzidavi

| mane | ფაფარი | p'ap'ari |
| tail | კუდი | kudi |

hoof	ჩლიქი	chlik'i
horseshoe	ნალი	nali
to shoe (vt)	დაჭედვა	datch'edva
blacksmith	მჭედელი	mtch'edeli

saddle	უნაგირი	unagiri
stirrup	უზანგი	uzangi
bridle	აღვირი	aghviri
reins	ლაგამი	lagami
whip (for riding)	მათრახი	mat'rakhi

rider	მხედარი	mkhedari
to break in (horse)	გახედვნა	gakhedvna
to saddle (vt)	შეკაზმვა	shekazmva
to mount a horse	უნაგირზე დაჯდომა	unagirze dadjdoma

gallop	ჭენება	tch'eneba
to gallop (vi)	ჯირითი ჭენებით	djirit'i ch'enebit'
trot (n)	ჩორთი	chort'i
at a trot (adv)	ჩორთით	chort'it'

| racehorse | დოღის ცხენი | doghkhis ckheni |
| races | დოღი | doghi |

stable	თავლა	t'avla
to feed (vt)	კვება	kveba
hay	თივა	t'iva
to water (animals)	დალევინება	dalevineba
to wash (horse)	გასუფთავება	gasup't'aveba
to hobble (vt)	დაბორკვა	daborkva

to graze (vi)	**ბალახობა**	balakhoba
to neigh (vi)	**ჭიხვინი**	tch'ikhvini
to kick (horse)	**ჩაწიხვლა**	ts'hats'ikhvla

Flora

227. Trees

tree	ხე	khe
deciduous (adj)	ფოთლოვანი	p'ot'lovani
coniferous (adj)	წიწვოვანი	ts'its'vovani
evergreen (adj)	მარადმწვანე	maradmts'vane
apple tree	ვაშლის ხე	vashlis khe
pear tree	მსხალი	mskhali
sweet cherry tree	ბალი	bali
sour cherry tree	ალუბალი	alubali
plum tree	ქლიავი	k'liavi
birch	არყის ხე	arghis khe
oak	მუხა	mukha
linden tree	ცაცხვი	cackhvi
aspen	ვერხვი	verkhvi
maple	ნეკერჩხალი	nekerchkhali
spruce	ნაძვის ხე	nadzvis khe
pine	ფიჭვი	p'itch'vi
larch	ლარიქსი	larik'si
fir	სოჭი	sotch'i
cedar	კედარი	kedari
poplar	ალვის ხე	alvis khe
rowan	ცირცელი	circeli
willow	ტირიფი	tirip'i
alder	მურყანი	murq'ani
beech	წიფელი	ts'ip'eli
elm	თელა	t'ela
ash (tree)	იფანი	ip'ani
chestnut	წაბლი	ts'abli
magnolia	მაგნოლია	magnolia
palm tree	პალმა	palma
cypress	კვიპაროსი	kviparosi
mangrove	მანგოს ხე	mangos khe
baobab	ბაობაბი	baobabi
eucalyptus	ევკალიპტი	evkalipti
sequoia	სექვოია	sek'voia

228. Shrubs

bush	ბუჩქი	buchk'i
shrub	ბუჩქნარი	buchk'nari
grapevine	ყურძენი	q'urdzeni
vineyard	ვენახი	venakhi
raspberry bush	ჟოლო	zholo
redcurrant bush	წითელი მოცხარი	ts'it'eli mockhari
gooseberry bush	ხურტკმელი	khurtkmeli
acacia	აკაცია	akacia
barberry	კოწახური	kots'akhuri
jasmine	ჟასმინი	jasmini
juniper	ღვია	ghvia
rosebush	ვარდის ბუჩქი	vardis buchk'i
dog rose	ასკილი	askili

229. Mushrooms

mushroom	სოკო	soko
edible mushroom	საჭმელი სოკო	satch'meli soko
toadstool	შხამიანი სოკო	shkhamiani soko
cap (of mushroom)	ქუდი	k'udi
stipe (of mushroom)	ფეხი	p'ekhi
boletus	თეთრი სოკო	t'et'ri soko
orange-cap boletus	ვერხვისძირა	verkhvisdzira
birch bolete	არყისძირა	arq'isdzira
chanterelle	მიქლიო	mik'lio
russula	ბღავანა	bghavana
morel	მერცხალა სოკო	merckhala soko
fly agaric	ბუზიხოცია	buzikhocia
death cap	შხამა	shkhama

230. Fruits. Berries

apple	ვაშლი	vashli
pear	მსხალი	mskhali
plum	ქლიავი	k'liavi
strawberry	მარწყვი	marts'q'vi
sour cherry	ალუბალი	alubali
sweet cherry	ბალი	bali

grape	ყურძენი	q'urdzeni
raspberry	ჟოლო	zholo
blackcurrant	შავი მოცხარი	shavi mockhari
redcurrant	წითელი მოცხარი	ts'it'eli mockhari
gooseberry	ხურტკმელი	khurtkmeli
cranberry	შტოში	shtoshi
orange	ფორთოხალი	p'ort'okhali
mandarin	მანდარინი	mandarini
pineapple	ანანასი	ananasi
banana	ბანანი	banani
date	ფინიკი	p'iniki
lemon	ლიმონი	limoni
apricot	გარგარი	gargari
peach	ატამი	atami
kiwi	კივი	kivi
grapefruit	გრეიფრუტი	greip'ruti
berry	კენკრა	kenkra
berries	კენკრა	kenkra
cowberry	წითელი მოცვი	t'ts'it'eli mocvi
field strawberry	მარწყვი	marts'q'vi
bilberry	მოცვი	mocvi

231. Flowers. Plants

flower	ყვავილი	q'vavili
bouquet (of flowers)	თაიგული	t'aiguli
rose (flower)	ვარდი	vardi
tulip	ტიტა	tita
carnation	მიხაკი	mikhaki
gladiolus	გლადიოლუსი	gladiolusi
cornflower	ღიღილო	ghighilo
bluebell	მაჩიტა	machita
dandelion	ბაბუაწვერა	babuats'vera
camomile	გვირილა	gvirila
aloe	ალოე	aloe
cactus	კაქტუსი	kak'tusi
rubber plant	ფიკუსი	p'ikusi
lily	შროშანი	shroshani
geranium	ნემსიწვერა	nemsits'vera
hyacinth	ჰიაცინტი	h'iacinti
mimosa	მიმოზა	mimoza
narcissus	ნარგიზი	nargizi

nasturtium	ნასტურცია	nasturcia
orchid	ორქიდეა	ork'idea
peony	იორდასალამი	iordasalami
violet	ია	ia

pansy	სამფერა ია	samp'era ia
forget-me-not	კესანე	kesane
daisy	ზიზილა	zizila

poppy	ყაყაჩო	q'aq'acho
hemp	კანაფი	kanap'i
mint	პიტნა	pitna

lily of the valley	შროშანა	shroshana
snowdrop	ენძელა	endzela

nettle	ჭინჭარი	tch'intchari
sorrel	მჟაუნა	mjauna
water lily	წყლის შროშანი	ts'q'lis shroshani
fern	გვიმრა	gvimra
lichen	ლიქენა	lik'ena

tropical greenhouse	ორანჟერეა	oranjerea
grass lawn	გაზონი	gazoni
flowerbed	ყვავილნარი	q'vavilnari

plant	მცენარე	mcenare
grass	ბალახი	balakhi
blade of grass	ბალახი	balakhi

leaf	ფოთოლი	p'ot'oli
petal	ფურცელი	p'urceli
stem	ღერო	ghero
tuber	ბოლქვი	bolk'vi

young plant (shoot)	ღივი	ghivi
thorn	ეკალი	ekali

to blossom (vi)	ყვავილობა	q'vaviloba
to fade, to wither	ჭკნობა	tch'knoba
smell (odor)	სუნი	suni
to cut (flowers)	მოჭრა	motch'ra
to pick (a flower)	მოწყვეტა	mots'q'veta

232. Cereals, grains

grain	მარცვალი	marcvali
cereals (plants)	მარცვლეული მცენარე	marcvleuli mcenare
ear (of barley, etc.)	თავთავი	t'avt'avi
wheat	ხორბალი	khorbali

rye	ჭვავი	tch'vavi
oats	შვრია	shvria
millet	ფეტვი	p'etvi
barley	ქერი	k'eri

corn	სიმინდი	simindi
rice	ბრინჯი	brindji
buckwheat	წიწიბურა	ts'its'ibura

pea	ბარდა	barda
kidney bean	ლობიო	lobio
soy	სოია	soia
lentil	ოსპი	ospi
beans (broad ~)	ლობიო	lobio

233. Vegetables. Greens

| vegetables | ბოსტნეული | bostneuli |
| greens | მწვანილი | mts'vanili |

tomato	პომიდორი	pomidori
cucumber	კიტრი	kitri
carrot	სტაფილო	stap'ilo
potato	კარტოფილი	kartop'ili
onion	ხახვი	khakhvi
garlic	ნიორი	niori

cabbage	კომბოსტო	kombosto
cauliflower	ყვავილოვანი კომბოსტო	q'vavilovani kombosto
Brussels sprouts	ბრიუსელის კომბოსტო	briuselis kombosto
beetroot	ჭარხალი	ch'arkhali
eggplant	ბადრიჯანი	badridjani
zucchini	ყაბაყი	q'abaq'i
pumpkin	გოგრა	gogra
turnip	თალგამი	t'algami

parsley	ოხრახუში	okhrakhushi
dill	კამა	kama
lettuce	სალათი	salat'i
celery	ნიახური	niakhuri
asparagus	სატაცური	satacuri
spinach	ისპანახი	ispanakhi

pea	ბარდა	barda
beans	ლობიო	lobio
corn (maize)	სიმინდი	simindi
kidney bean	ლობიო	lobio
bell pepper	წიწაკა	ts'its'aka
radish	ბოლოკი	boloki
artichoke	არტიშოკი	artishoki

REGIONAL GEOGRAPHY

Countries. Nationalities

234. Western Europe

Europe	ევროპა	evropa
European Union	ევროპის კავშირი	evropis kavshiri
European (n)	ევროპელი	evropeli
European (adj)	ევროპული	evropuli
Austria	ავსტრია	avstria
Austrian (masc.)	ავსტრიელი	avstrieli
Austrian (fem.)	ავსტრიელი ქალი	avstrieli k'ali
Austrian (adj)	ავსტრიული	avstriuli
Great Britain	დიდი ბრიტანეთი	didi britanet'i
England	ინგლისი	inglisi
British (masc.)	ინგლისელი	ingliseli
British (fem.)	ინგლისელი ქალი	ingliseli k'ali
English, British (adj)	ინგლისური	inglisuri
Belgium	ბელგია	belgia
Belgian (masc.)	ბელგიელი	belgieli
Belgian (fem.)	ბელგიელი ქალი	belgieli k'ali
Belgian (adj)	ბელგიური	belgiuri
Germany	გერმანია	germania
German (masc.)	გერმანელი	germaneli
German (fem.)	გერმანელი ქალი	germaneli k'ali
German (adj)	გერმანული	germenuli
Netherlands	ნიდერლანდები	niderlandebi
Holland	ჰოლანდია	h'olandia
Dutchman	ჰოლანდიელი	h'olandieli
Dutchwoman	ჰოლანდიელი ქალი	h'olandieli k'ali
Dutch (adj)	ჰოლანდიური	h'olandiuri
Greece	საბერძნეთი	saberdznet'i
Greek (masc.)	ბერძენი	berdzeni
Greek (fem.)	ბერძენი ქალი	berdzeni k'ali
Greek (adj)	ბერძნული	berdznuli
Denmark	დანია	dania
Dane (masc.)	დანიელი	danieli

| Dane (fem.) | დანიელი ქალი | danieli k'ali |
| Danish (adj) | დანიური | daniuri |

Ireland	ირლანდია	irlandia
Irishman	ირლანდიელი	irlandieli
Irishwoman	ირლანდიელი ქალი	irlandieli k'ali
Irish (adj)	ირლანდიური	irlandiuri

Iceland	ისლანდია	islandia
Icelander (masc.)	ისლანდიელი	islandieli
Icelander (fem.)	ისლანდიელი ქალი	islandieli k'ali
Icelandic (adj)	ისლანდიური	islandiuri

Spain	ესპანეთი	espanet'i
Spaniard (masc.)	ესპანელი	espaneli
Spaniard (fem.)	ესპანელი ქალი	espaneli k'ali
Spanish (adj)	ესპანური	espanuri

Italy	იტალია	italia
Italian (masc.)	იტალიელი	italieli
Italian (fem.)	იტალიელი ქალი	italieli k'ali
Italian (adj)	იტალიური	italiuri

Cyprus	კვიპროსი	kviprosi
Cypriot (masc.)	კვიპროსელი	kviproseli
Cypriot (fem.)	კვიპროსელი ქალი	kviproseli k'ali
Cypriot (adj)	კვიპროსული	kviprosuli

Malta	მალტა	malta
Maltese (masc.)	მალტელი	malteli
Maltese (fem.)	მალტელი ქალი	malteli k'ali
Maltese (adj)	მალტური	malturi

Norway	ნორვეგია	norvegia
Norwegian (masc.)	ნორვეგიელი	norvegieli
Norwegian (fem.)	ნორვეგიელი ქალი	norvegieli k'ali
Norwegian (adj)	ნორვეგიული	norvegiuli

Portugal	პორტუგალია	portugalia
Portuguese (masc.)	პორტუგალიელი	portugalieli
Portuguese (fem.)	პორტუგალიელი ქალი	portugalieli k'ali
Portuguese (adj)	პორტუგალიური	portugaliuri

Finland	ფინეთი	p'inet'i
Finn (masc.)	ფინელი	p'ineli
Finn (fem.)	ფინელი ქალი	p'ineli k'ali
Finnish (adj)	ფინური	p'inuri

France	საფრანგეთი	sap'ranget'i
Frenchman	ფრანგი	p'rangi
Frenchwoman	ფრანგი ქალი	p'rangi k'ali
French (adj)	ფრანგული	p'ranguli

Sweden	შვეცია	shvecia
Swede (masc.)	შვედი	shvedi
Swede (fem.)	შვედი ქალი	shvedi k'ali
Swedish (adj)	შვედური	shveduri

Switzerland	შვეიცარია	shveicaria
Swiss (masc.)	შვეიცარიელი	shveicarieli
Swiss (fem.)	შვეიცარიელი ქალი	shveicarieli k'ali
Swiss (adj)	შვეიცარიული	shveicariuli

Scotland	შოტლანდია	shotlandia
Scottish (masc.)	შოტლანდიელი	shotlandieli
Scottish (fem.)	შოტლანდიელი ქალი	shotlandieli k'ali
Scottish (adj)	შოტლანდიური	shotlandiuri

Vatican	ვატიკანი	vatikani
Liechtenstein	ლიხტენშტეინი	likhtenshteini
Luxembourg	ლუქსემბურგი	luk'semburgi
Monaco	მონაკო	monako

235. Central and Eastern Europe

Albania	ალბანეთი	albanet'i
Albanian (masc.)	ალბანელი	albaneli
Albanian (fem.)	ალბანელი ქალი	albaneli k'ali
Albanian (adj)	ალბანური	albanuri

Bulgaria	ბულგარეთი	bulgaret'i
Bulgarian (masc.)	ბულგარელი	bulgareli
Bulgarian (fem.)	ბულგარელი ქალი	bulgareli k'ali
Bulgarian (adj)	ბულგარული	bulgaruli

Hungary	უნგრეთი	ungret'i
Hungarian (masc.)	უნგრი	ungri
Hungarian (fem.)	უნგრი ქალი	ungri k'ali
Hungarian (adj)	უნგრული	ungruli

Latvia	ლატვია	latvia
Latvian (masc.)	ლატვიელი	latvieli
Latvian (fem.)	ლატვიელი ქალი	latvieli k'ali
Latvian (adj)	ლატვიური	latviuri

Lithuania	ლიტვა	litva
Lithuanian (masc.)	ლიტველი	litveli
Lithuanian (fem.)	ლიტველი ქალი	litveli k'ali
Lithuanian (adj)	ლიტვური	litvuri

Poland	პოლონეთი	polonet'i
Pole (masc.)	პოლონელი	poloneli
Pole (fem.)	პოლონელი ქალი	poloneli k'ali

Polish (adj)	პოლონური	polonuri
Romania	რუმინეთი	ruminet'i
Romanian (masc.)	რუმინელი	rumineli
Romanian (fem.)	რუმინელი ქალი	rumineli k'ali
Romanian (adj)	რუმინული	ruminuli

Serbia	სერბია	serbia
Serbian (masc.)	სერბი	serbi
Serbian (fem.)	სერბი ქალი	serbi k'ali
Serbian (adj)	სერბული	serbuli

Slovakia	სლოვაკია	slovakia
Slovak (masc.)	სლოვაკი	slovaki
Slovak (fem.)	სლოვაკი ქალი	slovaki k'ali
Slovak (adj)	სლოვაკური	slovakuri

Croatia	ხორვატია	khorvatia
Croatian (masc.)	ხორვატი	khorvati
Croatian (fem.)	ხორვატი ქალი	khorvati k'ali
Croatian (adj)	ხორვატული	khorvatuli

The Czech Republic	ჩეხეთი	chekhet'i
Czech (masc.)	ჩეხი	chekhi
Czech (fem.)	ჩეხი ქალი	chekhi k'ali
Czech (adj)	ჩეხური	chekhuri

Estonia	ესტონეთი	estonet'i
Estonian (masc.)	ესტონი	estoni
Estonian (fem.)	ესტონი ქალი	estoni k'ali
Estonian (adj)	ესტონური	estonuri

Bosnia-Herzegovina	ბოსნია და ჰერცოგოვინა	bosnia da h'ercogovina
Macedonia	მაკედონია	makedonia
Slovenia	სლოვენია	slovenia
Montenegro	ჩერნოგორია	chernogoria

236. Former USSR countries

Azerbaijan	აზერბაიჯანი	azerbaidjani
Azerbaijani (masc.)	აზერბაიჯანელი	azerbaidjaneli
Azerbaijani (fem.)	აზერბაიჯანელი ქალი	azerbaidjaneli k'ali
Azerbaijani (adj)	აზერბაიჯანული	azerbaidjanuli

Armenia	სომხეთი	somkhet'i
Armenian (masc.)	სომეხი	somekhi
Armenian (fem.)	სომეხი ქალი	somekhi k'ali
Armenian (adj)	სომხური	somkhuri

| Belarus | ბელორუსია | belorusia |
| Belarusian (masc.) | ბელორუსი | belorusi |

Belarusian (fem.)	ბელორუსი ქალი	belorusi k'ali
Belarusian (adj)	ბელორუსული	belorusuli

Georgia	საქართველო	sak'art'velo
Georgian (masc.)	ქართველი	k'art'veli
Georgian (fem.)	ქართველი ქალი	k'art'veli k'ali
Georgian (adj)	ქართული	k'art'uli
Kazakhstan	ყაზახეთი	q'azakhet'i
Kazakh (masc.)	ყაზახი	kkhazakhi
Kazakh (fem.)	ყაზახი ქალი	q'azakhi k'ali
Kazakh (adj)	ყაზახური	q'azakhuri

Kirghizia	ყირგიზეთი	q'irgizet'i
Kirghiz (masc.)	ყირგიზი	q'irgizi
Kirghiz (fem.)	ყირგიზი ქალი	q'irgizi k'ali
Kirghiz (adj)	ყირგიზული	q'irgizuli

Moldavia	მოლდოვა	moldova
Moldavian (masc.)	მოლდოველი	moldoveli
Moldavian (fem.)	მოლდოველი ქალი	moldoveli k'ali
Moldavian (adj)	მოლდოვური	moldovuri
Russia	რუსეთი	ruset'i
Russian (masc.)	რუსი	rusi
Russian (fem.)	რუსი ქალი	rusi k'ali
Russian (adj)	რუსული	rusuli

Tajikistan	ტაჯიკეთი	tadjiket'i
Tajik (masc.)	ტაჯიკი	tadjiki
Tajik (fem.)	ტაჯიკი ქალი	tadjik'i kali
Tajik (adj)	ტაჯიკური	tadjikuri

Turkmenistan	თურქმენეთი	t'urk'menet'i
Turkmen (masc.)	თურქმენი	t'urk'meni
Turkmen (fem.)	თურქმენი ქალი	t'urk'meni k'ali
Turkmenian (adj)	თურქმენული	t'urk'menuli

Uzbekistan	უზბეკეთი	uzbeket'i
Uzbek (masc.)	უზბეკი	uzbeki
Uzbek (fem.)	უზბეკი ქალი	uzbeki k'ali
Uzbek (adj)	უზბეკური	uzbekuri

Ukraine	უკრაინა	ukraina
Ukrainian (masc.)	უკრაინელი	ukraineli
Ukrainian (fem.)	უკრაინელი ქალი	ukraineli k'ali
Ukrainian (adj)	უკრაინული	ukrainuli

237. Asia

Asia	აზია	azia
Asian (adj)	აზიური	aziuri

Vietnam	ვიეტნამი	vietnami
Vietnamese (masc.)	ვიეტნამელი	vietnameli
Vietnamese (fem.)	ვიეტნამელი ქალი	vietnameli k'ali
Vietnamese (adj)	ვიეტნამური	vietnamuri
India	ინდოეთი	indoet'i
Indian (masc.)	ინდოელი	indoeli
Indian (fem.)	ინდოელი ქალი	indoeli k'ali
Indian (adj)	ინდური	induri
Israel	ისრაელი	israeli
Israeli (masc.)	ისრაელელი	israeleli
Israeli (fem.)	ისრაელელი ქალი	israeleli k'ali
Israeli (adj)	ისრაელის	israelis
Jew (n)	ებრაელი	ebraeli
Jewess (n)	ებრაელი ქალი	ebraeli k'ali
Jewish (adj)	ებრაული	ebrauli
China	ჩინეთი	chinet'i
Chinese (masc.)	ჩინელი	chineli
Chinese (fem.)	ჩინელი ქალი	chineli k'ali
Chinese (adj)	ჩინური	chinuri
Korean (masc.)	კორეელი	koreeli
Korean (fem.)	კორეელი ქალი	koreeli k'ali
Korean (adj)	კორეული	koreuli
Lebanon	ლიბანი	libani
Lebanese (masc.)	ლიბანელი	libaneli
Lebanese (fem.)	ლიბანელი ქალი	libaneli k'ali
Lebanese (adj)	ლიბანური	libanuri
Mongolia	მონღოლეთი	mongholet'i
Mongolian (masc.)	მონღოლი	mongholi
Mongolian (fem.)	მონღოლი ქალი	mongholi k'ali
Mongolian (adj)	მონღოლური	mongholuri
Malaysia	მალაიზია	malaizia
Malaysian (masc.)	მალაიზიელი	malaizieli
Malaysian (fem.)	მალაიზიელი ქალი	malaizieli k'ali
Malaysian (adj)	მალაიზიური	malaiziuri
Pakistan	პაკისტანი	pakistani
Pakistani (masc.)	პაკისტანელი	pakistaneli
Pakistani (fem.)	პაკისტანელი ქალი	pakistaneli k'ali
Pakistani (adj)	პაკისტანური	pakistanuri
Saudi Arabia	საუდის არაბეთი	saudis arabet'i
Arab (masc.)	არაბი	arabi
Arab (fem.)	არაბი ქალი	arabi k'ali
Arabian (adj)	არაბული	arabuli

Thailand	ტაილანდი	tailandi
Thai (masc.)	ტაილანდელი	tailandeli
Thai (fem.)	ტაილანდელი ქალი	tailandeli k'ali
Thai (adj)	ტაილანდური	tailanduri
Taiwan	ტაივანი	taivani
Taiwanese (masc.)	ტაივანელი	taivaneli
Taiwanese (fem.)	ტაივანელი ქალი	taivaneli k'ali
Taiwanese (adj)	ტაივანური	taivanuri
Turkey	თურქეთი	t'urk'et'i
Turk (masc.)	თურქი	t'urk'i
Turk (fem.)	თურქი ქალი	t'urk'i k'ali
Turkish (adj)	თურქული	t'urk'uli
Japan	იაპონია	iaponia
Japanese (masc.)	იაპონელი	iaponeli
Japanese (fem.)	იაპონელი ქალი	iaponeli k'ali
Japanese (adj)	იაპონური	iaponuri
Afghanistan	ავღანეთი	avghanet'i
Bangladesh	ბანგლადეში	bangladeshi
Indonesia	ინდონეზია	indonezia
Jordan	იორდანია	iordania
Iraq	ერაყი	eraq'i
Iran	ირანი	irani
Cambodia	კამბოჯა	kambodja
Kuwait	კუვეიტი	kuveiti
Laos	ლაოსი	laosi
Myanmar	მიანმარი	mianmari
Nepal	ნეპალი	nepali
United Arab Emirates	აგს	ags
Syria	სირია	siria
Palestine	პალესტინის ავტონომია	palestinis avtonomia
South Korea	სამხრეთ კორეა	samkhret' korea
North Korea	ჩრდილოეთ კორეა	chrdiloet' korea

238. North America

United States of America	ამერიკის შეერთებული შტატები	amerikis sheert'ebuli shtatebi
American (masc.)	ამერიკელი	amerikeli
American (fem.)	ამერიკელი ქალი	amerikeli k'ali
American (adj)	ამერიკული	amerikuli
Canada	კანადა	kanada
Canadian (masc.)	კანადელი	kanadeli

| Canadian (fem.) | კანადელი ქალი | kanadeli k'ali |
| Canadian (adj) | კანადური | kanaduri |

Mexico	მექსიკა	mek'sika
Mexican (masc.)	მექსიკელი	mek'sikeli
Mexican (fem.)	მექსიკელი ქალი	mek'sikeli k'ali
Mexican (adj)	მექსიკური	mek'sikuri

239. Central and South America

Argentina	არგენტინა	argentina
Argentinian (masc.)	არგენტინელი	argentineli
Argentinian (fem.)	არგენტინელი ქალი	argentineli k'ali
Argentinian (adj)	არგენტინული	argentinuli

Brazil	ბრაზილია	brazilia
Brazilian (masc.)	ბრაზილიელი	brazilieli
Brazilian (fem.)	ბრაზილიელი ქალი	brazilieli k'ali
Brazilian (adj)	ბრაზილიური	braziliuri

Colombia	კოლუმბია	kolumbia
Colombian (masc.)	კოლუმბიელი	kolumbieli
Colombian (fem.)	კოლუმბიელი ქალი	kolumbieli k'ali
Colombian (adj)	კოლუმბიური	kolumbiuri

Cuba	კუბა	kuba
Cuban (masc.)	კუბელი	kubeli
Cuban (fem.)	კუბელი ქალი	kubeli k'ali
Cuban (adj)	კუბური	kuburi

Chile	ჩილე	chile
Chilean (masc.)	ჩილელი	chileli
Chilean (fem.)	ჩილელი ქალი	chileli k'ali
Chilean (adj)	ჩილეს	chiles

| Bolivia | ბოლივია | bolivia |
| Venezuela | ვენესუელა | venesuela |

| Paraguay | პარაგვაი | paragvai |
| Peru | პერუ | peru |

Suriname	სურინამი	surinami
Uruguay	ურუგვაი	urugvai
Ecuador	ეკვადორი	ekvadori

The Bahamas	ბაჰამის კუნძულები	bah'amis kundzulebi
Haiti	ჰაიტი	h'aiti
Dominican Republic	დომინიკის რესპუბლიკა	dominikis respublika
Panama	პანამა	panama
Jamaica	იამაიკა	iamaika

240. Africa

Egypt	ეგვიპტე	egvipte
Egyptian (masc.)	ეგვიპტელი	egvipteli
Egyptian (fem.)	ეგვიპტელი ქალი	egvipteli k'ali
Egyptian (adj)	ეგვიპტური	egvipturi
Morocco	მაროკო	maroko
Moroccan (masc.)	მაროკოელი	marokoeli
Moroccan (fem.)	მაროკოელი ქალი	marokoeli k'ali
Moroccan (adj)	მაროკოული	marokouli
Tunisia	ტუნისი	tunisi
Tunisian (masc.)	ტუნისელი	tuniseli
Tunisian (fem.)	ტუნისელი ქალი	tuniseli k'ali
Tunisian (adj)	ტუნისური	tunisuri
Ghana	განა	gana
Zanzibar	ზანზიბარი	zanzibari
Kenya	კენია	kenia
Libya	ლივია	livia
Madagascar	მადაგასკარი	madagaskari
Namibia	ნამიბია	namibia
Senegal	სენეგალი	senegali
Tanzania	ტანზანია	tanzania
South Africa	სამხრეთ აფრიკის რესპუბლიკა	samkhret' ap'rikis respublika
African (masc.)	აფრიკელი	ap'rikeli
African (fem.)	აფრიკელი ქალი	ap'rikeli k'ali
African (adj)	აფრიკული	ap'rikuli

241. Australia. Oceania

Australia	ავსტრალია	avstralia
Australian (masc.)	ავსტრალიელი	avstralieli
Australian (fem.)	ავსტრალიელი ქალი	avstralieli k'ali
Australian (adj)	ავსტრალიური	avstraliuri
New Zealand	ახალი ზელანდია	akhali zelandia
New Zealander (masc.)	ახალზელანდიელი	akhalzelandieli
New Zealander (fem.)	ახალზელანდიელი ქალი	akhalzelandieli k'ali
New Zealand (as adj)	ახალზელანდიური	akhalzelandiuri
Tasmania	ტასმანია	tasmania
French Polynesia	საფრანგეთის პოლინეზია	sap'ranget'is p'olinezia

242. Cities

Amsterdam	ამსტერდამი	amsterdami
Ankara	ანკარა	ankara
Athens	ათენი	at'eni
Baghdad	ბაღდადი	baghdadi
Bangkok	ბანკოკი	bankoki
Barcelona	ბარსელონა	barselona
Beijing	პეკინი	pekini
Beirut	ბეირუთი	beirut'i
Berlin	ბერლინი	berlini
Bombay, Mumbai	ბომბეი	bombei
Bonn	ბონი	boni
Bordeaux	ბორდო	bordo
Bratislava	ბრატისლავა	bratislava
Brussels	ბრიუსელი	briuseli
Bucharest	ბუხარესტი	bukharesti
Budapest	ბუდაპეშტი	budapeshti
Cairo	კაირო	kairo
Calcutta	კალკუტა	kalkuta
Chicago	ჩიკაგო	chikago
Copenhagen	კოპენჰაგენი	kopenh'ageni
Dar-es-Salaam	დარ-ეს-სალამი	dar-es-salami
Delhi	დელი	deli
Dubai	დუბაი	dubai
Dublin	დუბლინი	dublini
Düsseldorf	დიუსელდორფი	diuseldorp'i
Florence	ფლორენცია	p'lorencia
Frankfurt	ფრანკფურტი	p'rankp'urti
Geneva	ჟენევა	jeneva
The Hague	ჰააგა	h'aaga
Hamburg	ჰამბურგი	h'amburgi
Hanoi	ჰანოი	h'anoi
Havana	გავანა	gavana
Helsinki	ჰელსინკი	h'elsinki
Hiroshima	ხიროსიმა	khirosima
Hong Kong	ჰონკონგი	h'onkongi
Istanbul	სტამბული	stambuli
Jerusalem	იერუსალიმი	ierusalimi
Kiev	კიევი	kievi
Kuala Lumpur	კუალა-ლუმპური	kuala-lumpuri
Lisbon	ლისაბონი	lisaboni
London	ლონდონი	londoni
Los Angeles	ლოს-ანჯელესი	los-anjelesi

Lyons	ლიონი	lioni
Madrid	მადრიდი	madridi
Marseille	მარსელი	marseli
Mexico City	მეხიკო	mekhiko
Miami	მაიამი	maiami
Montréal	მონრეალი	monreali
Moscow	მოსკოვი	moskovi
Munich	მიუნხენი	miunkheni
Nairobi	ნაირობი	nairobi
Naples	ნეაპოლი	neapoli
New York	ნიუ-იორკი	niu-iorki
Nice	ნიცა	nica
Oslo	ოსლო	oslo
Ottawa	ოტავა	otava
Paris	პარიზი	parizi
Prague	პრაღა	pragha
Rio de Janeiro	რიო-დე-ჟანეირო	rio-de-janeiro
Rome	რომი	romi
Saint Petersburg	სანკტ-პეტერბურგი	sankt-peterburgi
Seoul	სეული	seuli
Shanghai	შანხაი	shankhai
Singapore	სინგაპური	singapuri
Stockholm	სტოკჰოლმი	stokh'olmi
Sydney	სიდნეი	sidnei
Taipei	ტაიბეი	taibei
Tokyo	ტოკიო	tokio
Toronto	ტორონტო	toronto
Venice	ვენეცია	venecia
Vienna	ვენა	vena
Warsaw	ვარშავა	varshava
Washington	ვაშინგტონი	vashingtoni

243. Politics. Government. Part 1

politics	პოლიტიკა	politika
political (adj)	პოლიტიკური	politikuri
politician	პოლიტიკოსი	politikosi
state (country)	სახელმწიფო	sakhelmts'ip'o
citizen	მოქალაქე	mok'alak'e
citizenship	მოქალაქეობა	mok'alak'eoba
national emblem	ეროვნული ღერბი	erovnuli gherbi
national anthem	სახელმწიფო ჰიმნი	sahelmts'ip'o h'imni
government	მთავრობა	mt'avroba

head of state	ქვეყნის ხელმძღვანელი	k'veq'nis khelmdzghvaneli
parliament	პარლამენტი	parlamenti
party	პარტია	partia
capitalism	კაპიტალიზმი	kapitalizmi
capitalist (adj)	კაპიტალისტური	kapitalisturi
socialism	სოციალიზმი	socializmi
socialist (adj)	სოციალისტური	socialisturi
communism	კომუნიზმი	komunizmi
communist (adj)	კომუნისტური	komunisturi
communist (n)	კომუნისტი	komunisti
democracy	დემოკრატია	demokratia
democrat	დემოკრატი	demokrati
democratic (adj)	დემოკრატიული	demokratiuli
Democratic party	დემოკრატიული პარტია	demokratiuli partia
liberal (n)	ლიბერალი	liberali
liberal (adj)	ლიბერალური	liberaluri
conservative (n)	კონსერვატორი	konservatori
conservative (adj)	კონსერვატიული	konservatiuli
republic (n)	რესპუბლიკა	respublika
republican (n)	რესპუბლიკელი	respublikeli
Republican party	რესპუბლიკური პარტია	respublikuri partia
poll, elections	არჩევნები	archevnebi
to elect (vt)	არჩევა	archeva
elector, voter	ამომრჩეველი	amomrcheveli
election campaign	საარჩევნო კამპანია	saarchevno kampania
voting (n)	ხმის მიცემა	khmis micema
to vote (vi)	ხმის მიცემა	khmis micema
suffrage, right to vote	ხმის უფლება	khmis up'leba
candidate	კანდიდატი	kandidati
to be a candidate	ბალოტირება	balotireba
campaign	კამპანია	kampania
opposition (as adj)	ოპოზიციური	opoziciuri
opposition (n)	ოპოზიცია	opozicia
visit	ვიზიტი	viziti
official visit	ოფიციალური ვიზიტი	oficialuri viziti
international (adj)	საერთაშორისო	saert'ashoriso
negotiations	მოლაპარაკება	molaparakeba
to negotiate (vi)	მოლაპარაკების წარმოება	molaparakebis ts'armoeba

244. Politics. Government. Part 2

society	საზოგადოება	sazogadoeba
constitution	კონსტიტუცია	konstitucia
power (political control)	ხელისუფლება	khelisup'leba
corruption	კორუფცია	korup'cia

law (justice)	კანონი	kanoni
legal (legitimate)	კანონიერი	kanonieri

justice (fairness)	სამართლიანობა	samart'lianoba
just (fair)	სამართლიანი	samart'liani

committee	კომიტეტი	komiteti
bill (draft of law)	კანონპროექტი	kanonproek'ti
budget	ბიუჯეტი	biudjeti
policy	პოლიტიკა	politika
reform	რეფორმა	rep'orma
radical (adj)	რადიკალური	radikaluri

power (strength, force)	ძალა	dzala
powerful (adj)	ძლიერი	dzlieri
supporter	მომხრე	momkhre
influence	გავლენა	gavlena

regime (e.g., military ~)	რეჟიმი	rejimi
conflict	კონფლიქტი	kanp'likti
conspiracy (plot)	შეთქმულება	shet'k'muleba
provocation	პროვოკაცია	provokacia

to overthrow (regime, etc.)	ჩამოგდება	chamogdeba
overthrow (of government)	დამხობა	damkhoba
revolution	რევოლუცია	revolucia

coup d'état	გადატრიალება	gadatrialeba
military coup	სამხედრო გადატრიალება	samkhedro gadatrialeba

crisis	კრიზისი	krizisi
economic recession	ეკონომიკური ვარდნა	ekonomikuri vardna
demonstrator (protester)	დემონსტრანტი	demonstranti
demonstration	დემონსტრაცია	demonstracia
martial law	სამხედრო მდგომარეობა	samkhedro mdgomareoba
military base	ბაზა	baza

stability	სტაბილურობა	stabiluroba
stable (adj)	სტაბილური	stabiluri

exploitation	ექსპლუატაცია	ek'spluatacia
to exploit (workers)	ექსპლუატირება	ek'spulatireba
racism	რასიზმი	rasizmi
racist	რასისტი	rasisti

| fascism | ფაშიზმი | p'ashizmi |
| fascist | ფაშისტი | p'ashisti |

245. Countries. Miscellaneous

foreigner	უცხოელი	uckhoeli
foreign (adj)	უცხოური	uckhouri
abroad (adv)	საზღვარგარეთ	sazghvargaret'

emigrant	ემიგრანტი	emigranti
emigration	ემიგრაცია	emigracia
to emigrate (vi)	ემიგრაცია	emigracia

the West	დასავლეთი	dasavlet'i
the East	აღმოსავლეთი	aghmosavlet'i
the Far East	შორეული აღმოსავლეთი	shoreuli aghmosavlet'i

civilization	ცივილიზაცია	civilizacia
humanity (mankind)	კაცობრიობა	kacobrioba
world (earth)	მსოფლიო	msop'lio
peace	მშვიდობა	mshvidoba
worldwide (adj)	საქვეყნო	sak'veq'no

homeland	სამშობლო	samshoblo
people (population)	ხალხი	khalkhi
population	მოსახლეობა	mosakhleoba
people (a lot of ~)	ხალხი	khalkhi

| nation (people) | ერი | eri |
| generation | თაობა | t'aoba |

territory (area)	ტერიტორია	teritoria
region	რეგიონი	regioni
state (part of a country)	შტატი	shtati

tradition	ტრადიცია	tradicia
custom (tradition)	ჩვეულება	chveuleba
ecology	ეკოლოგია	ekologia

| Indian (Native American) | ინდიელი | indieli |
| Gipsy (masc.) | ბოშა | bosha |

| Gipsy (fem.) | ბოშა ქალი | bosha k'ali |
| Gipsy (adj) | ბოშური | boshuri |

empire	იმპერია	imperia
colony	კოლონია	kolonia
slavery	მონობა	monoba
invasion	შემოსევა	shemoseva
famine	შიმშილი	shimshili

246. Major religious groups. Confessions

religion	რელიგია	religia
religious (adj)	რელიგიური	religiuri
belief (in God)	სარწმუნოება	sarts'munoeba
to believe (in God)	რწმენა	rts'mena
believer	მორწმუნე	morts'mune
atheism	ათეიზმი	at'eizmi
atheist	ათეისტი	at'eisti
Christianity	ქრისტიანობა	k'ristianoba
Christian (n)	ქრისტიანი	k'ristiani
Christian (adj)	ქრისტიანული	k'ristianuli
Catholicism	კაTოლიციზმი	katolicizmi
Catholic (n)	კათოლიკე	kat'olike
Catholic (adj)	კათოლიკური	kat'olikuri
Protestantism	პროტესტანტობა	protestantoba
Protestant Church	პროტესტანტული ეკლესია	protestantuli eklesia
Protestant	პროტესტანტი	protestanti
Orthodoxy	მართლმადიდებლობა	mart'lmadidebloba
Orthodox Church	მართლმადიდებლური ეკლესია	mart'madidebluri eklesia
Orthodox	მართლმადიდებელი	mart'lmadidebeli
Presbyterianism	პრესბიტერიანობა	presbiterianoba
Presbyterian Church	პრესბიტერიანული ეკლესია	presbiterianuli eklesia
Presbyterian (n)	პრესბიტერიანი	presbiteriani
Lutheranism	ლუტერანული ეკლესია	luteranuli eklesia
Lutheran	ლუტერანი	luterani
Baptist Church	ბაპტიზმი	baptizmi
Baptist	ბაპტისტი	baptisti
Anglican Church	ანგლიკანური	anglikanuri
Anglican	ანგლიკანელი	anglikaneli
Mormonism	მორმონობა	mormonoba
Mormon	მორმონი	mormoni
Judaism	იუდაიზმი	iudaizmi
Jew	იუდეველი	iudeveli
Buddhism	ბუდიზმი	budizmi
Buddhist	ბუდისტი	budisti

| Hinduism | ინდუიზმი | induizmi |
| Hindu | ინდუისტი | induisti |

Islam	ისლამი	islami
Muslim (n)	მუსულმანი	musulmani
Muslim (adj)	მუსულმანური	musulmanuri

Shiism	შიიზმი	shiizmi
Shiite (n)	შიიტი	shiiti
Sunni (religion)	სუნიზმი	sunizmi
Sunnite (n)	სუნიტი	suniti

247. Religions. Priests

| priest | მღვდელი | mghvdeli |
| the Pope | რომის პაპი | romis papi |

monk, friar	ბერი	beri
nun	მონაზონი	monazoni
pastor	მღვდელი	mghvdeli

abbot	აბატი	abati
vicar	მღვდე'ლი	mghvdeli
bishop	ეპისკოპოსი	episkoposi
cardinal	კარდინალი	kardinali

preacher	მქადაგებელი	mk'adagebeli
preaching	ქადაგება	k'adageba
parishioners	მრევლი	mrevli

| believer | მორწმუნე | morts'mune |
| atheist | ათეისტი | at'eisti |

248. Faith. Christianity. Islam

| Adam | ადამი | adami |
| Eve | ევა | eva |

God	ღმერთი	ghmert'i
the Lord	უფალი	up'ali
the Almighty	ყოვლისშემძლე	q'ovlisshemdzle

sin	ცოდვა	codva
to sin (vi)	ცოდვის ჩადენა	codvis chadena
sinner (masc.)	ცოდვილი	codvili
sinner (fem.)	ცოდვილი ქალი	codvili k'ali
hell	ჯოჯოხეთი	jojokhet'i
paradise	სამოთხე	samot'khe

Jesus	იესო	ieso
Jesus Christ	იესო ქრისტე	ieso k'riste
the Holy Spirit	წმინდა სული	ts'minda suli
the Savior	მხსნელი	mkhsneli
the Virgin Mary	ღვთისმშობელი	ghvt'ismshobeli
the Devil	ეშმაკი	eshmaki
devil's (adj)	ეშმაკური	eshmakuri
Satan	სატანა	satana
satanic (adj)	სატანური	satanuri
angel	ანგელოზი	angelozi
guardian angel	მფარველი ანგელოზი	mp'arveli angelozi
angelic (adj)	ანგელოზური	angelozuri
apostle	მოციქული	mocik'uli
archangel	მთავარანგელოზი	mt'avarangelozi
the Antichrist	ანტიქრისტე	antik'riste
the Church	სამღვდელოება	samghvdeloeba
Bible	ბიბლია	biblia
biblical (adj)	ბიბლიური	bibliuri
Old Testament	ძველი ანდერძი	dzveli anderdzi
New Testament	ახალი ანდერძი	akhali anderdzi
Gospel	ევანგელია	evangelia
Holy Scripture	წმინდა ნაწერი	ts'minda nats'eri
heaven	ზეციური სამოთხე	zeciuri samot'khe
Commandment	მცნება	mcneba
prophet	წინასწარმეტყველი	ts'inasts'armetq'veli
prophecy	წინასწარმეტყველება	ts'inasts'armetq'veleba
Allah	ალაჰი	alah'i
Mohammed	მუჰამედი	muh'amedi
the Koran	ყურანი	q'urani
mosque	მეჩეთი	mechet'i
mullah	მოლა	mola
prayer	ლოცვა	locva
to pray (vi, vt)	ლოცვა	locva
pilgrimage	მლოცველობა	mlocveloba
pilgrim	მლოცველი	mlocveli
Mecca	მექა	mek'a
church	ეკლესია	eklesia
temple	ტაძარი	tadzari
cathedral	ტაძარი	tadzari
Gothic (adj)	გოთიკური	got'ikuri
synagogue	სინაგოგა	sinagoga

mosque	მეჩეთი	mechet'i
chapel	სამლოცველო	samlocvelo
abbey	სააბატო	saabato
convent	მონასტერი	monasteri
monastery	მონასტერი	monasteri
bell (in church)	ზარი	zari
bell tower	სამრეკლო	samreklo
to ring (ab. bells)	რეკვა	rekva
cross	ჯვარი	djvari
cupola (roof)	გუმბათი	gumbat'i
icon	ხატი	khati
soul	სული	suli
fate (destiny)	ბედი	bedi
evil (n)	ბოროტება	boroteba
good (n)	სიკეთე	siket'e
vampire	ვამპირი	vampiri
witch (sorceress)	ჯადოქარი	djadok'ari
demon	დემონი	demoni
devil	ეშმაკი	eshmaki
spirit	სული	suli
redemption (giving us ~)	მონანიება	monanieba
to redeem (vt)	გამოსყიდვა	gamoskhidva
church service, mass	სამსახური	samsakhuri
to say mass	მსახური	msakhuri
confession	აღსარება	aghsareba
to confess (vi)	აღსარების თქმა	aghsarebis t'k'ma
saint (n)	წმინდა	ts'minda
sacred (holy)	საღმრთო	saghmrt'o
holy water	წმინდა წყალი	ts'minda ts'q'ali
ritual (n)	რიტუალი	rituali
ritual (adj)	რიტუალური	ritualuri
sacrifice	მსხვერპლშეწირვა	mskhverplshets'irva
superstition	ცრურწმენა	crurts'mena
superstitious (adj)	ცრუმორწმუნე	crumorts'mune
afterlife	იმქვეყნური სიცოცხლე	imk'vegkhnuri sicockhle
eternal life	მუდმივი სიცოცხლე	mudmivi sicockhle

MISCELLANEOUS

249. Various useful words

background (green ~)	ფონი	p'oni
balance (of situation)	ბალანსი	balansi
barrier (obstacle)	წინაღობა	ts'inaghoba
base (basis)	ბაზა	baza
beginning	დასაწყისი	dasats'q'isi
category	კატეგორია	kategoria
cause (reason)	მიზეზი	mizezi
choice	არჩევანი	archevani
coincidence	დამთხვევა	damt'khveva
comfortable (~ chair)	მოხერხებული	mokherkhebuli
comparison	შედარება	shedareba
compensation	კომპენსაცია	kompensacia
degree (extent, amount)	ხარისხი	khariskhi
development	განვითარება	ganvit'areba
difference	განსხვავება	ganskhvaveba
effect (e.g., of drugs)	ეფექტი	ep'ek'ti
effort (exertion)	ძალისხმევა	dzaliskhmeva
element	ელემენტი	elementi
end (finish)	დასასრული	dasasruli
example (illustration)	მაგალითი	magalit'i
fact	ფაქტი	p'ak'ti
frequent (adj)	ხშირი	khshiri
growth (development)	ზრდა	zrda
help	დახმარება	dakhmareba
ideal	იდეალი	ideali
kind (sort, type)	სახეობა	sakheoba
labyrinth	ლაბირინთი	labirint'i
mistake, error	შეცდომა	shecdoma
moment	მომენტი	momenti
object (thing)	ობიექტი	obiek'ti
obstacle	დაბრკოლება	dabrkoleba
original (original copy)	ორიგინალი	originali
part (~ of sth)	ნაწილი	nats'ili
particle, small part	ნაწილი	nats'ili
pause (break)	პაუზა	pauza

position	პოზიცია	pozicia
principle	პრინციპი	principi
problem	პრობლემა	problema

process	პროცესი	procesi
progress	პროგრესი	progresi
property (quality)	თვისება	t'viseba
reaction	რეაქცია	reak'cia
risk	რისკი	riski

secret	საიდუმლო	saidumlo
section (sector)	სექცია	sek'cia
series	სერია	seria
shape (outer form)	ფორმა	p'orma
situation	სიტუაცია	situacia

solution	ამოხსნა	amokhsna
standard (adj)	სტანდარტული	standartuli
standard (level of quality)	სტანდარტი	standarti
stop (pause)	შესვენება	shesveneba
style	სტილი	stili
system	სისტემა	sistema

table (chart)	ტაბულა	tabula
tempo, rate	ტემპი	tempi
term (word, expression)	ტერმინი	termini
thing (object, item)	ნივთი	nivt'i
truth	ჭეშმარიტება	tch'eshmariteba
turn (please wait your ~)	რიგი	rigi
type (sort, kind)	ტიპი	tipi

urgent (adj)	სასწრაფო	sasts'rap'o
urgently (adv)	სასწრაფოდ	sasts'rap'od
utility (usefulness)	სარგებელი	sargebeli

variant (alternative)	ვარიანტი	varianti
way (means, method)	საშუალება	sashualeba
zone	ზონა	zona

250. Modifiers. Adjectives. Part 1

additional (adj)	დამატებითი	damatebit'i
ancient (~ civilization)	უძველესი	udzvelesi
artificial (adj)	ხელოვნური	khelovnuri

back, rear (adj)	უკანა	ukana
bad (adj)	ცუდი	cudi
beautiful (~ palace)	ულამაზესი	ulamazesi
beautiful (person)	ლამაზი	lamazi
big (in size)	დიდი	didi

| bitter (taste) | მწარე | mts'are |
| blind (sightless) | ბრმა | brma |

calm, quiet (adj)	მშვიდი	mshvidi
careless (negligent)	დაუდევარი	daudevari
caring (~ father)	მზრუნველი	mzrunveli
central (adj)	ცენტრალური	centraluri
cheap (adj)	იაფი	iap'i
cheerful (adj)	მხიარული	mkhiaruli
children's (adj)	საბავშვო	sabavshvo
civil (~ law)	სამოქალაქო	samok'alak'o

clandestine (secret)	იატაკქვეშა	iatak'kvesha
clean (free from dirt)	სუფთა	sup't'a
clear (explanation, etc.)	გასაგები	gasagebi
clever (smart)	ჭკვიანი	ch'kviani
close (near in space)	ახლობელი	akhlobeli
closed (adj)	დახურული	dakhuruli
cloudless (sky)	უღრუბლო	ughrublo

cold (drink, weather)	ცივი	civi
compatible (adj)	თავსებადი	t'avsebadi
contented (adj)	კმაყოფილი	kmaq'op'ili
continuous (adj)	ხანგრძლივი	khangrdzlivi
continuous (incessant)	უწყვეტი	uts'q'veti
cool (weather)	გრილი	grili

dangerous (adj)	საშიში	sashishi
dark (room)	ბნელი	bneli
dead (not alive)	მკვდარი	mkvdari
dense (fog, smoke)	მჭიდრო	mtch'idro

different (adj)	სხვადასხვა	skhvadaskhva
difficult (decision)	ძნელი	dzneli
difficult (problem, task)	რთული	rt'uli
dim, faint (light)	ბუნდოვანი	bundovani
dirty (not clean)	ჭუჭყიანი	ch'utch'q'iani
distant (faraway)	შორეული	shoreuli
distant (in space)	შორეული	shoreuli
dry (climate, clothing)	მშრალი	mshrali

easy (not difficult)	უბრალო	ubralo
empty (glass, room)	ცარიელი	carieli
exact (amount)	ზუსტი	zusti
excellent (adj)	წარჩინებული	ts'arts'hinebuli
excessive (adj)	უზომო	uzomo
expensive (adj)	ძვირფასი	dzvirp'asi
exterior (adj)	გარეგანი	garegani

fast (quick)	სწრაფი	sts'rap'i
fatty (food)	ცხიმიანი	ckhimiani
fertile (land, soil)	ნაყოფიერი	naq'op'ieri

flat (~ panel display)	ბრტყელი	brtq'eli
flat (e.g., ~ surface)	სწორი	sts'ori
foreign (adj)	უცხოური	uckhouri

fragile (china, glass)	მყიფე	mq'ip'e
free (at no cost)	უფასო	up'aso
free (unrestricted)	თავისუფალი	t'avisup'ali
fresh (~ water)	მტკნარი	mtknari
fresh (e.g., ~ bred)	ახალი	akhali
frozen (food)	გაყინული	gaq'inuli
full (completely filled)	სავსე	savse

good (book, etc.)	კარგი	kargi
good (kindhearted)	კეთილი	ket'ili
grateful (adj)	მადლობელი	madlobeli

happy (adj)	ბედნიერი	bednieri
hard (not soft)	მყარი	mq'ari
heavy (in weight)	მძიმე	mdzime

hostile (adj)	მტრული	mtruli
hot (adj)	ცხელი	ckheli
huge (adj)	უზარმაზარი	uzarmazari
humid (adj)	ნესტიანი	nestiani
hungry (adj)	მშიერი	mshieri

ill (sick, unwell)	ავადმყოფი	avadmq'op'i
illegible (adj)	გაურკვეველი	gaurkveveli
immobile (adj)	უმოძრაო	umodzrao
important (adj)	მნიშვნელოვანი	mnishvnelovani
impossible (adj)	შეუძლებელი	sheudzlebeli

indispensable (adj)	აუცილებელი	aucilebeli
inexperienced (adj)	გამოუცდელი	gamoucdeli
insignificant (adj)	უმნიშვნელო	umnishvnelo
interior (adj)	შინაგანი	shinagani
joint (~ decision)	ერთობლივი	ert'oblivi

last (e.g., ~ week)	წარსული	ts'arsuli
last (final)	უკანასკნელი	ukanaskneli
left (e.g., ~ side)	მარცხენა	marckhena
legal (legitimate)	კანონიერი	kanonieri

light (in weight)	მსუბუქი	msubuk'i
light (pale color)	ნათელი	nat'eli

limited (adj)	განსაზღვრული	gansazghvruli
liquid (fluid)	თხევადი	t'khevadi

long (e.g., ~ way)	გრძელი	grdzeli
loud (voice, etc.)	ხმამაღალი	khmamaghali
low (voice)	ჩუმი	chumi

251. Modifiers. Adjectives. Part 2

main (principal)	მთავარი	mt'avari
matt (paint)	მქრქალი	mk'rk'ali
meticulous (job)	აკურატული	akuratuli
mysterious (adj)	იდუმალი	idumali
narrow (street, etc.)	ვიწრო	vits'ro
native (of country)	მშობლიური	mshobliuri
near-sighted (adj)	ახლომხედველი	akhlomkhedveli
necessary (adj)	საჭირო	satch'iro
negative (adj)	უარყოფითი	uarq'op'It'i
neighboring (adj)	მეზობელი	mezobeli
nervous (adj)	ნერვიული	nerviuli
new (adj)	ახალი	akhali
next (e.g., ~ week)	შემდეგი	shemdegi
next door	ახლო	akhlo
nice (kind)	სანდომიანი	sandomiani
nice (voice)	სასიამოვნო	sasiamovno
normal (adj)	ნორმალური	normaluri
not big (adj)	მცირე	mcire
not clear (adj)	ბუნდოვანი	bundovani
not difficult (adj)	მარტივი	martivi
obligatory (adj)	აუცილებელი	aucilebeli
old (house)	მოხუცი	mokhuci
open (adj)	ღია	ghia
opposite (adj)	საწინააღმდეგო	sats'inaaghmdego
ordinary (usual)	ჩვეულებრივი	chveulebrivi
original (unusual)	ორიგინალური	originaluri
past (recent)	განვლილი	ganvlili
permanent (adj)	მუდმივი	mudmivi
personal (adj)	კერძო	kerdzo
polite (adj)	ზრდილობიანი	zrdilobiani
poor (not rich)	ღარიბი	gharibi
possible (adj)	შესაძლებელი	shesadzlebeli
poverty-stricken (adj)	ღატაკი	ghataki
present (current)	ნამდვილი	namdvili
previous (adj)	წინანდელი	ts'inandeli
principal (main)	ძირითადი	dzirit'adi
private (~ jet)	პირადი	piradi
probable (adj)	უეჭველი	uetch'veli
public (open to all)	საზოგადო	sazogado
punctual (person)	პუნქტუალური	punk'tualuri
quiet (tranquil)	წყნარი	ts'q'nari
rare (adj)	იშვიათი	ishviat'i

raw (uncooked)	უმი	umi
right (not left)	მარჯვენა	marjvena
right, correct (adj)	სწორი	sts'ori
ripe (fruit)	მწიფე	mts'ip'e
risky (adj)	სარისკო	sarisko
sad (~ look)	დარდიანი	dardiani
sad (depressing)	სევდიანი	sevdiani
safe (not dangerous)	უსაფრთხო	usap'rt'kho
salty (food)	მლაშე	mlashe
satisfied (customer)	დაკმაყოფილებული	dakmaq'ofilebuli
second hand (adj)	ხმარებაში ნამყოფი	khmarebashi namkq'op'i
shallow (water)	თხელი	t'kheli
sharp (blade, etc.)	ბასრი	basri
short (in length)	მოკლე	mokle
short, short-lived (adj)	ხანმოკლე	khanmokle
significant (notable)	მნიშვნელოვანი	mnishvnelovani
similar (adj)	მსგავსი	msgavsi
simple (easy)	უბრალო	ubralo
slim (person)	გამხდარი	gamkhdari
small (in size)	პაწაწინა	pats'ats'ina
smooth (surface)	გლუვი	gluvi
soft (to touch)	რბილი	rbili
solid (~ wall)	მტკიცე	mtkice
somber, gloomy (adj)	შავბნელი	shavbneli
sour (flavor, taste)	მჟავე	mjave
spacious (house, etc.)	ფართე	p'art'e
special (adj)	სპეციალური	specialuri
straight (line, road)	პირდაპირი	pirdapiri
strong (person)	ძლიერი	dzlieri
stupid (foolish)	სულელი	suleli
suitable (adj)	გამოსადეგი	gamosadegi
sunny (day)	მზიანი	mziani
superb, perfect (adj)	შესანიშნავი	shesanishnavi
swarthy (adj)	შავგვრემანი	shavgvremani
sweet (sugary)	ტკბილი	tkbili
tan (adj)	მზემოკიდებული	mzemokidebuli
tasty (adj)	გემრიელი	gemrieli
tender (affectionate)	ალერსიანი	alersiani
the highest (adj)	უმაღლესი	umaghlesi
the most important	ყველაზე მნიშვნელოვანი	q'velaze mnishvnelovani
the nearest	უახლოესი	uakhloesi
the same, equal (adj)	ერთნაირი	ert'nairi
thick (e.g., ~ fog)	ხშირი	khshiri
thick (wall, slice)	სქელი	sk'eli

tired (exhausted)	დაღლილი	daghlili
tiring (adj)	დამქანცველი	damk'ancveli
too thin (emaciated)	გამხდარი	gamkhdari
transparent (adj)	გამჭირვალე	gamch'irvale
unique (exceptional)	უნიკალური	unikaluri
various (adj)	განსხვავებული	ganskhvavebuli
warm (moderately hot)	თბილი	t'bili
wet (e.g., ~ clothes)	სველი	sveli
whole (entire, complete)	მთელი	mt'eli
wide (e.g., ~ road)	ფართო	p'art'o
young (adj)	ახალგაზრდა	akhalgazrda

MAIN 500 VERBS

252. Verbs A-C

to accompany (vt)	თანხლება	t'ankhleba
to accuse (vt)	გამტყუნება	gamtq'uneba
to act (take action)	მოქმედება	mok'medeba

to add (supplement)	დამატება	damateba
to address (speak to)	მიმართვა	mimart'va
to admire (vi)	აღტაცება	aghtaceba
to advertise (vt)	რეკლამირება	reklamireba
to advise (vt)	რჩევა	rcheva

to affirm (vt)	დაჯინება	dajineba
to agree (say yes)	დათანხმება	dat'ankhmeba
to allow (sb to do sth)	ნების დართვა	nebis dart'va
to allude (vi)	სიტყვის ჩაკვრა	sitq'vis chakvra

to amputate (vt)	ამპუტირება	amputireba
to anger (vt)	გაჯავრება	gadjavreba
to answer (vi, vt)	პასუხის გაცემა	pasukhis gacema

to apologize (vi)	ბოიშის მოდა	boishis moda
to appear (come into view)	გამოჩენა	gamochena
to applaud (vi, vt)	ტაშის დაკვრა	tashis dakvra
to appoint (assign)	დანიშვნა	danishvna
to approach (come nearer)	მიახლოება	miakhloeba

to arrive (ab. train)	ჩასვლა	chasvla
to ask (~ sb to do sth)	თხოვნა	t'khovna
to aspire to ...	სწრაფვა	sts'rap'va
to assist (help)	ასისტირება	asistireba

to attack (mil.)	შეტევა	sheteva
to attain (objectives)	მიღწევა	mights'eva
to avenge (vt)	შურისძიება	shurisdzieba
to avoid (danger, task)	არიდება	arideba
to award (give medal to)	დაჯილდოვება	dadjildoveba

to bathe (~ one's baby)	ბანვა	banva
to battle (vi)	ბრძოლა	brdzola

to be (vi)	ყოფნა	q'op'na
to be (~ on the table)	დება	deba
to be afraid	შიში	shishi

to be angry (with ...)	გაჯავრება	gadjavreba
to be at war	ბრძოლა	brdzola
to be based (on ...)	ბაზირება	bazireba
to be bored	მოწყენა	mots'q'ena
to be convinced	დარწმუნება	darts'muneba
to be enough	საკმარისია	sakmarisia
to be envious	შეშურება	sheshureba
to be indignant	აღშფოთება	aghshp'ot'eba
to be interested in ...	ინტერესის გამოჩენა	interesis gamochena
to be lying down	წოლა	ts'ola
to be needed	საჭიროება	satch'iroeba
to be perplexed	ვერმიხვედრა	vermikhvedra
to be preserved	შენახვა	shenakhva
to be required	საჭიროება	satch'iroeba
to be surprised	გაკვირვება	gakvirveba
to be worried	წუხილი	ts'ukhili
to beat (dog, person)	დარტყმა	dartq'ma
to become (e.g., ~ old)	გარდაქმნა	gardak'mna
to become pensive	ჩაფიქრება	chap'ik'reba
to behave (vi)	მოქცევა	mok'ceva
to believe (think)	ნდობა	ndoba
to belong to ...	კუთვნება	kut'vneba
to berth (moor)	მიდგომა	midgoma
to blind (of flash of light)	დაბრმავება	dabrmaveba
to blow (wind)	დაბერვა	daberva
to blush (vi)	გაწითლება	gat'ts'it'leba
to boast (vi)	კვეხნა	kvekhna
to borrow (money)	სესხება	seskheba
to break (branch, toy, etc.)	ტეხვა	tekhva
to break (rope)	გაწყვეტა	gats'q'veta
to breathe (vi)	სუნთქვა	sunt'k'va
to bring (sth)	ჩამოტანა	chamotana
to burn (paper, logs)	დაწვა	dats'va
to buy (purchase)	ყიდვა	q'idva
to call (for help)	დაძახება	dadzakheba
to call (with one's voice)	დაძახება	dadzakheba
to calm down (vt)	დამშვიდება	damshvideba
can (v aux)	შეძლება	shedzleba
to cancel (call off)	გაუქმება	gauk'meba
to cast off	მოცილება	mocileba
to catch (e.g., ~ a ball)	დაჭერა	datch'era
to catch sight (of ...)	დანახვა	danakhva
to cause ...	მიზეზად ყოფნა	mizezad q'op'na
to change (~ one's opinion)	შეცვლა	shecvla
to change (exchange)	შეცვლა	shecvla

to charm (vt)	მოხიბლვა	mokhiblva
to choose (select)	არჩევა	archeva
to chop off (with an ax)	მოკვეთა	mokvet'a
to clean (from dirt)	წმენდა	ts'menda
to clean (shoes, etc.)	გაწმენდა	gats'menda
to clean (tidy)	დალაგება	dalageba
to close (vt)	დახურვა	dakhurva
to comb hair	დავარცხნა	davarckhna
to come down (the stairs)	დაშვება	dashveba
to come in (enter)	შესვლა	shesvla
to come out (book)	გამოსვლა	gamosvla
to compare (vt)	შედარება	shedareba
to compensate (vt)	ანაზღაურება	anazghaureba
to compete (vi)	კონკურენციის გაწევა	konkurenciis gats'eva
to compile (~ a list)	შედგენა	shedgena
to complain (vi, vt)	ჩივილი	chivili
to complicate (vt)	გართულება	gart'uleba
to compose (music, etc.)	შექმნა	shek'mna
to compromise (vt)	კომპრომეტირება	komprometireba
to concentrate (vi)	კონცენტრაცია	koncentracia
to confess (criminal)	აღიარება	aghiareba
to confuse (mix up)	არევა	areva
to congratulate (vt)	მილოცვა	milocva
to consult (doctor, expert)	კონსულტირება	konsultireba
to continue (~ to do sth)	გაგრძელება	gagrdzeleba
to control (vt)	კონტროლის გაწევა	kontrolis gats'eva
to convince (vt)	დარწმუნება	darts'muneba
to cooperate (vi)	თანამშრომლობა	t'anamshromloba
to coordinate (vt)	კოორდინირება	koordinireba
to correct (an error)	გამოსწორება	gamosts'oreba
to cost (vt)	ღირებულება	ghirebuleba
to count (money, etc.)	დათვლა	dat'vla
to count on ...	გაანგარიშება	gaangarisheba
to crack (ceiling, wall)	სკდომა	skdoma
to create (vt)	შექმნა	shek'mna
to cry (weep)	ტირილი	tirili
to cut off (with a knife)	მოჭრა	motch'ra

253. Verbs D-G

to dare (~ to do sth)	გათამამება	gat'amameba
to date from ...	დათარიღება	dat'arigheba

to deceive (vi, vt)	მოტყუება	motq'ueba
to decide (~ to do sth)	გადაწყვეტა	gadats'q'veta
to decorate (tree, street)	შემკობა	shemkoba
to dedicate (book, etc.)	გაზიარება	gaziareba
to defend (a country, etc.)	დაცვა	dacva
to defend oneself	თავის დაცვა	t'avis dacva
to demand (request firmly)	მოთხოვნა	mot'khovna
to denounce (vt)	დასმენა	dasmena
to deny (vt)	უარყოფა	uarq'op'a
to depend on …	დამოკიდებულება	damokidebuleba
to deprive (vt)	ჩამორთმევა	chamort'meva
to deserve (vt)	დამსახურება	damsakhureba
to design (machine, etc.)	დაპროექტება	daproek'teba
to desire (want, wish)	ნატვრა	natvra
to despise (vt)	შეძულება	shedzuleba
to destroy (documents, etc.)	მოსპობა	mospoba
to differ (from sth)	გამორჩევა	gamorcheva
to dig (tunnel, etc.)	თხრა	t'khra
to direct (point the way)	მიმართვა	mimart'va
to disappear (vi)	გაქრობა	gak'roba
to discover (new land, etc.)	აღმოჩენა	aghmochena
to discuss (vt)	განხილვა	gankhilva
to distribute (leaflets, etc.)	გავრცელება	gavrceleba
to disturb (vt)	ხელის შეშლა	khelis sheshla
to dive (vi)	ყვინთვა	q'vint'va
to divide (math)	გაყოფა	gaq'op'a
to do (vt)	კეთება	ket'eba
to do the laundry	რეცხვა	reckhva
to double (increase)	გაორმაგება	gaormageba
to doubt (have doubts)	დაეჭვება	daech'veba
to draw a conclusion	დასკვნის გამოტანა	daskvnis gamotana
to dream (daydream)	ოცნება	ocneba
to dream (in sleep)	სიზმრის ნახვა	sizmris nakhva
to drink (vi, vt)	სმა	sma
to drive a car	მანქანის მართვა	mank'anis mart'va
to drive away	გაგდება	gagdeba
to drop (let fall)	გავარდნა	gavardna
to drown (ab. person)	ჩაძირვა	chadzirva
to dry (clothes, hair)	შრობა	shroba
to eat (vi, vt)	ჭამა	ch'ama
to eavesdrop (vi)	ფარულად ყურის გდება	p'arulad q'uris gdeba

to enter (on the list)	ჩაწერა	ts'hats'era
to entertain (amuse)	გართობა	gart'oba
to equip (fit out)	აღჭურვა	aghtch'urva

to examine (proposal)	განხილვა	gankhilva
to exchange (sth)	გაცვლა	gacvla
to exclude, to expel	გარიცხვა	garickhva
to excuse (forgive)	პატიება	patieba

to exist (vi)	არსებობა	arseboba
to expect (anticipate)	ლოდინი	lodini
to expect (foresee)	გათვალისწინება	gat'valists'ineba
to explain (vt)	ახსნა	akhsna
to express (vt)	გამოხატვა	gamokhatva
to extinguish (a fire)	ქრობა	k'roba

to fall in love (with ...)	შეყვარება	sheq'vareba
to feed (provide food)	ჭმევა	ts'meva
to fight (against the enemy)	ბრძოლა	brdzola
to fight (vi)	ჩხუბი	chkhubi

to fill (glass, bottle)	ავსება	avseba
to find (~ lost items)	პოვნა	povna
to finish (vt)	დამთავრება	damt'avreba

to fish (vi)	თევზის ჭერა	t'evzis tch'era
to fit (ab. dress, etc.)	მიდგომა	midgoma
to flatter (vt)	პირფერობა	pirp'eroba
to fly (bird, plane)	ფრენა	p'rena

to follow ... (come after)	მიყოლა	miq'ola
to forbid (vt)	აკრძალვა	akrdzalva
to force (compel)	იძულება	idzuleba
to forget (vi, vt)	დავიწყება	davits'q'eba
to forgive (pardon)	პატიება	patieba
to form (constitute)	ჩამოყალიბება	chamoq'alibeba

to get dirty (vi)	გასვრა	gasvra
to get infected (with ...)	დასნეულება	dasneuleba
to get irritated	გაღიზიანება	gaghizianeba
to get married	ცოლის შერთვა	colis shert'va
to get rid of ...	ჩამოშორება	chamoshoreba
to get tired	დაღლა	daghla
to get up (arise from bed)	ადგომა	adgoma

| to give a hug, to hug (vt) | მოხვევა | mokhveva |
| to give in (yield to) | დათმობა | dat'moba |

to go (by car, etc.)	მგზავრობა	mgzavroba
to go (on foot)	სვლა	svla
to go for a swim	ბანაობა	banaoba
to go out (for dinner, etc.)	გასვლა	gasvla

to go to bed	საძილედ დაწოლა	sadziled dats'ola
to greet (vt)	მისალმება	misalmeba
to grow (plants)	გაზრდა	gazrda
to guarantee (vt)	გარანტია	garantia
to guess right	გამოცნობა	gamocnoba

254. Verbs H-M

to hand out (distribute)	დარიგება	darigeba
to hang (curtains, etc.)	ჩამოკიდება	chamokideba
to have (vt)	ქონა	k'ona
to have a try	მცდელობა	mcdeloba
to have breakfast	საუზმობა	sauzmoba
to have dinner	ვახშამი	vakhshami
to have fun	მხიარულება	mkhiaruleba
to have lunch	სადილობა	sadiloba
to head (group, etc.)	მეთაურობა	met'auroba
to hear (vt)	გაგონება	gagoneba
to heat (vt)	გაცხელება	gackheleba
to help (vt)	დახმარება	dakhmareba
to hide (vt)	დამალვა	damalva
to hire (e.g., ~ a boat)	დაქირავება	dak'iraveba
to hire (staff)	დაქირავება	dak'iraveba
to hope (vi, vt)	იმედოვნება	imedovneba
to hunt (for food, sport)	ნადირობა	nadiroba
to hurry (vi)	მიეჩქარება	miechk'areba
to hurry (sb)	აჩქარება	achk'areba
to imagine (to picture)	წარმოდგენა	ts'armodgena
to imitate (vt)	იმიტირება	imitireba
to implore (vt)	ვედრება	vedreba
to import (vt)	იმპორტირება	importireba
to increase (vi)	გადიდება	gadideba
to increase (vt)	გადიდება	gadideba
to infect (vt)	დასნებოვნება	dasnebovneba
to influence (vt)	გავლენა	gavlena
to inform (vt)	ინფორმირება	inp'ormireba
to inform (~ sb about ...)	შეტყობინება	shetq'obineba
to inherit (vt)	მემკვიდრეობა	memkvidreoba
to inquire (about ...)	შეტყობა	shetq'oba
to insist (vi, vt)	დაჟინება	dajineba
to inspire (vt)	აღფრთოვანება	aghfrt'ovaneba
to instruct (teach)	ინსტრუქტირება	instruk'tireba
to insult (offend)	შეურაცხყოფა	sheuracq'op'a

to interest (vt)	დაინტერესება	daintereseba
to intervene (vi)	ჩარევა	chareva
to introduce (present)	გაცნობა	gacnoba
to invent (machine, etc.)	გამოგონება	gamogoneba
to invite (vt)	მოწვევა	mots'veva
to iron (laundry)	დაუთოება	daut'oeba
to irritate (annoy)	გაღიზიანება	gaghizianeba
to isolate (vt)	იზოლირება	izolireba
to join (political party, etc.)	შეერთება	sheert'eba
to joke (be kidding)	ხუმრობა	khumroba
to keep (old letters, etc.)	შენახვა	shenakhva
to keep silent	დუმილი	dumili
to kill (vt)	მოკვლა	mokvla
to knock (at the door)	კაკუნი	kakuni
to know (sb)	ცოდნა	codna
to know (sth)	ცოდნა	codna
to laugh (vi)	სიცილი	sicili
to launch (start up)	გაშვება	gashveba
to leave (~ for Mexico)	გამგზავრება	gamgzavreba
to leave (forget)	დატოვება	datoveba
to leave (spouse)	მიტოვება	mitoveba
to liberate (city, etc.)	გათავისუფლება	gat'avisup'leba
to lie (tell untruth)	ტყუილი	tq'uili
to light (campfire, etc.)	ანთება	ant'eba
to light up (illuminate)	განათება	ganat'eba
to like (enjoy)	სიყვარული	siq'varuli
to like (I like ...)	მოწონება	mots'oneba
to limit (vt)	შეზღუდვა	shezghudva
to listen (vi)	მოსმენა	mosmena
to live (~ in France)	ცხოვრება	ckhovreba
to live (exist)	არსებობა	arseboba
to load (gun)	დატენვა	datenva
to load (vehicle, etc.)	დატვირთვა	datvirt'va
to look (I'm just ~ing)	ყურება	q'ureba
to look for ... (search)	ძებნა	dzebna
to look like (resemble)	მსგავსი ყოფნა	msgavsi q'op'na
to lose (umbrella, etc.)	დაკარგვა	dakargva
to love (sb)	სიყვარული	siq'varuli
to lower (blind, head)	დაშვება	dashveba
to make (~ dinner)	მომზადება	momzadeba
to make a mistake	შეცდომა	shecdoma
to make copies	გამრავლე'ბა	gamravleba
to make easier	შემსუბუქება	shemsubuk'eba

to make the acquaintance	გაცნობა	gacnoba
to make use (of ...)	სარგებლობა	sargebloba
to manage, to run	ხელმძღვანელობა	khelmdzghvaneloba
to mark (make a mark)	აღნიშვნა	aghnishvna
to mean (signify)	მაშასადამე	mashasadame
to memorize (vt)	დამახსოვრება	damakhsovreba
to mention (talk about)	მოხსენიება	mokhsenieba
to miss (school, etc.)	გაცდენა	gacdena
to mix (combine, blend)	შეზავება	shezaveba
to mock (deride)	დაცინვა	dacinva
to move (wardrobe, etc.)	გადაადგილება	gadaadgileba
to multiply (math)	გამრავლება	gamravleba
must (v aux)	სათანადოდ ყოფნა	sat'anadod q'op'na

255. Verbs N-S

to name, to call (vt)	დაძახება	dadzakheba
to negotiate (vi)	მოლაპარაკების გამართვა	molaparakebis gamart'va
to note (write down)	მონიშვნა	monishvna
to notice (see)	შენიშვნა	shenishvna
to obey (vi, vt)	დამორჩილება	damorchileba
to object (vi, vt)	უარი	uari
to observe (see)	დაკვირვება	dakvirveba
to offend (vt)	წყენინება	ts'q'enineba
to omit (word, phrase)	გატარება	gatareba
to open (vt)	გაღება	gagheba
to order (in restaurant)	შეკვეთა	shekvet'a
to order (mil.)	ბრძანება	brdzaneba
to organize (concert, party)	მოგვარება	mogvareba
to overestimate (vt)	გადაფასება	gadap'aseba
to own (possess)	ფლობა	p'loba
to participate (vi)	მონაწილეობის მიღება	monats'ileobis migheba
to pass (go beyond)	გავლა	gavla
to pay (vi, vt)	გადახდა	gadakhda
to peep, spy on	ფარულად ყურება	p'arulad q'ureba
to penetrate (vt)	შეღწევა	sheghts'eva
to permit (vt)	ნებართვა	nebart'va
to pick (flowers)	მოწყვეტა	mots'q'veta
to place (put, set)	განლაგება	ganlageba
to plan (~ to do sth)	დაგეგმვა	dagegmva
to play (actor)	თამაში	t'amashi
to play (children)	თამაში	t'amashi
to point (~ the way)	მითითება	mit'it'eba
to pour (liquid)	დასხმა	dasma

T&P Books. Georgian vocabulary for English speakers - 9000 words

to pray (vi, vt)	ლოცვა	locva
to predominate (vi)	ჭარბობა	tch'arboba
to prefer (vt)	მჯობინება	mdjobineba
to prepare (~ a plan)	მომზადება	momzadeba
to present (sb to sb)	წარდგენა	ts'ardgena
to preserve (peace, life)	შენახვა	shenakhva

to progress (move forward)	დაწინაურება	dats'inaureba
to promise (vt)	დაპირება	dapireba
to pronounce (vt)	გამოთქმა	gamot'k'ma
to propose (vt)	შეთავაზება	shet'avazeba

to protect (e.g., ~ nature)	დაცვა	dacva
to protest (vi)	გაპროტესტება	gaprotesteba
to prove (vt)	დამტკიცება	damtkiceba
to provoke (vt)	პროვოცირება	provocireba

to pull (~ the rope)	თრევა	t'reva
to punish (vt)	დასჯა	dasdja
to push (~ the door)	კვრა	kvra

to put away (vt)	ალაგება	alageba
to put in (insert)	ჩაყენება	chaq'eneba
to put in order	წესრიგში მოყვანა	ts'esrigshi moq'vana
to put, to place	მოთავსება	mot'avseba
to quote (cite)	ციტირება	citireba

to reach (arrive at)	მიღწევა	mights'eva
to read (vi, vt)	კითხვა	kit'khva
to realize (achieve)	განხორციელება	gankhorcieleba
to recall (~ one's name)	გახსენება	gakhseneba

to recognize (admit)	ცნობა	cnoba
to recognize (identify sb)	ცნობა	cnoba
to recommend (vt)	რეკომენდაციის მიცემა	rekomendaciis micema
to recover (~ from flu)	გამოჯანმრთელება	gamojanmrt'eleba

to redo (do again)	გადაკეთება	gadaket'eba
to reduce (speed, etc.)	შემცირება	shemcireba
to refuse (~ sb)	უარის თქმა	uaris t'k'ma
to regret (be sorry)	სინანული	sinanuli

to remember (vt)	ხსოვნა	khsovna
to remind of ...	შეხსენება	shekhseneba
to remove (~ a stain)	მოცილება	mocileba
to remove (~ an obstacle)	მოშორება	moshoreba

to rent (sth from sb)	დაქირავება	dak'iraveba
to repair (mend)	შეკეთება	sheket'eba
to repeat (say again)	გამეორება	gameoreba
to report (make a report)	მოხსენება	mokhseneba
to reproach (vt)	დაყვედრება	daq'vedreba

to reserve, to book	დაჯავშნა	dadjavshna
to restrain (hold back)	შეკავება	shekaveba
to return (come back)	დაბრუნება	dabruneba
to risk, to take a risk	რისკის გაწევა	riskis gats'eva
to rub off (erase)	წაშლა	ts'ashla
to run (move fast)	გაქცევა	gak'ceva
to satisfy (please)	დაკმაყოფილება	dakmaq'op'ileba
to save (rescue)	შველა	shvela
to say (~ thank you)	თქმა	t'k'ma
to scold (vt)	ლანძღვა	landzghva
to scratch (with claws)	ფხაჭნა	p'khatch'na
to select (to pick)	ამორჩევა	amorcheva
to sell (goods)	გაყიდვა	gaq'idva
to send (a letter)	გაგზავნა	gagzavna
to send back (vt)	უკან გაგზავნა	ukan gagzavna
to sense (danger)	გრძნობა	grdznoba
to sentence (vt)	განაჩენი	ganacheni
to serve (in restaurant)	მომსახურება	momsakhureba
to settle (a conflict)	მოწესრიგება	mots'esrigeba
to shake (vt)	ნჯღრევა	ndjghreva
to shave (vi)	პარსვა	parsva
to shine (vi)	კაშკაში	kashkashi
to shiver (with cold)	კანკალი	kankali
to shoot (vi)	სროლა	srola
to shout (vi)	ყვირილი	q'virili
to show (to display)	ჩვენება	chveneba
to shudder (vi)	შეცბუნება	shecbuneba
to sigh (vi)	შესუნთქვა	shesunt'k'va
to sign (document)	ხელის მოწერა	khelis mots'era
to signify (mean)	აღნიშვნა	aghnishvna
to simplify (vt)	გამარტივება	gamartiveba
to sin (vi)	ცოდვის ჩადენა	codvis chadena
to sit (be sitting)	ჯდომა	djdoma
to sit down (vi)	დაჯდომა	dadjdoma
to smash (~ a bug)	გაჭყლეტა	gach'q'leta
to smell (have odor)	სუნი	suni
to smell (sniff at)	ყნოსვა	q'nosva
to smile (vi)	გაღიმება	gaghimeba
to solve (problem)	ამოხსნა	amokhsna
to sow (seed, crop)	დათესვა	dat'esva
to spill (liquid)	დაღვრა	daghvra
to spit (vi)	ფურთხება	p'urt'kheba
to spread (smell)	გავრცელება	gavrceleba

to stand (toothache, cold)	თმენა	t'mena
to start (begin)	დაწყება	dats'q'eba
to steal (money, etc.)	პარვა	parva

to stop (cease)	შეწყვეტა	shets'q'veta
to stop (for pause, etc.)	გაჩერება	gachereba
to stop talking	გაჩუმება	gachumeba

to strengthen	განმტკიცება	ganmtkiceba
to stroke (caress)	მოფერება	mop'ereba
to study (vt)	შესწავლა	shests'avla

to suffer (feel pain)	ტანჯვა	tandjva
to support (cause, idea)	მხარდაჭერა	mkhardatch'era
to suppose (assume)	ვარაუდი	varaudi
to surface (ab. submarine)	ამოცურება	amocureba
to surprise (amaze)	გაკვირვება	gakvirveba
to suspect (vt)	ეჭვის მიტანა	etch'vis mitana

| to swim (vi) | ცურვა | curva |
| to switch on (vt) | ჩართვა | chart'va |

256. Verbs T-W

to take (get hold of)	ძმა	dzma
to take a bath	დაბანა	dabana
to take a rest	შესვენება	shesveneba
to take aim (at ...)	დამიზნება	damizneba

to take away	წაღება	ts'agheba
to take off (airplane)	აფრენა	ap'rena
to take off (remove)	მოხსნა	mokhsna
to take pictures	სურათის გადაღება	surat'is gadagheba

to talk to ...	ლაპარაკი	laparaki
to teach (give lessons)	სწავლება	sts'avleba
to tear off (vt)	მოხევა	mokheva
to tell (story, joke)	მოყოლა	moq'ola

to thank (vt)	მადლობა	madloba
to think (believe)	თვლა, ფიქრი	t'vla, p'ik'ri
to think (vi, vt)	ფიქრი	p'ik'ri
to threaten (vt)	დამუქრება	damuk'reba
to throw (stone)	სროლა	srola

to tie to ...	მიბმა	mibma
to tie up (prisoner)	შეკვრა	shekvra
to tire (make tired)	დამღლელობა	damghleloba
to touch (one's arm, etc.)	შეხება	shekheba
to tower (over ...)	ამაღლება	amaghleba

to train (animals)	წვრთნა	ts'vrt'na
to train (vi)	ვარჯიში	vardjishi
to train (sb)	წვრთნა	ts'vrt'na

to transform (vt)	გარდასახვა	gardasakhva
to translate (vt)	თარგმნა	t'argmna
to treat (patient, illness)	მკურნალობა	mkurnaloba
to trust (vt)	ნდობა	ndoba
to try (attempt)	კვება	kveba

to turn (~ to the left)	მობრუნება	mobruneba
to turn away (vi)	შემობრუნება	shemobruneba
to turn off (the light)	ჩაქრობა	chak'roba
to turn over (stone, etc.)	გადაბრუნება	gadabruneba

to underestimate (vt)	არშეფასება	arshep'aseba
to underline (vt)	ხაზის გასმა	khazis gasma
to understand (vt)	გაგება	gageba
to undertake (vt)	წამოწყება	ts'amots'q'eba

to unite (vt)	გაერთიანება	gaert'ianeba
to untie (vt)	აშვება	ashveba
to use (phrase, word)	გამოყენება	gamokheneba

to vaccinate (vt)	აცრა	acra
to vote (vi)	ხმის მიცემა	khmis micema

to wait (vt)	ლოდინი	lodini
to wake (sb)	გაღვიძება	gaghvidzeba
to want (wish, desire)	ნდომა	ndoma
to warn (of the danger)	გაფრთხილება	gap'rt'khileba

to wash (clean)	გარეცხვა	gareckhva
to water (plants)	მორწყვა	morts'q'va
to wave (the hand)	ქნევა	k'neva
to weigh (have weight)	წონა	ts'ona

to work (vi)	მუშაობა	mushaoba
to worry (make anxious)	შეწუხება	shets'ukheba
to worry (vi)	აღელვება	aghelveba

to wrap (parcel, etc.)	შეფუთვა	shep'ut'va
to wrestle (sport)	ბრძოლა	brdzola
to write (vt)	წერა	ts'era
to write down	ჩაწერა	ts'hats'era

CPSIA information can be obtained at www.ICGtesting.com
Printed in the USA
LVOW12s1917060514

384657LV00029B/1038/P

9 781780 716800